“中国佛学经典宝藏”咨询单

“中国佛学经典宝藏”白话版系列丛书，共计132册，由星云大师总监修，大陆、台湾百余专家学者通力编撰而成。

丛书依照大乘、小乘、禅、净、密等分类，将古来经律论中之经典著作，依据思想性、启发性、教育性、人间性的原则，做了取其精华，舍其艰涩的系统整理。每种经典都按原文、注释、译文等体例编排，语言力求通俗易懂，言简意赅，让佛学名著真正做到雅俗共赏；还以题解、源流、解说等章节，阐述经文的时代背景、影响价值及在佛教历史和思想演变上的地位角色。丛书还开创性地收录了一些有代表性的现代读本。

本丛书是佛教史上将佛学经典现代化、通俗化、普及化的一个创举，对于佛教文化的传播与传承，有着非凡而深远的意义。

（全套132册，平装32开，精装16开，即时结缘 获无上福报）

主编及部分作者简介

总监修：星云大师

1927年生，江苏江都人，为临济宗第四十八代传人。1967年创建佛光山，致力推广文化、教育、慈善等事业，先后在世界各地创设叁百余所寺院道场，并在海内外设立十六所佛教学院。1991年创办国际佛光会，被推为总会长。

部分作者：

圣严法师：已故的台湾法鼓山创办人。着作有《戒律学纲要》《明末佛教研究》等。
赖永海：南京大学哲学系教授、中华文化研究院院长，主要着作有《中国佛性论》《佛道诗禅》等。
王志远：北京大学宗教系客座教授，中国社会科学院研究生院导师，中国宗教学会副会长。2008年主编出版《中国佛教百科》。

“中国佛学经典宝藏”丛书目录

编号	书名	编号	书名	编号	书名
1	中阿含经	45	维摩诘经	89	法句经
2	长阿含经	46	药师经	90	本生经的起源及其开展
3	增一阿含经	47	佛堂讲话	91	人间巧喻
4	杂阿含经	48	信愿念佛	92	大乘本生心地观经
5	金刚经	49	精进佛七开示录	93	南海寄归内法传
6	般若心经	50	往生有分	94	入唐求法巡礼记
7	大智度论	51	法华经	95	大唐西域记
8	大乘玄论	52	金光明经	96	比丘尼传
9	十二门论	53	天台四教仪	97	弘明集
10	中论	54	金刚錍	98	出三藏记集
11	百论	55	教观纲宗	99	牟子理惑论
12	肇论	56	摩诃止观	100	佛国记
13	辩中边论	57	法华思想	101	宋高僧传
14	空的哲理	58	华严经	102	唐高僧传
15	金刚经讲话	59	圆觉经	103	梁高僧传
16	人天眼目	60	华严五教章	104	异部宗轮论
17	大慧普觉禅师语录	61	华严金师子章	105	广弘明集
18	六祖坛经	62	华严原人论	106	辅教编
19	天童正觉禅师语录	63	华严学	107	释迦牟尼佛传
20	正法眼藏	64	华严经讲话	108	中国佛教名山胜地寺志
21	永嘉证道歌 · 信心铭	65	解深密经	109	敕修百丈清规
22	祖堂集	66	楞伽经	110	洛阳伽蓝记
23	神会语录	67	胜鬘经	111	佛教新出碑志集萃
24	指月录	68	十地经论	112	佛教文学对中国小说的影响
25	从容录	69	大乘起信论	113	佛遗教三经
26	禅宗无门关	70	成唯识论	114	大般涅槃经
27	景德传灯录	71	唯识四论	115	地藏本愿经外二部
28	碧岩录	72	佛性论	116	安般守意经
29	缁门警训	73	瑜伽师地论	117	那先比丘经
30	禅林宝训	74	摄大乘论	118	大毗婆沙论
31	禅林象器笺	75	唯识史观及其哲学	119	大乘大义章
32	禅门师资承袭图	76	唯识三颂讲记	120	因明入正理论
33	禅源诸诠集都序	77	大日经	121	宗镜录
34	临济录	78	楞严经	122	法苑珠林
35	来果禅师语录	79	金刚顶经	123	经律异相
36	中国佛学特质在禅	80	大佛顶首楞严经	124	解脱道论
37	星云禅话	81	成实论	125	杂阿毗昙心论
38	禅话与净话	82	俱舍要义	126	弘一大师文集选要
39	释禅波罗蜜次第法门	83	佛说梵网经	127	沧海文集选集
40	般舟三昧经	84	四分律	128	劝发菩提心文讲话
41	净土三经	85	戒律学纲要	129	佛经概说
42	佛说弥勒上生下生经	86	优婆塞戒经	130	佛教的女性观
43	安乐集	87	六度集经	131	涅槃思想研究
44	万善同归集	88	百喻经	132	佛学与科学论文集

《沧海文集》选集

中国佛学经典宝藏

127

幻生 著

星云大师总监修

人民东方出版传媒
東方出版社

《中国佛学经典宝藏》
大陆简体字版编审委员会

总序

星云

自读首楞严，从此不尝人间糟糠味；

认识华严经，方知已是佛法富贵人。

诚然，佛教三藏十二部经有如暗夜之灯炬、苦海之宝筏，为人生带来光明与幸福，古德这首诗偈可说一语道尽行者阅藏慕道、顶戴感恩的心情！可惜佛教经典因为卷帙浩瀚、古文艰涩，常使忙碌的现代人有义理远隔、望而生畏之憾，因此多少年来，我一直想编纂一套白话佛典，以使法雨均沾，普利十方。

一九九一年，这个心愿总算有了眉目。是年，佛光山在中国大陆广州市召开“白话佛经编纂会议”，将该套丛书定名为《中国佛教经典宝藏》①。后来几经集思广

① 编者注：《中国佛教经典宝藏》丛书，大陆出版时改为《中国佛学经典宝藏》丛书。

益，大家决定其所呈现的风格应该具备下列四项要点：

一、启发思想：全套《中国佛教经典宝藏》共计百余册，依大乘、小乘、禅、净、密等性质编号排序，所选经典均具三点特色：

1. 历史意义的深远性
2. 中国文化的影响性
3. 人间佛教的理念性

二、通顺易懂：每册书均设有原典、注释、译文等单元，其中文句铺排力求流畅通顺，遣词用字力求深入浅出，期使读者能一目了然，契入妙谛。

三、文简意赅：以专章解析每部经的全貌，并且搜罗重要的章句，介绍该经的精神所在，俾使读者对每部经义都能透彻了解，并且免于以偏概全之谬误。

四、雅俗共赏：《中国佛教经典宝藏》虽是白话佛典，但亦兼具通俗文艺与学术价值，以达到雅俗共赏、三根普被的效果，所以每册书均以题解、源流、解说等章节，阐述经文的时代背景、影响价值及在佛教历史和思想演变上的地位角色。

兹值佛光山开山三十周年，诸方贤圣齐来庆祝，历经五载、集二百余人心血结晶的百余册《中国佛教经典宝藏》也于此时隆重推出，可谓意义非凡，论其成就，则有四点可与大家共同分享：

一、佛教史上的开创之举：民国以来的白话佛经翻译虽然很多，但都是法师或居士个人的开示讲稿或零星的研究心得，由于缺乏整体性的计划，读者也不易窥探佛法之堂奥。有鉴于此，《中国佛教经典宝藏》丛书突破窠臼，将古来经律论中之重要著作，做有系统的整理，为佛典翻译史写下新页！

二、杰出学者的集体创作：《中国佛教经典宝藏》丛书结合中国大陆北京、南京各地名校的百位教授、学者通力撰稿，其中博士学位者占百分之八十，其他均拥有硕士学位，在当今出版界各种读物中难得一见。

三、两岸佛学的交流互动：《中国佛教经典宝藏》撰述大部分由大陆饱学能文之教授负责，并搜录台湾教界大德和居士们的论著，借此衔接两岸佛学，使有互动的因缘。编审部分则由台湾和大陆学有专精之学者从事，不仅对中国大陆研究佛学风气具有带动启发之作用，对于台海两岸佛学交流更是帮助良多。

四、白话佛典的精华集萃：《中国佛教经典宝藏》将佛典里具有思想性、启发性、教育性、人间性的章节做重点式的集萃整理，有别于坊间一般“照本翻译”的白话佛典，使读者能充分享受“深入经藏，智慧如海”的法喜。

今《中国佛教经典宝藏》付梓在即，吾欣然为之作序，并借此感谢慈惠、依空等人百忙之中，指导编修；吉广兴等人奔走两岸，穿针引线；以及王志远、赖永海等大陆教授的辛勤撰述；刘国香、陈慧剑等台湾学者的周详审核；满济、永应等“宝藏小组”人员的汇编印行。由于他们的同心协力，使得这项伟大的事业得以不负众望，功竟圆成！

《中国佛教经典宝藏》虽说是大家精心擘划、全力以赴的巨作，但经义深邈，实难尽备；法海浩瀚，亦恐有遗珠之憾；加以时代之动乱，文化之激荡，学者教授于契合佛心，或有差距之处。凡此失漏必然甚多，星云谨以愚诚，祈求诸方大德不吝指正，是所至祷。

一九九六年五月十六日于佛光山

原版序
敲门处处有人应

慈惠

《中国佛教经典宝藏》是佛光山继《佛光大藏经》之后，推展人间佛教的百册丛书，以将传统《大藏经》精华化、白话化、现代化为宗旨，力求佛经宝藏再现今世，以通俗亲切的面貌，温渥现代人的心灵。

佛光山开山三十年以来，家师星云上人致力推展人间佛教，不遗余力，各种文化、教育事业蓬勃创办，全世界弘法度化之道场应机兴建，蔚为中国现代佛教之新气象。这一套白话精华大藏经，亦是大师弘教传法的深心悲愿之一。从开始构想、擘划到广州会议落实，无不出自大师高瞻远瞩之眼光，从逐年组稿到编辑出版，幸赖大师无限关注支持，乃有这一套现代白话之大藏经问世。

这是一套多层次、多角度、全方位反映传统佛教文化的丛书，取其精华，舍其艰涩，希望既能将《大藏经》

深睿的奥义妙法再现今世，也能为现代人提供学佛求法的方便舟筏。我们祈望《中国佛教经典宝藏》具有四种功用：

一、是传统佛典的精华书

中国佛教典籍汗牛充栋，一套《大藏经》就有九千余卷，穷年皓首都研读不完，无从赈济现代人的枯槁心灵。《宝藏》希望是一滴浓缩的法水，既不失《大藏经》的法味，又能有稍浸即润的方便，所以选择了取精用弘的摘引方式，以舍弃庞杂的枝节。由于执笔学者各有不同的取舍角度，其间难免有所缺失，谨请十方仁者鉴谅。

二、是深入浅出的工具书

现代人离古愈远，愈缺乏解读古籍的能力，往往视《大藏经》为艰涩难懂之天书，明知其中有汪洋浩瀚之生命智慧，亦只能望洋兴叹，欲渡无舟。《宝藏》希望是一艘现代化的舟筏，以通俗浅显的白话文字，提供读者遨游佛法义海的工具。应邀执笔的学者虽然多具佛学素养，但大陆对白话写作之领会角度不同，表达方式与台湾有相当差距，造成编写过程中对深厚佛学素养与流畅白话语言不易兼顾的困扰，两全为难。

三、是学佛入门的指引书

佛教经典有八万四千法门，门门可以深入，门门是无限宽广的证悟途径，可惜缺乏大众化的入门导览，不易寻觅捷径。《宝藏》希望是一支指引方向的路标，协助十方大众深入经藏，从先贤的智慧中汲取养分，成就无上的人生福泽。

四、是解深入密的参考书

佛陀遗教不仅是亚洲人民的精神归依，也是世界众生的心灵宝藏。可惜经文古奥，缺乏现代化传播，一旦庞大经藏沦为学术研究之训诂工具，佛教如何能扎根于民间？如何普济僧俗两众？我们希望《宝藏》是百粒芥子，稍稍显现一些须弥山的法相，使读者由浅入深，略窥三昧法要。各书对经藏之解读诠释角度或有不足，我们开拓白话经藏的心意却是虔诚的，若能引领读者进一步深研三藏教理，则是我们的衷心微愿。

大陆版序一

《中国佛教经典宝藏》是一套对主要佛教经典进行精选、注译、经义阐释、源流梳理、学术价值分析，并把它们翻译成现代白话文的大型佛学丛书，成书于二十世纪九十年代，由台湾佛光文化事业有限公司出版，星云大师担任总监修，由大陆的杜继文、方立天以及台湾的星云大师、圣严法师等两岸百余位知名学者、法师共同编撰完成。十几年来，这套丛书在两岸的学术界和佛教界产生了巨大的影响，对研究、弘扬作为中国传统文化重要组成部分的佛教文化，推动两岸的文化学术交流发挥了十分重要的作用。

《中国佛学经典宝藏》则是《中国佛教经典宝藏》的简体字修订版。之所以要出版这套丛书，主要基于以下的考虑：

首先，佛教有三藏十二部经、八万四千法门，典籍浩瀚，博大精深，即便是专业研究者，穷其一生之精力，恐也难阅尽所有经典，因此之故，有“精选”之举。

其次，佛教源于印度，汉传佛教的经论多译自梵语；加之，代有译人，版本众多，或随音，或意译，同一经文，往往表述各异。究竟哪一种版本更契合读者根机？哪一个注疏对读者理解经论大意更有助益？编撰者除了标明所依据版本外，对各部经论之版本和注疏源流也进行了系统的梳理。

再次，佛典名相繁复，义理艰深，即便识得其文其字，文字背后的义理，诚非一望便知。为此，注译者特地对诸多冷僻文字和艰涩名相，进行了力所能及的注解和阐析，并把所选经文全部翻译成现代汉语。希望这些注译，能成为修习者得月之手指、渡河之舟楫。

最后，研习经论，旨在借教悟宗、识义得意。为了将其思想义理和现当代价值揭示出来，编撰者对各部经论的篇章品目、思想脉络、义理蕴涵、学术价值等所做的发掘和剖析，真可谓殚精竭虑、苦心孤诣！当然，佛理幽深，欲入其堂奥、得其真义，诚非易事！我们不敢奢求对于各部经论的解读都能鞭辟入里，字字珠玑，但希望能对读者的理解经义有所启迪！

习近平主席最近指出：“佛教产生于古代印度，但传入中国后，经过长期演化，佛教同中国儒家文化和道家文化融合发展，最终形成了具有中国特色的佛教文化，给中国人的宗教信仰、哲学观念、文学艺术、礼仪习俗等留下了深刻影响。”如何去研究、传承和弘扬优秀佛教文化，是摆在我们面前的一个重要课题，人民东方出版传媒有限公司拟对繁体字版的《中国佛教经典宝藏》进行修订，并出版简体字版的《中国佛学经典宝藏》，随喜赞叹，寥寄数语，以叙因缘，是为序。

二〇一六年春于南京大学

大陆版序二

依空

身材高大、肤色白皙、擅长军事的亚利安人，在公元前四千五百多年从中亚攻入西北印度，把当地土著征服之后，为了彻底统治这里的人民，建立了牢不可破的种姓制度，创造了无数的神祇，主要有创造神梵天、破坏神湿婆、保护神毗婆奴。人们的祸福由梵天决定，为了取悦梵天大神，需要透过婆罗门来沟通，因为他们是从梵天的口舌之中生出，懂得梵天的语言——繁复深奥的梵文，婆罗门阶级是宗教祭祀师，负责教育，更掌控了神与人之间往来的话语权。四种姓中最重要的是刹帝利，举凡国家的政治、经济、军事、文化等等都由他们实际操作，属贵族阶级，由梵天的胸部生出。吠舍则是士农工商的平民百姓，由梵天的膝盖以上生出。首陀罗则是被踩在梵天脚下的土著。前三者可以轮回，纵然几世轮转都无法脱离原来种姓，称为再生族；首陀罗则连轮回的因缘都没有，为不生族，生生世世为首陀罗，子孙也倒霉跟着宿命，无法改变身份。相对于此，贱民比首陀罗更为卑微、低贱，连四种姓都无法跻身其中，只能从事挑粪、焚化尸体等最卑贱、龌龊的工作。

出身于高贵种姓释迦族的悉达多太子，为了打破种姓制度的桎梏，舍弃既有的优越族姓，主张一切众生皆平等，成正等觉，创立了佛教僧团。为了贯彻佛教的平等思想，佛陀不仅先度首陀罗身份的优婆离出家，后度释迦族的七王子，先入山门为师兄，树立僧团伦理制度。佛陀更严禁弟子们用贵族的语言——梵文宣讲佛法，而以人民容易理解的地方口语来演说法义，这就是巴利文经典的滥觞。佛陀认为真理不应该是属于少数贵族、知识分子的专利或装饰，而应该更贴近普罗大众，属于平民百姓共有共知。原来佛陀早就在推动佛法的普遍化、大众化、白话化的伟大工作。

佛教从西汉哀帝末年传入中国，历经东汉、魏晋南北朝、隋唐的漫长艰巨的译经过程，加上历代各宗派祖师的著作，积累了庞博浩瀚的汉传佛教典籍。这些经论义理深奥隐晦，加以书写的语言文字为千年以前的古汉文，增加现代人阅读的困难，只能望着汗牛充栋的三藏十二部扼腕慨叹，裹足不前。

如何让大众轻松深入佛法大海，直探佛陀本怀？佛光山开山宗长星云大师乃发起编纂《中国佛教经典宝藏》。一九九一年，先在大陆广州召开“白话佛经编纂会议”，订定一百本的经论种类、编写体例、字数等事项，礼聘中国社科院的王志远教授、南京大学的赖永海教授分别为中国大陆北方与南方的总联络人，邀请大陆各大学的佛教学者撰文，后来增加台湾部分的三十二本，是为一百三十二册的《中国佛教经典宝藏精选白话版》，于一九九七年，作为佛光山开山三十周年的献礼，隆重出版。

六七年间我个人参与最初的筹划，多次奔波往来于大陆与台湾，小心谨慎带回作者原稿，印刷出版、营销推广。看到它成为佛教徒家中的传家宝藏，有心了解佛学的莘莘学子的入门指南书，为星云大师监修此部宝藏的愿心深感赞叹，既上契佛陀“佛法不舍一众”的慈悲本怀，更下启人间佛教“普世益人”的平等精神。尤其可喜者，欣闻现大陆出版方东方出版社潘少平总裁、彭明哲副总编亲自担纲筹划，组织资深编辑精校精勘；更有旅美企业家鲁彼德先生事业有成之际，秉“十方来，十方去，共成十方事”之襟怀，促成简体字版《中国佛学经典宝藏》的刊行。今付梓在即，是为序，以表随喜祝贺之忱！

二〇一六年元月

目　录

提婆及其论典

一、提婆的传记

提婆（Deva）为龙树（Nāgārjuna）的弟子，传承龙树的中观学，阐扬中观大乘法义。一般治印度大乘佛教思想史者，每以龙树、提婆之名并举，用以代表初期中观大乘佛教。由此可知，提婆为印度中观大乘佛教的重要人物之一。就汉译论典观之，提婆制作的论典，虽然不及其师龙树之多，然其所具有之博识辩才，纵横于印度诸外道之间，论析破斥，所向无敌，显扬中观佛教之正义，确为初期大乘佛教放一异彩。因此，其门下推尊为阿利耶提婆（Āryadeva），意为“圣天”。又因其施一眼与大自在天神，仅余一眼，故又名迦那提婆（Kāṇadeva）。

关于提婆之历史，汉译大藏经中，有鸠摩罗什译《提婆菩萨传》一卷，吉迦夜与昙曜译《付法藏因缘传》卷六之提婆传记，玄奘《大唐西域记》等，也有关于提婆事迹之零星记载。此外，藏译大藏经中，亦有提婆之史传。不过，西藏所传，与汉译所传，其间略有相异之处。

鸠摩罗什等所译提婆传，虽然名之为传记，但所记均极简略，有关提婆之生卒年月，俱付阙如。提婆在世之年代，仅能由近代学者考定之龙树年代，加以推定。龙树入灭之年，大约为公元第三世纪中叶（二百六十年间）。提婆为龙树弟子，是在龙树之晚年，提婆当时，正在壮年，才华横溢，雄辩超群，锐不可当。《大唐西域记》卷十说："后学冠世，妙辩光前，我惟衰耄，遇斯俊彦，诚乃写瓶有寄，传灯不绝，法教弘扬，伊人是赖!"[①]从玄奘所记之龙树语中，可以得知提婆之才华。据罗什等所译《提婆传》说，提婆因辩才过锐，未能享受天年，而为其外道弟子所害。但从提婆成为龙树弟子之后，弘教造论，其于龙树寂后，尚活跃一段相当时间，大约是在公元二百八十年间去世的，略迟龙树二十年。依据西藏所传，龙树殁后，提婆长住那烂陀寺（Nālandā），直到晚年，才回到南印度度化众生，没有提及提婆遇害之事。虽然西藏所传不尽相同，然而自其事迹计算推定，提婆迟龙树二十年入灭之说，大体可以确认。

至于提婆之籍贯与事迹，史传中所记不一。罗什译《提婆菩萨传》说："提婆菩萨者，南天竺人，龙树菩萨弟子，婆罗门种也。"[2]《付法藏因缘传》说："初托生南天竺土婆罗门种，尊贵豪胜。"[3]《大唐西域记》卷四说："执师子国提婆菩萨，深达实相，得诸法性……提婆菩萨曰：吾父母亲宗，在执师子国。"[4]在西藏史传中，提婆为锡兰岛王 Pañcasringa 之王子，成年以后，并为副王，其自动发心，从座主金天（Hemadeva）出家，修学三藏。根据这些史传所记，提婆有被记为"南天竺人""执师子国人""锡兰岛之王子"，从大体上作综合考定，提婆为现在印度半岛之最南端人，与锡兰岛遥遥相望，这是可以确定的。他的家庭，是个相当富有的婆罗门之家，也是毋庸置疑的。所以，《付法藏因缘传》称之为"尊贵豪胜"，西藏称为"王子"，由这些记述可以肯定。

提婆自幼相当聪慧，富有论辩天才。罗什译的《提婆传》说："博识渊揽（览?），才辩绝伦，擅名天竺，为诸国所推。"[5]《付法藏因缘传》也说："博识渊览，才辩超绝，擅名天下，独步诸国。"[6]提婆的博识雄辩，不仅为其史传所记，即在其论典中，与外道问答雄辩，词锋猛锐，也是处处可见的。传说提婆幼年时代，在其故乡，为了打破一般人的传统迷信，曾将民众崇拜信仰之大自在天（Maheśvara）的眼睛取下。如罗什译的《提婆菩萨传》说：

> 其国中有大天神，铸黄金像之座，身长二丈，号曰大自在天。人有求愿，能令现世如意。提婆诣庙求入拜见，主庙者言：天像至神，人有见者，既不敢正视；又令人退后，失守百日。汝但诣问求愿，何须见耶？提婆言：若神必能如汝所说，乃但令我见之；若不如是，岂是吾之所欲见耶？时人奇其志气，伏其明正，追入庙者数千万人。提婆既入于庙，天像摇动，其眼怒目视之。提婆问天：神则神矣，何其小也？当以威灵感人，智德伏物。而假黄金以自多，动颇梨以荧惑，非所望也。即便登梯，凿出其眼。时诸观者，咸有疑意：大自在天，何为一小婆罗门所困？将无名过其实，理屈其辞也。提婆晓众人言：神明远大，故以近事试我，我得其心，故登金聚出颇梨，令汝等知，神不假质，精不托形，吾既不慢，神亦不辱也。⑦

《付法藏因缘传》卷六，也有同样记述。从提婆幼时之聪慧辩才观之，大自在天神为其所屈，废去一眼，足见其雄才之胜，确非常人所及。

提婆在其国中，修学三藏，而后周游印度本土。关于他的周游动机，依据西藏史传所记，仅为巡礼朝拜诸国精舍法塔；但据玄奘《大唐西域记》卷十所记，他因听到当时有名的嗢呾罗（Uttara）阿罗汉，在南印度东岸Pennar河之南的珠利耶（Cholya）国，特地从远方寻来，观其风范。当他会见嗢呾罗阿罗汉之后，“陈疑请决”，起初阿罗汉也能“随难为释”，但论到较深问题，罗汉只有“杜口不酬”，运神力往睹史多天请问弥勒，再为酬答。提婆感到嗢呾罗阿罗汉不足以师事，留此不久，即向西北而去，至吉祥山而叩龙树之门。关于提婆与龙树相见，而为龙树所化之事，《大唐西域记》卷十，有详细记述：

> 提婆菩萨，自执师子国，来求论义。谓门者曰：幸为通谒。时门者遂为入白焉。龙猛（即龙树之新译）雅知其名，盛满钵水，命弟子曰：汝持是水，示彼提婆。提婆见水，默而投针。弟子持钵，怀疑而返。龙猛曰：彼何辞乎？对曰：默无所说，但投针于水而已。龙猛曰：智矣哉，若人也！知几其神，察微亚圣，盛德若此，宜速命入。对曰：何谓也？无言妙辩，其在是欤！曰：夫水也者，随器方圆，逐物清浊，弥漫无间，澄湛莫测，满而示之，比我学之智周也。彼乃投针，遂穷其极。此非常人，宜

速召进。而龙猛风范，懔然肃物，言谈者皆伏抑首。提婆素挹风徽，久稀请益。方欲受业，先骋机神，雅惧威严。升堂僻坐，谈玄永日，词义清高。龙猛曰：后学冠世，妙辩光前，我惟衰耄，遇斯俊彦，诚乃写瓶有寄，传灯不绝，法教弘扬，伊人是赖！幸能前席，雅谈玄奥。提婆闻命，心独自负，将开义府，先游辩囿，提振词端，仰视质义。忽睹威颜，忘言杜口，避坐引责，遂请受业。龙猛曰：复坐。今将授子，至真妙理，法王诚教。提婆五体投地，一心归命，曰：而今而后，敢闻命矣！⑧

提婆入龙树之门，得龙树传授中观学奥义之后，又周游北印及中印之华氏城（Pāṭali-putra）、那烂陀（Nālandā）、钵逻耶伽（Prayāga）等地，常与外道论辩，成为降伏外道的克星。依据罗什译的《提婆传》说，南印度诸国国王，“信用邪道”，佛法不见流行。提婆为传佛法于南印，他想到擒贼必先擒王的方法，先去感化国王，而后再作传播圣教的打算。一次，南印度国王招募卫士，提婆易服前去应征，国王并选其为将领，统领部属。提婆治军井然有序，纪律严明，“威不严而令行，德不彰而物乐随”，深获国王器爱。国王问其为何人，何以有此才能。提婆答以一切智人，并以灵异而令国王深信不疑。因此，提婆得到国王的崇信与支持，由国王召集诸方外道集会论辩，以提婆为论主，严定胜败章法，提婆并以论败以头相谢为条件。三月之内，提婆以博识雄辩，舌战百家，战胜群雄，使外道无不披靡，改宗而从提婆出家，度化百余万众，佛法始盛行于南印。

提婆辩才之高，使全印外道震惊，望之既而畏惧，而内心却有愤怒之火，因此，提婆未能享受天年而获善终。依罗什译的《提婆传》说，提婆在南印度度化的外道弟子中，有一外道弟子，耻于其师为提婆所屈，心怀怨忿，虽与其师从提婆出家，而身藏凶刃，俟机报复。一日，适提婆一人在林间经行，其他弟子相离较远，此外道弟子突出凶刀，语提婆曰："汝以口破我师，我以刀破汝腹。"随即以刀刺向提婆，提婆受伤倒地，临入灭前，犹向加害者说："吾有三衣钵盂在吾坐处，汝可取之，急上山去，慎勿下就平道。我诸弟子，未得法忍者，必当捉汝，或当相得送汝于官，王便困汝。汝未得法利，惜身情重，惜名次之。身之与名，患累出焉，众衅生焉。身名者，乃是大患之本也。愚人无闻，为妄见所侵，惜其所不惜，而不惜所应惜，不亦哀哉！吾蒙佛之遗法，不复尔也。但念汝等为狂心所欺，忿毒所烧，罪报未已，号泣受之。受之者实自无主，为之者实自无人；无人无主哀酷者，谁以实求之？实不可得。未悟此者，为狂心所惑，颠倒所回见，得（之）心着，而有我有人有苦有乐。苦乐之来，但依触着，解着则无依，无依则无苦，无苦则无乐。苦乐既无，则几乎息矣。”⑨提婆说到这里，林间弟子相继拢来，惊怖号咷，欲追截凶手。提婆诲诫之曰：“诸法之实，谁冤谁酷谁割谁截？诸法之实，实无受者，亦无害者，谁亲谁冤谁贼谁害？汝为痴毒所欺，妄生着见而大号咷种不善业。彼人所害，害诸业报，非害我也。汝等思之，慎无以狂追狂，以哀悲哀也。”⑩提婆训诫至此，脱然无矜，遂蝉蜕而去。从提婆临终的训诲来看，他的确彻见了甚深的空观之理，体验了无我的菩萨精神。然在西藏的史传里，仅记他于龙树灭后，在南印地方修习布教，建立二十四处伽蓝。后应那烂陀佛徒招聘，而赴中印度，与外道论辩，并长住其地。直到晚年，他才回到南方，化度众生。他在达志（Kāñci）国附近的兰伽那他（Raṃganātha），付法与罗睺罗跋陀罗（Rāhulabhadra）尊者而入灭，并未叙及其遇害之事。依西藏史传，罗睺罗尊者为提婆之法嗣，此与《付法藏因缘传》所记相合，可以视为正确之史实。但就提婆入灭而论，征诸提婆天赋刚锐之气质及其绝世之辩才，猛烈而无情地破斥外道之事迹，我们宁可信任罗什的《提婆传》所记。

二、提婆的论典

关于提婆之论典，罗什译的《提婆传》说“造百论二十品与四百论”；玄奘《大唐西域记》卷五说“作广百论”；《付法藏因缘传》说“造百论经”。除此之外，在汉译大藏经中，署名为提婆造的论典，尚有北凉时代道泰译的《大丈夫论》二卷，以及后魏菩提流支译的《百字论》一卷，《提婆菩萨破楞伽经中外道小乘四宗论》（以下简称《四宗论》）一卷，《提婆菩萨破楞伽经中外道小乘涅槃论》（以下简称《涅槃论》）一卷。

以上所举提婆的论典，如作历史之研究考察，其中有些并非提婆所造。如菩提流支译《四宗论》与《涅槃论》，即是明显之一例。《四宗论》与《涅槃论》，最早记载于经录的，始于法经之《众经目录》。《法经录》所记：“《破外道四宗论》一卷，后魏世菩提留支译；《破外道涅槃论》一卷，后魏世菩提留支译。”⑪论题并无“提婆菩萨破楞伽经”等字样。《法经录》之后，费长房之《历代三宝纪》（一般简称为《长房录》或《房录》），彦琮之《众经目录》，静泰之《众经目录》，道宣之《大唐内典录》，靖迈之《古今译经图纪》，明佺之《大周刊定众经目录》等，其中所记，均与《法经录》相同，未记著者之名。即以费长房而论，其所著之《长房录》，后人评为“一味炫博，真伪不分”之经录，其中所记，仍然与《法经录》无异。直至智昇之《开元释教录》，始改作如下记载：“《破外道小乘四宗论》一卷，提婆菩萨造；《破外道小乘涅槃论》一卷，提婆菩萨造。”[12]《四宗论》与《涅槃论》，明白地说，记载为提婆菩萨造的，始于《开元录》。同时，《开元录》在论题中并多加“小乘”二字。智昇之改记，并未说明其所依据之史料，这是颇令人怀疑的。他在《开元录》卷六，虽然记载“已上并见《长房录》及《内典录》”[13]，但校勘《长房录》与《内典录》，《四宗论》与《涅槃论》下，偏并无“提婆菩萨造”字样，显见智昇所记与事实颇有出入。菩提流支为北魏宣武帝永平元年（五〇八）来华，在中国二十余年，其《四宗论》与《涅槃论》译于何年，史无记载，无法知道。《法经录》成于隋文帝开皇十四年（五九四）七月十四日，迟菩提流支来华八十六年。在现存的经录中，《法经录》是一记载相当严谨之经录，其史实价值极高，可资信任。《开元录》成于唐玄宗开元十八年（七三〇），上距菩提流支来华二二二年，比《法经录》晚出一三六年。就时间而论，《法经录》距菩提流支来华较近，《开元录》较远，智昇未说明其历史来源与资料，贸然改为“提婆造”说，这是缺乏历史根据，而不足以信任的。

《四宗论》与《涅槃论》，论文甚短，大约只有二千多字。《四宗论》之内容，乃论究僧佉、毗世师、尼犍子、若提子四家之“一、异、俱、不俱”之问题。[14]此与北凉道泰所译坚意的《入大乘论》卷上[15]，论及四家之问题相同。惟《入大乘论》文字较略,《四宗论》文义较详而已。据近人研究,《四宗论》大抵是据《入大乘论》演绎而成，绝非提婆之论典。《四宗论》如此，则《涅槃论》当然亦非例外。

其次，北凉道泰译的《大丈夫论》二卷，就其思想体系观之，确为中观系之论典。但此论并非提婆所造。最明显的证据，此论卷下末尾所记：“阿阇梨犊子部提波罗大菩萨生在南方是所作竟。”[16]这说明《大丈夫论》为犊子部之提波罗所著，怎能说是提婆所造?《大丈夫论》著录，始于法经之《众经目录》。其翻译之年代，经录无记载；而译者道泰之历史,《高僧传》中亦无其传，仅在《高僧传》卷三浮陀跋摩（Buddhavarman）之传记里，有:“先有沙门道泰，志用强果，少游葱右，遍历诸国，得毗婆沙梵本十有万偈，还至姑臧。侧席虚衿，企待明匠，闻跋摩游心此论，请为翻译。时蒙逊已死，子茂虔（牧健）袭位，以虔承（永?）和五年（四三七），岁次丁丑，四月八日，即宋元嘉十四年，于凉州城内（苑）闲豫宫中，请跋摩译焉。泰即笔受。”[17]这是说明道泰在凉州曾请浮陀跋摩译《毗婆沙论》之事，道泰并担任笔受之职，并未说到其译《大丈夫论》。智昇《开元录》卷四所记：“沙门释道泰……遇浮陀跋摩，共翻《毗婆沙论》。泰后自译《大丈夫论》等二部。”[18]至《开元录》，智昇始记《大丈夫论》译于《毗婆沙论》之后。按北凉国祚，系自公元三九七年至四三九年，共历四十三年。《毗婆沙论》译于公元四三七年，则《大丈夫论》应在其后一二年间译成。僧祐《出三藏记集》，成于南齐建武年间（四九四—四九七），该书卷二，已将北凉昙摩（无）谶（Dharmarakṣa），及道泰与浮陀跋摩共译之经论，均已著录。如《僧祐录》说：“《阿毗昙毗婆沙》六十卷，丁丑岁（四三七）四月出，至己卯岁（四三九）七月讫。”该录接着对此论之翻译加以注说：“右一部，凡六十卷。晋安帝时，凉州沙门释道泰共西域沙门浮陀跋摩，于凉州城内苑闲豫宫寺译出。初出一百卷，寻值凉王大沮渠国乱亡，散失经文四十卷，所余六十卷，传至京师。”[19]最奇怪的，《僧祐录》并未将道泰译的《大丈夫论》与《入大乘论》著录，直到《法经录》才见著录，这不能不令人有所起疑！同一时期译出的典籍，有著录的，有未著录的，这是难以想象的事。何况《僧祐录》的写作，是一极其严谨翔实的经录，非一般粗制滥造之经录可以相提并论。《大丈夫论》是否为道泰所译，是值得作历史考证研究的。依据《大丈夫论》末尾所记，该论为提波罗所造，经录里却记为提婆所造，这一错误起自何时，也应该作历史探究的。我想，“提波罗”变为“提婆”，大抵与“大域龙”（陈那）变为“龙树”，同样的不可思议。

除了《四宗论》《涅槃论》《大丈夫论》，非为提婆论典之外，其他汉译藏经中之《百字论》《百论》《广百论》三论，确为提婆之真正论典。现在就这三部论典，作一论述。

菩提流支译《百字论》一卷，其文甚短，仅约三千余字。从论前及论后之颂文来看，确系提婆所造。如论前之皈敬颂说：“我今归依聪睿师，厥名提婆有大智，能以百字演实法，除诸邪见向实相。”[20]其论后颂文亦说：“此是百字论，提婆之所说。”[21]《百字论》的组织形式，前后是颂文，中间为长行。长行内容，为破斥僧佉（数论）与毗舍师（胜论）外道之邪说，阐扬佛法非一非异，因中非有果非无果，以及非有非无之中观正理。如该论开头，说明造论之目的：“何故造论？为破我见等，一切诸法，各有自相。”[22]由这开宗明义之说明中，《百字论》纯以破外道之我见自相等为主体。就其破外道的形式看，它与《百论》的组织形态又完全一致，所以它属于提婆之论典无疑。

《百字论》与《百论》的组织形态相似，论中均用“外曰”与“内曰”的对答体裁，作一层层的连贯性论析破斥，颇饶兴味。依据近人分析研究，其长行之主要内容，为注释论后之五首颂文为主。此五首颂文为：

一切法无一，如是法无异，云何是有相？因法则无体。非相形而有，自是法不然；汝法则不成，如此不用因。汝当说体相，一则是有过，若尔则无体，五情不取尘。色法有名字，所见亦无体，以有不须作，彼法无有生。有为法无体，如此亦有方，等如梦无异，相亦无有异（“相亦无有异”之“异”字，勘宋、元、明本，作“体”字）。[23]

所谓《百字论》名称之由来，即由此五颂百字而成，长行仅为注释者之注释而已。

玄奘译《广百论》一卷，此论为节译《四百论》后半八品而成。提婆之《四百论》，藏译大藏经中有其译本，近代亦发现月称（Candrakirti）论师不完整之梵文残本《四百论释》。依据梵文本与藏文本互勘，《四百论》乃由十六品组织而成，每品二十五颂，合为四百颂，故名《四百论》。

《四百论》（*Catuḥśataka*），又称《四百论颂》，详细一点应该称为《菩萨瑜伽行四百观论颂》

(*Bodhisattvayogā cāra-catuḥśataka-śāstrakārikā*)。《四百论》之颂文及注释，藏译大藏经中有完整的译本。梵文残本，系为印度加尔各答市 Hara Prasād Sāstri 氏所发现，并于一九一四年出版。根据藏文、梵文、汉文三种本子校勘，藏译本亦非《四百论》之全本，如藏译之第七品，仅有二十三颂，第八品二十四颂，第十一品与十二品，各有十四颂，其他各品，均为二十五颂。故藏译《四百论》十六品，总计共有三七五颂。梵文残本，除缺第六品之外，其他各品都有。但就颂文而言，最少的一品只有一颂，最多的保存二十一颂。然就梵文残本与汉译《广百论》对照观之，大体可以确知《广百论》与《四百论》后半八品是相一致的。不过，梵文残本，如以汉译《广百论》本校勘，则梵文残本颂文之排列次第，颇多错误：不应该有颂文之处而有颂文，应该有颂文之处则无颂文。其每品颂文之前后次第，亦有颠倒。有的一首颂文被分裂为二，前半与后半，颇为淆乱。总之，梵文残本，在其刊行之前，如能与汉译本加以互勘，调整其次第与错误，则梵文残本便不致有如此混乱现象。

就汉译论典观之，提婆之论典，为其他论典所引用者，其数甚多。兹举数例如下：

一、鸠摩罗什译龙树《中观论》卷四《观邪见品》说：“如四百观中说：真法及说者，听者难得故，如是则生死，非有边无边。”[24]与此颂文意相同的，为北凉道泰译坚意的《入大乘论》卷下，也引证此颂说：“如尊者提婆所说偈：生得值法难，听说亦复难，生死虽无际，听法故有边。”[25]勘《中观论》所引此颂，为藏译《四百论》第七品第九颂。

二、罗什译《成实论》卷八《三受报业品》，引提婆之论文说：“又四百观中说：小人身苦，君子心忧。”[26]

三、瞿昙般若流支译无著《顺中论》卷下，引提婆颂文说：“如阿阇梨提婆偈言：一法名无体，以无和合故，若一无体者，是则无和合。”[27]波罗颇密多罗译分别明菩萨《般若灯论释》卷十二，亦引用此文：“如《百论》中说：世间名字，由和合有，法体非有。体非有故，亦无和合。”[28]

四、真谛译世亲《佛性论》卷四，引提婆文说：“如提婆法师说偈言：意识三有本，诸尘是其因，若见尘无体，有种自然灭。”[29]《入大乘论》卷上，也引此文：“如尊者提婆所说偈：识是种子义，游行于六处，若见诸尘空，有芽则断灭。”[30]《般若灯论释》卷一，亦有与此颂文义相近之文：“如经偈言：识是诸有种，彼识行境界，见境无我已，有种子是灭。”[31]勘《佛性论》等所引之颂，与玄奘译《广百论》第六品第二十五颂相同，如该颂说：“识为诸有种，境是识所行，见境无我时，诸有种皆灭。”[32]

五、《般若灯论释》卷四，引提婆颂文说：“如提婆菩萨《百论》偈曰：彼一切诸法，若先有自体，如是有眼根，云何不自见。”[33]按《般若灯论释》所引此颂，实为梵文《四百观论》残本第三一六颂。此颂亦与《广百论》第五品第十六颂相同。如《广百论》说：“诸法体相用，前后定应同，如何此眼根，不见于眼性。”[34]

又，《般若灯论释》卷五《观有为相品》第七，引用提婆颂文说：“如《百论偈》曰：离住无法体，无常何有住，若初有住者，后时不应故。若常有无常，一切时无住，若先是常者，复不得无常。若无常与住，共法体同时，有住无无常，有无常无住。”[35]宋惟净译安慧菩萨《大乘中观释论》卷五，亦引用此三颂文：“故《百论》颂言：住何有灭相，无常何有住，若先有住法，后不复应有。若常有无常，有住不有常，或先有其常，后即不有常。无常与住同，若有其体者，有常即邪妄，或有住亦妄。”[36]按《般若灯论释》等所引此三颂文，与《广百论》第三品中第十七、二十三、二十四颂文相同。如《广百论》颂文：“无常何有住，住无有何体，初若有住者，后应无变衰。……无常若恒有，住相应常无，或彼法先常，后乃非常住。若法无常俱，而言有住者，无常相应妄，或住相应虚。”[37]

六、《入大乘论》卷上，引提婆偈说："如尊者提婆所说偈：薄福之人，不生于疑，能生疑者，必破诸有。"[38]按此偈文，为梵文《四百观论》残本第八品一八〇颂之翻译。

又，《入大乘论》卷上，引提婆偈颂说："如尊者提婆所说偈：一法若有体，诸法亦复然，一切法本无，因缘皆悉空。真实观一法，诸法不二相，谛了是空已，则见一切空。"[39]

又，《入大乘论》卷上，引提婆颂说："如尊者提婆所说偈：诸法相续有，则非是断灭，因灭故果生，不得名为常。"[40]按此颂之梵文，为月称论师《中论注》三七六页所引之《百论》第十品二五颂之文。玄奘译《广百论》第二品第二十五颂，也与此颂相同："以法从缘生，故体而无断，以法从缘灭，故体亦非常。"[41]

又，《入大乘论》卷上，引提婆颂说："如尊者提婆所说偈：不空而见空，我应得涅槃，邪见非涅槃，如来之所说。"[42]按此颂为梵文《四百观论》残本第八品一八二颂。

又，《入大乘论》卷下，引提婆颂说："如尊者提婆所说偈：无量亿劫中，常在凡夫地，汝今应当知，未来亦如是。"[43]

又，《入大乘论》卷下，引提婆颂说："如尊者提婆所

说偈：或现作师长，或复为弟子，以种种方便，为化诸凡愚。自在于诸趣，常为众恭敬，若不恭敬者，是大骄慢业。”㊹

七、《大乘中观释论》卷二，引提婆颂说：“如尊者提婆所说颂言：如衣因所成，能成因别异，成法若自无，别异因何有？”㊺

依据以上所引观之，汉译论典中，也有称为《四百观》，或单称为《百论》的。就上所引十七颂中，其中即有九颂明确地引自《四百论》。其他八颂，虽未注明，可能大部分亦系出自《四百论》。《四百论》之名，汉译藏经中，有时亦以《百论》称之，然此与提婆《百论》一书，其名颇相淆混，难以区分。不过，罗什所译提婆《百论》二卷之文，均为长行，无颂文，而汉译论典所引提婆《四百论》(百论）之文，则均为偈颂，以此可以作为区分。罗什译提婆之《百论》，为其他论典所引用者，似不多见；而其他论典所引提婆之颂文，称为《百论》者，则多指《四百论》而言。

玄奘译《广百论》一卷，依据梵文残本及藏文本校勘，确为《四百论》后八品二百颂而成，殆无疑议。然玄奘所译《广百论》，到底是玄奘自《四百论》节译而成？抑系《四百论》在印度即被割裂为二，以后半名《广百论》单独流行？这是值得研究的问题。《广百论》

在印度有护法（Dharmapāla）之释论，玄奘将之译成《大乘广百论释论》十卷，现存于《大正藏》中。但从护法之释论研究考察，护法之释论未必只取《四百论》之后半而释之，显然《四百论》之后半早已有其单独流行之迹象可见。就藏译《四百论》梵语品名观之，其前半与后半，均具独立性质，前八品特就断方便而立论，后八品专就破修习而说明，其内容意趣，均不相同。前者乃对佛教内部断常、乐、我、净四颠倒而言，后者专对破外道邪说而论说。[46]提婆造《四百论》之意趣，或以破外为主，对内为副，故后人特重视其后八品，以之单独流传。

三、关于罗什译百论问题

最后，论到罗什译《百论》问题。罗什译《百论》为二卷。依僧肇《百论序》说："提婆的《百论》，是由一百偈颂而成。'论有百偈，故以百为名。'[47]"《百论》共分二十品，每品五偈，合为百偈。而罗什所译《百论》，仅为《百论》前十品，并非《百论》之全部。如僧肇《序》说："论凡二十品，品各五偈；后十品，其人以为无益此土，故阙而不传。"[48]罗什初译《百论》，是在弘始四年（四〇二），僧叡为之作序。弘始六年（四〇四），罗什再治《百论》，僧肇为之作序。僧肇在其序文中，说明罗什对《百论》用力甚勤，并述其重治之经过：

> 有天竺沙门鸠摩罗什，器量渊弘，俊神超邈，钻仰累年，转不可测，常味咏斯论，以为心要。先虽亲译，而方言未融，至令思寻者，踌躇于谬文；摽位者，乖迕于归致。大秦司隶校尉安成侯姚嵩，风韵清舒，冲心简胜，博涉内外，理思兼通，少好大道，长而弥笃。虽复形羁时务，而法言不辍，每抚兹文，所慨良多。以弘始六年岁次寿星，集理味沙门，与什考校正本，陶炼覆疏，务存论旨。使质而不野，简而必诣，宗致尽尔，无间然矣。[49]

依僧肇序说，罗什初译《百论》，由于“方言未融”，未能臻于理想，后来姚嵩及罗什门下，与罗什重新“考校正本”，予以重治，始成为现在流传的《百论》二卷。《百论》的翻译，是经过一再修订而成的。但罗什译的《百论》二卷，就其论前所记，为“提婆菩萨造，婆薮开士释”，显然罗什译的为婆薮开士之释论。提婆的颂文，在释论中不易见之。释论中只用“内曰”与“外曰”标示，而“内曰”与“外曰”的长行下，加有“修妒路”之夹注。“修妒路”，大抵是“修多罗”（Sūtra）的不同音译，用以表示提婆之本论。罗什译的《百论》，我们除用此法分别提婆的本论与婆薮开士的释论之外，其他似乎没有更好的方法加以区分。如果想从《百论》论文中明显地分别出何者为本论何者为释论，是极为困难的事。明白地说，罗什译的《百论》，是将本论与释论混杂在一起，而本论又非用偈颂形式译出，此与其他一般论典稍异。兹以“修妒路”夹注为主，我们抽出提婆《百论》的本文，全部共有二千二百字。如以《舍罪福品》前面二首颂文“顶礼佛足哀世尊，于无量劫荷众苦，烦恼已尽习亦除，梵释龙神咸恭敬。亦礼无上照世法，能净瑕秽止戏论，诸佛世尊之所说，并及八辈应真僧”[50]为例，以每颂七字四句计算，则二千二百字共有七十八颂半。依僧肇《序》说，《百论》共有二十品，每品五偈，合为百偈，以后十品无益此土，故未译出。换句话说，罗什译的《百论》，仅有十品五十颂，此与七十八颂半又不相合。即以八字一句，每颂三十二字计算，则二千二百字，亦有六十九颂，依旧与五十颂数字不合。《百论》本文为何如此？罗什为何不将《百论》本文以颂文形式译出？难道婆薮开士的释论就是如此吗？以罗什译的《中观论》而言，其中龙树之论颂与青目之释论，分得非常明白，为何罗什译提婆《百论》不能如此？这是令人百思不解的！

依据吉藏的《百论疏》说，《百论》在印度有十余种注释，其中最流行的，为婆薮与僧佉斯那（Saṃghasena）二种[51]。罗什译的《百论》，即为婆薮开士之注释。婆薮开士为何人？依吉藏《疏》说，婆薮乃无著之弟世亲（天亲）。自吉藏疏以来，中国佛教学者，几乎都认定婆薮开士即为世亲（婆薮槃豆 Vasubandhu）。但到底婆薮开士是否即是婆薮槃豆（世亲）？罗什译的《百论》是否就是世亲所释？这是值得论究的问题。

罗什是在弘始三年（四〇一）十二月二十日来到长安，弘始十五年（四一三）圆寂。关于罗什的年龄，史传中所记不一，据道宣《广弘明集》卷二十三，收录僧肇《鸠摩罗什法师诔》说："癸丑之年，年七十，四月十三日薨于大寺。"[52]癸丑之年，即为弘始十五年。弘始十五年（四一三），罗什七十岁，以此推算，则罗什生于公元三四四年，亦即中国东晋康帝建元二年。罗什的年历，依汤用彤《汉魏两晋南北朝佛教史》上册，就各种史传所记考定，可得其年历如下：

公元三四四年	一岁	生于龟兹
三五〇年	七岁	出家入僧
三五二年	九岁	随母去罽宾
三五五年	十二岁	离罽宾返龟兹
三五六年	十三岁	留沙勒

三五七年	十四岁	返抵龟兹
三六三年	二十岁	于王宫受戒
三八四年	四十一岁	龟兹为吕光所破
三八五年	四十二岁	为吕光迎至姑臧（凉州）
四〇一年	五十八岁	由凉州至长安
四一三年	七十岁	卒

就以上罗什年历简表观之，罗什自三五七年由罽宾返抵龟兹以后，直至三八四年龟兹为吕光所破，在此二十六年中，史传对罗什事迹所记极少，大抵罗什一直都在龟兹。三八五年，罗什为吕光带至姑臧，在姑臧一住便是十七年。吕光卒后，姚兴伐吕隆（吕光之子），这才将罗什迎至长安译经，以至于终。

关于世亲的出生年代，近代中外佛教学者研究推算考定颇不一致，对其生年之说，相差甚大。日人渡边海旭，在其《陈那及其出现之年代》中，推定世亲约为公元四二〇年生，于五〇〇年卒。宇井伯寿在其《印度哲学史》中，推定世亲约生于三二〇年，卒于四〇〇年。二者恰好相差百年。印顺导师在其《妙云集》下编第九册《世亲的年代》一文中，对于渡边与宇井之推定，不表同意，认为过早的三二〇—四〇〇年说，在有关的事迹上，有许多抵触矛盾问题，难于解说；认为太迟的四二〇—五〇〇年说，亦有同样情形存在。他在该文中举述甚详。依据印顺导师之折中推定，世亲大约为公元三六一—四四〇年，较为妥当。兹就印顺导师之推定，略记世亲之重要年代如下：

公元三六一年　世亲生

三八〇年　世亲修学小乘

四〇〇年　世亲回小向大

四四〇年　世亲卒

就世亲与罗什的年代来看，世亲小罗什十七岁。世亲原于说一切有部出家，其在小乘佛教时代，为时甚久，直到壮年之时，才由其兄无著化导皈依大乘。印顺导师推定其于公元四〇〇年回小向大，就无著的年历推算，大致是妥当合理的。罗什初译《百论》，是在公元四〇二年，仅与世亲回小向大相差二年，怎能说婆薮开士就是世亲？吉藏的此一错误，导致中国佛教学者千余年的误信，诚属遗憾！罗什的翻译，是以般若与三论（或加《智度论》为四论）为主，世亲的论典，罗什不仅未曾见及，即是弥勒与无著的论典，罗什恐怕也未见到。弥勒的论典，最初传到中国，是在公元四一四年至四二六年之间，由北凉昙无谶译出《菩萨地持经》与《菩萨戒本》，都是属于《瑜伽师地论》本地分菩萨地之文，此时罗什已经入灭。无著的论典，传来中国，又比弥勒论典略迟一些。所以，罗什译的婆薮开士，绝对不能视为无著之弟世亲。虽然，无著与安慧等唯识论师，也为龙树《中观论》作过注释，但无著的《顺中论》，是在公元五三八至五四二年之间译出的。世亲的论典，怎么可能早在弥勒与无著的论典之前于四〇二年即已传到中国？关于世亲的年代，近代有些学者曾有“古世亲”与“今世亲”的倡说，尽管印度与世亲同名的有多人，不过，我们可以明确地肯定，罗什译的婆薮开士，绝非无著之弟世亲。

注：

①见大正五一·九二九中。

②见大正五〇·一八六下。

③见大正五〇·三一八下。

④见大正五一·八九一中。

⑤见大正五〇·一八六下。

⑥见大正五〇·三一八下。

⑦见大正五〇·一八六下——一八七上。

⑧见大正五一·九二九上—中。

⑨见大正五〇·一八七下。

⑩见大正五〇·一八七下——一八八上。

⑪见大正五五·一四一下。

⑫见大正五五·五四一上—中。

⑬见大正五五·五四一中。

⑭见大正三二·一五五—一五六。

⑮见大正三二·四〇中—四一上。

⑯见大正三〇·二六八上。

⑰见大正五〇·三三九上。

⑱见大正五五·五二二上。

⑲见大正五五·一一中—下。

⑳见大正三〇·二五〇中。

㉑见大正三〇·二五二下。

㉒见大正三〇·二五〇中。

㉓见大正三〇·二五二下。

㉔见大正三〇·三九上。

㉕见大正三二·四二下。

㉖见大正三二·二九八中。

㉗见大正三〇·四九中。

㉘见大正三〇·一一四中。

㉙见大正三一·八〇九下。

㉚见大正三二·四二上。

㉛见大正三〇·一〇七中。

㉜见大正三〇·一八五下。

㉝见大正三〇·六七上。

㉞见大正三〇·一八四下。

㉟见大正三〇·七五上。

㊱见大正三〇·一四七中—下。

㊲见大正三〇·一八三下——八四上。

㊳见大正三二·三六中。

㊴见大正三二·四一中。

㊵见大正三二·四一下。

㊶见大正三〇·一八三中。

㊷见大正三二·四二上。

㊸见大正三二·四二下。

㊹见大正三二·四八中。

㊺见大正三〇·一三九中。

㊻藏译《四百论》，由十六品组成，前八品与后八品，均具独立性质，由其十六品品名，便可见之：（一）断常颠倒方便说示，（二）断乐颠倒方便说示，（三）断净颠倒方便说示，（四）断我颠倒方便说示，（五）菩萨之行说示，（六）断烦恼方便说示，（七）断五欲享乐执着方便说示，（八）随从行，（九）否定常修习说示（玄奘译为《破常品》），（十）否定我修习说示（《破我品》），（十一）否定时修习说示（《破时品》），（十二）否定见修习说示（《破见品》），（十三）否定根境修习说示（《破

根境品》),(十四)否定边执修习说示(《破边执品》),(十五)否定有为者修习说示(《破有为相品》),(十六)训诲弟子(《教诫弟子品》)。

㊼见大正三〇·一六七下。

㊽见大正三〇·一六八上。

㊾见大正三〇·一六八上。

㊿见大正三〇·一六八上。

51《百论疏》卷上说:"古疏传云:注百论众人非一,合集论之有十余家也。有二人注最行于世:一波数(婆薮?),二僧佉斯那。"见大正四二·二三四中。

52见大正五二·二六四下。

一九七五年六月廿一日写于德山寺藏经楼

(《内明》月刊)

世亲及其著作

一

世亲（Vasubandhu），是印度佛教史上一个才华杰出多彩多姿的非常人物，他的一生，仿佛像颗高悬空际光芒万丈的巨星，照亮了印度，也照亮了世界。印度佛教，由于他的出现，其历史开创了一个新的纪元，辉煌无比；大乘唯识教学，也因他的出现，走上了一个新的里程，奠定深固不拔的基础。在后世的唯识学者心中，世亲无疑地成为一个千万人崇敬的对象。就印度佛教来看，他在发扬大乘佛法的成就上，其地位固然可与龙树（Nāgājuna）、无著（Asaṅga）相媲美，但是，他在弘扬小乘佛法上的成就，则非龙树、无著所能望及。因为，龙树、无著所弘传的，仅限于大乘佛法的一面，而世亲不但在大乘佛法上有其辉煌卓越的成就，即便在小乘佛法的弘传上，也有千古不朽的功绩！这从他的二部典型代表作——《阿毗达磨俱舍论》与《唯识三十论》，可以充分表现出来。

世亲早年所著《阿毗达磨俱舍论》一书，其组织谨严，论证精确，不特享誉当时小乘学界，即至一千数百年后的今天，其在小乘学的著作中，仍然是独步空前的。所以，当他的这部重要的论典出现以后，在小乘学派中曾经一度引起很大的争论，特别是在迦湿弥罗（Kaśmīra今克什米尔 Kashmir）保守的有部学者，更是惊惧不已！此论传译到中国，先后有二种译本：一、由梁陈之际真谛来华译出，经真谛门下弟子研究弘传，盛极一时，成立了“俱舍宗”；二、公元六五一年（唐高宗永徽二年），玄奘再度将它译出，又引起其门下佛教学者研究的高潮，如圆测、普光、法宝等，均曾致力从事研究注释，弘扬传播，盛极一时。直至现今，在东方，仍然有着无数佛教学者致力研究此论，发挥其精义，出现的著作，真是琳琅满目。此论的价值，是历久弥新，值得人们深思研究的。

至于世亲晚年所著《唯识三十论》一书，更是轰动印度唯识学界，成为印度唯识思想史上最脍炙人口的一部论典。虽然此论只有短短三十个偈颂，但它所含摄的法义，却是“约千训于一字，含万教于一言”。这是世亲皈宗大乘佛教之后思想最圆熟的一部典型代表论典。可是，他将这部论典写成之后，尚未写下长行注释，即以八十高龄世寿圆寂了。也即因为如此，所以他的这部论典，成为当时及后世许多唯识学者群起研究的对象，各各为之注释，发挥其中精义，形成“百家争鸣，百花齐放”的稀有盛事。这一风气，一直延续二三百年，给印度唯识史上留下千古佳话。后世研究唯识学的学者，也多以此论为宗本。

二

关于世亲的历史，在中国古典文献中，有真谛(Paramārtha)译的《婆薮槃豆法师传》，与玄奘《大唐西域记》中有关世亲的片段记载。真谛的《婆薮槃豆法师传》，所记之历史内容，其正确性多少是有问题的，所以，近代研究世亲历史的学者，宁可采用玄奘《大唐西域记》的片断记载，而少采用真谛的《世亲传》，其理由亦即在此。本文所述世亲历史，大致也是如此。据《大唐西域记》所载，世亲为西北印度之犍陀罗（Gandhara）国人，生于佛灭后九百年至一千年间。其兄无著(Asaṅga)，初“从弥沙塞部出家修学”，不久“回信大乘”，为大乘唯识学的开创人物。世亲初“于说一切有部（Sarvāstivādāḥ）出家受业”，由于聪慧颖悟，“博闻强识，达学研机”，不久便将犍陀罗一带有部法义全部通达，成为一个典型的有部学者。但他并不以此自满，旋又继续研究经部法义，作为取舍抉择的宗本。其时有部的正统思想在西北印的迦湿弥罗，由世友（Vasumitra）领导结集的婆沙三藏，也保存在那里，严禁外传，所以，当时迦湿弥罗成为各方学者仰慕的重镇。世亲为了探究婆沙法义，想尽种种方法，混进迦湿弥罗，归投悟入（Skandhila）论师门下，钻研婆沙三藏，历数年始去。

写到这里，应该附带对世亲的译名及其兄弟作一简单考证：一、真谛译的《婆薮槃豆法师传》说：“婆薮译为天，槃豆译为亲”，所以中国古代许多译经论师，均将“婆薮槃豆”译为“天亲”。其实，真谛的这一翻译，多少是有问题的。考“婆薮槃豆”一名，原为印度一位天神的名字，此一神祇，为印度人——特别是西北印一带的人非常敬信，人们所有之事，往往都以祈祷此一天神为决断，所以祂的意义为“世亲”——即为世人亲近敬信之义。世亲父母是因祈祷此神而生世亲，于是将世亲命名为婆薮槃豆。中国古代译经论师，不解其义，将之译为天亲，实属错误。案，“天亲”在梵语原音上应该读作“提婆槃豆”（Devabandhu），而不是读作“婆薮槃豆”

(Vasubandhu)。

二、世亲的兄弟，在中国藏经里的记载并不一致，如真谛译的《婆薮槃豆法师传》(通常称为《世亲传》)说，世亲有兄弟三人，上有一兄，名阿僧佉（无著）；下有一弟，名比邻持跋婆。与真谛持同一说法的，还有念常的《佛祖历代通载》(卷四）也作如此记载。所不同的，念常对世亲之弟译音与真谛稍有出入，如《佛祖历代通载》云："幼曰比邻持弗婆提，此云师子觉，造集论释，大有研寻。"真谛译的"比邻持跋婆"，念常却写成"比邻持弗婆提"，这也许是在梵文原音的拼音上彼此略有出入而已。这是世亲兄弟三人说的历史记载。但玄奘《大唐西域记》(卷五）"阿逾陀国"条却说："无著菩萨，犍驮罗国人也……其弟世亲菩萨，于说一切有部出家……无著弟子，佛陀僧诃（唐言师子觉）者，密行莫测，高有才闻。"这显然是说无著、世亲只有兄弟二人，所谓师子觉，是无著的"弟子"，并非其"弟"。我们征诸西藏所传的历史文献，也只有无著、世亲二人的历史，关于所谓"比邻持跋婆"或"比邻持弗婆提"的记载，一点资料也没有，这是值得令人注意的。师子觉的梵语原音，为佛陀僧诃（Buddhasimha)，而不是"比邻持跋婆"或"比邻持弗婆提"。世亲兄弟三人之说，明显地是由真谛与念常的错误而来。至于这一错误的来源，我想因为师子觉为一学德俱高的大乘论师，从无著修学，又为无著注释《阿毗达磨集论》而闻名，所以念常称他“造集论释，大有研寻”；玄奘《大唐西域记》也说他“密行莫测，高有才闻”。在印度佛教学者之间，常常将他与无著、世亲并举，后代写佛教史传者，未能辨明其间关系，将他误为无著、世亲之弟，这是导致此一历史错误的来由。

世亲离开迦湿弥罗回到犍陀罗后，他对迦湿弥罗保存的婆沙法义，早已熟记于心，了如指掌。他是一个以“理长为宗”的自由思想主义者，虽然在说一切有部出家，为一有部学者，但他的思想并不偏局于有部的一系，所以，他在著《阿毗达磨俱舍论》时，常常以经量部的思想来批判有部，发挥他独自的思想见解。后来，当他这部《阿毗达磨俱舍论》传到迦湿弥罗，使迦湿弥罗的有部学者感到无比的惊惧。其时迦湿弥罗的有名学者——众贤（Saṃghabhadra）论师，为了维护有部的正统思想，特别悉心研究《阿毗达磨俱舍论》一书，经十二年写成一部八十万言的《俱舍雹论》——“言深致远，穷幽洞微”，对世亲的《阿毗达磨俱舍论》作详细的批判与驳斥，并率领他的“三四俊彦”弟子，自迦湿弥罗出发，要与世亲当面辩论有部法义，以便一决究竟。那时世亲正在北印度磔迦（Jakka）国的奢羯罗（śāgala）城，他听到众贤要来跟他辩论，就带领他的弟子到中印度去了。世亲到中印度避见众贤，并不是他的理论有所欠缺，真正的目的，正如《大唐西域记》所说："吾今远游，非避此子，顾此国中，无复鉴达。众贤后进也，诡辩若流，我衰耄矣，莫能持论。欲以一言，颓其异执，引至中印度，对诸髦彦，察乎真伪，评乎得失。"世亲的用意，因为北印度一带没有饱学硕德的人能够评判他们的是非曲直，所以他要将众贤引到中印度去辩论，以便在那里请到髦彦之士主持评判他们的究竟得失，要以一言破众贤的异执。众贤到了磔迦国未能见到世亲，这时他也深有所悟，特地写了一封信致世亲说："如来寂灭，弟子部执，传其宗学，各擅专门，党同道，疾异部，愚以寡昧，猥承传习。览所制《阿毗达磨俱舍论》，破毗婆沙师大义，辄不量力，沈究弥年，作为此论，扶正宗学；智小谋大，死期将至。菩萨宣畅微言，抑扬至理，不毁所执，得存遗文，斯为幸矣，死何悔哉！"同时，众贤并告诫他的弟子们说："吾诚后学，轻陵先达，命也如何，当从斯没。汝持是书，及所制论，谢彼菩萨，代我悔过。"从众贤致世亲的书信，以及他最后告诫弟子的两段文字，我们可以知道众贤抵达磔迦国后，对其所著的《俱舍雹论》一书，已经自知理有不足而深有所悔了。世亲读完众贤的来书之后，沉思良久，并感慨地对弟子们说："众贤论师，聪敏后进，理虽不足，辞乃有余，我今欲破众贤之论，若指诸掌。顾以垂终之托，重其知难之辞，苟缘大义，存其宿志。况乎此论，发明我宗，遂为改题为顺正理论。”（以上所引见《大唐西域记》卷四）世亲未著论驳斥众贤，同时并将他的《俱舍雹论》改题为《顺正理论》，让其流传于世，主要是因众贤自知理短而致世亲的那封文情并茂的书信所致。诚如世亲所说：“顾以垂终之托，重其知难之辞，苟缘大义，存其宿志。”由此可见世亲的为人是如何的深厚含蓄了！

世亲抵达中印度后，不免兴起思亲之情，那时他的长兄无著论师，正在阿逾陀（Ayodhyā）国弘扬佛法，因此，他便到阿逾陀探望无著。在一个夜阑人静的深夜，他听到无著的弟子在窗外读诵《十地经》，文词法义，闻所未闻，不禁使他欢欣雀跃，喜极而泪，“感悟追悔”，因而接受无著的化导，舍小乘转学大乘了。他在修学大乘佛法期间，又“研精覃思，制大乘论，凡百余部，并盛宣行”。他对大乘唯识学的贡献，真是厥功甚伟，为印度佛教史上所罕见。其一生著作极多，世称“千部论师”。

三

在世亲八十年的一生中，如从他的思想上来区分，大体可以分为二个时代：一是他的小乘佛教时代，二是他的大乘佛教时代。他在小乘佛教时代里，又可以分为修学时代与批判时代。他在说一切有部出家起，直至他去迦湿弥罗依止悟入论师学习婆沙法义止，这一时期，是他修学小乘佛法的时代；自他离开迦湿弥罗著《阿毗达磨俱舍论》，这一时期，是他对小乘佛教的批判时代。至于他的大乘佛教时代，就《大唐西域记》所记载的文字来看，很难划分他的修学时代与批判时代。我们仅知他在中印度阿逾陀受无著化导以后，著作了很多大小乘论典，后来到憍赏弥国（Kosambi）去造《唯识二十论》，临终之前又造《唯识三十论》。他的《唯识三十论》还没有写下长行注释，就不幸去世了。除此之外，他在大乘佛教时代的事迹，并没有显明的分期记载。不过，他在大乘佛教时代所写的著作，现在大多还存在，我们从这些著作中，大略可以知道他在大乘佛教时代的历史。

世亲在阿逾陀受无著化导，舍小乘而归宗大乘。无著晚年大多常在阿逾陀居住，因此，世亲也常在那里从无著研究大乘唯识学。当时的阿逾陀佛教，不仅有北方无著系的“瑜伽行派”（Yogacāra）流行，同时也有南方龙树系的“中观学派”（Mādhyamika）弘传。瑜伽与中观，是代表南北印度大乘佛法的二大思想，这二大思想的主流却在阿逾陀汇合交替，互相抑扬。世亲在这二大思想汇合交流的激荡之中，见闻所及，受其熏陶，所以孕育出他那伟大的思想体系。

关于阿逾陀为瑜伽、中观二大思想汇合交流的中心，我们可以从以下几件事观察出来。

一、据《大唐西域记》与《世亲传》记载，无著、世亲的后半生，大多居住在阿逾陀。在无著、世亲、安慧（Sthiramati）的著作中，也有属于中观系的，由此可知，当时以阿逾陀为中心的印度佛教，显然是有中观学流行的。

二、世亲在憍赏弥国所著的《唯识二十论》，其中有驳斥僧佉学派（Sāṃkhya school）与吠世师迦学派（Vaiśeṣika school）的思想谬说，从世亲著论驳斥的主旨上看，可以知道当时憍赏弥一带的外道势力很强，而且有着蔓延的趋势，所以世亲才著论驳斥他们的思想谬见。然以无著为中心的《瑜伽师地论》（*Yogacārabhūmiśāstra*）等，是属于北印系的论典，论中谈到外道思想的地方很少，相反地，属于南印系龙树师资的论典，其中破斥外道思想的地方相当多。这显示在中印度以南的外道，比之于北方为多。在世亲的著作中，破斥外道的论典，计有《唯识二十论》《佛性论》《涅槃论》，以及《俱舍论》的《破我品》等，这些都是世亲归宗大乘以后的作品，其写作的地点，也是在中印度一带，与龙树系的中观论典在破斥外道的立场上有着很深的关系。由此可知，在中印度一带是有中观学派流行的。

这里附带一谈关于《俱舍论》的《破我品》问题。根据近代学者研究考证，汉译的《破我品》，本不属于《俱舍论》所有，应该称作《破我别论》。因为世亲著作《俱舍论》与著作《破我品》的时间与地点都不相同；《俱舍论》是他未归宗大乘以前在北印度制作的，《破我品》是他归宗大乘以后在中印度制作的。真谛译的《世亲传》说，《俱舍论》是在阿逾陀制作的，这可能是指的《破我品》。因为世亲将《破我品》附录在《俱舍论》末后，所以真谛才误会《俱舍论》也是在阿逾陀制作的。玄奘在《大唐西域记》中说，世亲于阿逾陀制作大小乘诸论，其所谓小乘论，亦指《破我品》而言。就《破我品》的内容来看，它是以破斥外道为主，而兼破部派中的其他异说，这与《俱舍论》的内容，也是显然不同的，因此，我们不能承认《破我品》是《俱舍论》的一品，只能说是它的附录而已。从世亲著《破我品》的目的看，中印度以南的外道，其势力是相当强大的，世亲为了显扬正法，所以才在阿逾陀造论破斥他们。《破我品》与龙树师资的中观论典，在共同破斥外道的立场上，它们的精神可说是一致的。

三、真谛译的《摄大乘论世亲释》，其中说到龙树中观学的地方很多，如涅槃、三无性、心性本净，唯有一乘等，同时也引用了不少外道学说与外道经典文字，这与玄奘译的《摄大乘论世亲释》，是有很大出入的。真谛与玄奘的出入，可能由依据的梵文原本不同所致。玄奘是继承北印度瑜伽唯识学的学统，他所依据的原本，大概是得自北印度的。在北方，龙树的中观学还未流传，而且北方的外道势力也不及中部与南方强大，所以，流传到北方的《摄大乘论世亲释》，可能已经北方学者们删节过。玄奘向以翻译忠实谨严见称于世，我们相信他不会对世亲释的原本私自加以删节的。真谛是西印度优禅尼国（Ujayana）人，他所依据的原本，是来自西印度的。世亲在阿逾陀造的《摄大乘论释》，流传到北方与流传到西方的，竟有如此大的出入。从这一事例中，可知中印度一带是有龙树中观学流传的，而且中观学的传播区域，至少已经扩展到了西方。

根据以上所说，当时中印度一带，不但有无著系的瑜伽唯识学的流行，同时也有龙树系的中观学的传播。世亲是一个自由思想主义的学者，他既在阿逾陀随无著修学瑜伽唯识，对于当时流行中印度一带的龙树中观学，自然不会不去涉猎研究的。也即因为如此，所以在他后来的许多著作中，才有关于中观学的论述出现。不过，他所宗的是无著的唯识学，以他的广博见闻与独特的思想见解，发挥唯识义理，探幽钩玄，条理抉择，越发使得唯识学的内容呈现一片空前雄伟的壮观景象。

四

关于世亲的大乘论典，其著作的时间先后，自古以来，很少有人做过研究区分的工作。其实，要来区分他的著作先后，因为去时已远，又无古典史料可资参考，委实是件困难的事。现在仅就他的几种重要著作内容，对其出现的先后，作一推论和臆测。

世亲在修学大乘时代的早期著作，可能以般若、法华、涅槃三论为始，其次便是《摄大乘论释》(以下简称《摄论释》)。因为世亲在《摄论释》中，曾经引用到《法华经》名，以及声闻授记，“唯有一乘法，无二亦无三”等文字。《摄大乘论》一书，是无著一生思想上最重要的论典，世亲既随无著修学，当然尽早替他注释流行。《摄论释》之后，便是《十地经论》。据《大唐西域记》说，世亲归宗大乘，是听无著弟子读诵《十地经》而引起，因为此经是引发他归宗大乘的导缘，所以他为此经作注释，而成《十地经论》。不过，《十地经论》与《摄论释》，是他修学大乘时代的后期著作，这二部书的内容，都是说明心识问题的，其修行位中的次第，《摄论释》与《十地经论》的解释，亦很类似。再次便是《辩中边论》。《辩中边论》对于虚妄分别的解说，与《十地经论》中“三界虚妄，但是一心作”的思想，有着密切的关联关系的。这一点，可从世亲思想发展的层次上见之。

复次，再就世亲在大乘佛教批判时代的著作来看：世亲为一“理长为宗”的学者，他在大乘佛教修学时代之后，自然而有发抒自己思想特见的著作，这些著作的先后次第，大致是如此的：他首先写成的，是《大乘成业论》。《大乘成业论》的思想与《摄论释》的思想是最为接近的，将阿赖耶（Ālaya）识思想的起源求之于化地部与经量部等，这是根源于《摄论释》的主张而来的。其次便是《大乘五蕴论》。《五蕴论》的思想，是以色受想行识五蕴来统摄说明一切法。其著作时代，大约在《俱舍论》与《百法明门论》之间。《五蕴论》对于阿赖耶识的说明，其范围较《摄论释》为广，就这一点说，它又似乎介于《摄论释》与《唯识三十论》之间写成的。再其次是《唯识二十论》。《二十论》的开头，引用《十地经》“三界虚妄，但是一心作”的文义，彻底破斥小乘外道执着离心之外而有实境的思想。全论的主旨，是在破斥小乘外道的偏执，显示唯识无境的思想；所以，从世亲这种高度的批判精神来看，《二十论》应该不是他在修学时代著作的。虽然,《二十论》对于唯识思想没有积极的建立，全在批判破斥，但是，从“破邪就是显正，显正就是破邪”的这一立场来看,《二十论》与《三十论》的精神宗旨还是一致的，都是建立唯识无境的思想理论。《二十论》之后，便是《大乘百法明门论》。此论开头便说:“如世尊言：一切法无我。”这是从佛说的根本教义——“诸法无我”来解释唯识的。《唯识三十论》也说:“由假说我法。”由这二者对照来看,《百法明门论》显然是在《三十论》之前造的，二者的思想是互相关涉的。《百法明门论》的主要内容，是解说一百个法，这是将《俱舍论》的七十五法与《瑜伽师地论》的六百六十六法加以折中抉择，择其主要者而成的。

至于世亲在大乘佛教批判时代所著的关于中观学的论典，便是《佛性论》。他以此论批判龙树、提婆的中观思想，并且也批判小乘外道及一部分大乘学者对于佛性的异解。

世亲在大乘佛教批判时代的最后论典，是有名的《唯识三十论》。此论是将佛灭后九百年来长期演变发展的唯识思想，加以综合批判，条理组织，并且提示他独特的思想见解，建立精密完整的阿赖耶识的思想体系。所以,《唯识三十论》比之无著的《摄大乘论》，对于心识的分位与能缘所缘的关系，分析得更为精密详细，这是世亲一生思想最成熟的一部典型的代表论典。从此论中，可以看出世亲整个唯识思想体系的全貌。

一九六七年十一月三日写于新竹福严精舍

(《慈航》杂志)

唯识所变

——在菲律宾隐秀寺太虚讲堂讲

一

自立法师、诸位居士：

这次我从台湾去美国，顺便经过菲律宾，经过菲律宾的原因，大致有二点：第一，我的生活，一向过的静态生活，很少有机缘出外旅行，从佛教报章杂志的报道中，知道菲律宾有不少佛门大德长老，更有许多我认识的师友，所以，我想来拜望他们。尤其是自立法师与唯慈法师，我们从认识订交以来，已经三十多年了。十九年前，他们应聘来菲，从事佛化的社教工作，我们便分开了。我与自立法师，差不多有十六年没有见面，趁着这次去美国的机缘，来与老同学晤叙晤叙，这是我经过菲律宾的第一个原因。第二，菲律宾在亚洲，是唯一的天主教国家。自从西班牙人统治菲律宾以后，便将西方的宗教与文化，移植到东方来，而且移植得相当成功。后来，美西战争，西班牙战败，美国又取而代之。菲律宾经过西方民族数百年的长久统治，在宗教信仰上，完全承继了西方民族的衣钵。这是西方民族将其宗教文化殖民到东方来最成功的一个典型范例。我们的华侨，移居到菲律宾来，虽然历史很久，但将佛教带到菲律宾，还是近百年来的事。尤其第二次世界大战结束以后，菲律宾的佛教，有着蓬勃的发展。从寺院的兴建，学校的创立，处处呈现着一派新生活跃的气象。这次我经过菲律宾去美国，也是要来看看目前菲律宾佛教的实际状况。由于这二个原因，促成我的菲律宾之行。

刚才承蒙自立法师对我的介绍，颇不敢当。我是一个平庸的人，因为身体多病，平日很少活动，二十多年来，一直住在乡间养病。日常生活，除了礼佛念佛之外，便是看经研究。最近几年来，也做点教学与写作的工作。在佛门中，我是一个没有用的人，这是深知我的师友共同知道的。假如说我还有一点用处，至多只是一个书呆子型的迂腐人物。这次由于纽约美国佛教会之邀，希望我去参加做点研究工作，并且提供我来回机票，我才有新大陆之行。

二

今天谢谢自立法师的盛意，要我在此讲演，提供我这一难得的学习机会。只是最近患了重感冒，一直咳嗽，说话的声音都沙哑了。由于生理的病痛，可能会影响到今天讲话的情绪。我想提出唯识学上“唯识所变”的问题，来与大家谈谈。唯识学是大乘佛法中的一个重要派系，从世亲的《唯识三十论》造成之后，在印度的论师之间，形成了“百家争鸣”“百花齐放”，互相阐发论辩的稀有盛事。菩提流支等将世亲的《十地经论》传译到中国，真谛译出无著的《摄大乘论》，玄奘从印度回来，大量翻译弥勒、无著、世亲等人的论典，唯识学在中国出现过三个兴盛的时代，成立了三个宗派——地论宗、摄论宗、唯识宗，对于中国佛教，影响至大，这是研究唯识学历史的人所共知的。

唯识学的根本思想，是说明一切法“不离识，识所变，离识非实有”。我们日常生活中，眼所见到的一切现象，耳所听到的一切声音，一般人都认为来自于外在的，但唯识学却说是由心识所变现呈现于外的，外境并非离开心识而独立存在。这种说法，好像与我们日常生活中所见相反，并不容易为人接受，但到底事实究竟如何？

我想对于这问题与大家研究一下。

就唯识的“识”字而言，便是我们的认知作用。在古代的典籍里，解释“识”是“了别”义，就是明了分别的意思。什么是明了分别？便是我们对所缘的客观境界，有其清楚明白的认识，这就是识的作用。

识是了别义，此中包括能了别与所了别的二个部分，也就是能认识与所认识的二部分。能认识的是我们的精神主体作用，所认识的是一切客观的现象世界。依唯识学说，所认识的一切客观现象世界，不能离开能认识的精神主体，离开精神主体，一切现象世界也就无从建立。举例来说，我们认识一个人或一件事物，是由什么去认识他的？无疑地，是靠我们精神主体的认知作用去认识的。客观对象，便由能认识的心体去认识它。所以，客观存在的现象，不离开能认识的心体。其客观存在的有无，也是由能认识的心去取决的。

在一般人的认识上，以为我们所认识的一切客观对象，都是属于身心之外的。比如说，我们所见到的房屋桌椅，乃至山河大地，明明是外在的，离心而存在的，怎能说它不离开我们的心识，由能认识的心体去取决它的有无存在？依照某些人的看法，认识心的生起，应该由外境的有无而决定。外境是主体，心是被动的客体。明白地说，精神活动的产生，是以外境的物质为依归。

唯物学者，大抵是由这一思想发展出来的。可是唯识学不作如此说，而肯定所认识的一切不离开能认识，离开能认识的心体，并没有所认识的客观对象存在。举例来说：当我们一个人清醒的时候，所见到的世间森罗万象，林林总总，这是我们的认识作用所认识到的。可是，当我们熟睡了的时候，或死亡了的时候，虽然我们的肉体仍然存在，而外在的一切客观现象，我们便不知道了。外在的一切，我们为什么不能知道？并非外在的一切不存在，而是我们能认识的心体一时停止了它的活动作用，所以，外在的一切现象不能在我们的心幕上显现出来。

世间上许多事，大体都是这样。我是昨天下午来到马尼拉的，在我未来菲律宾之前，诸位都不认识我，不知道我这个人。今天我与大家见面之后，诸位认识了我，知道有我这个人的存在。我未与诸位见面之前，虽然世间上有我这个人存在，可是，在诸位的脑际里，并没有我的印象。明白地说，在诸位的认识上，等于没有我这个人的存在。这是什么原因？当我们的认识范围没有到达那个领域的时候，虽然存在的东西，对我来说，仍然是不存在的。

从这两个例子，我们可以知道，凡是客观存在的一切现象，都不离开能认识的心体。因为，我们知道客观宇宙存在的一切，是由我们能知的心去了别的；我们知道客观宇宙不存在的一切，也是由我们能知的心去觉知的。所以，所知不离能知，所认识不离能认识，这是以能认识为主体的。唯识学上说明此一问题，建立了外在与内心的密切关系，完成了客观存在的一切不离认识心体。

三

客观存在的一切不离主观的心体，所认识不离能认识，这个道理，诸位经过思惟推敲，并不难懂，可以接受。可是，说到一切客观对象是怎样来的，其来源又是如何的问题，这便复杂起来了，不经过举例说明，是很难理解的。在一般人的认识上，我们所认识的一切客观对象，当然是来自外在的，不是属于内心的。但是，站在唯识学的立场来说，一切客观对象，不是来自外在的，是由我们心象反映于外的。换句话说，客观对象，是由心识所变现的。

讲到“唯识所变”的问题，它是怎样变的呢？有人曾经对我说，假如依照唯识学所说，外在的一切是由唯识所变，现在我的肚子饿了，没有东西吃，你能变些东西出来给我吃吗？我没有钱用，你能变些钱来给我用吗？如果不能变出来，即证明外在的一切，不是唯识所变，而是实实在在有其外境存在的。这种论难，听来好像很有道理，实则并不了解唯识所变的真正意义。唯识学所说的变，不是从无到有的变，也不是变魔术似的变，它是说明从认识上的变，从心体上的变。我们人类，由于有某部分相同的业力，招感相同的心识，大家共同来看这个宇宙世界，你所见到，与我见到的，似乎都很相似，没有什么分别，所以，在我们人类的认识上，不认为这是唯识所变。但是，我们从不同种类的生命界来看，其情形便不同了。我们人类见到的清净河水，澄清可爱；可是在水生动物的鱼类来说，它们所见到的，并不是清净的河水了，而是它们所居住的世界与房屋。就这种情形来说，人类所见到的东西，是一种形态，其他动物所见到的，又成了另一种的形态。饿鬼见到清净的河水，也不是水的形态，而是满河的脓血。天人所见到清净的河水，却成了宝庄严世界。同样的东西，由于生命种类的不同，精神的认识作用不同，彼此所见到的，产生了极大的差异。人类见到是清净的水，为什么鱼虾等动物看到的便是它们居住的美丽世界，饿鬼看到的竟是脓血，天人看到的却是宝庄严世界？这种不同认识的产生，不是来自外物的不同，纯粹是由我们精神的认识作用不同变化所致。就唯识学说，这是一个唯识所变的最好例证。

不同种类的众生，所见如此，即是同一人类，所见也不例外。比如我们同看一幅画，有人认为这幅画画得太好了，价值连城；可是，有人看了，认为画得太糟，一文不值。这幅画的本身，并没有两样，甲看的是这幅画，乙看的也是这幅画，为什么甲乙看到的既是同一幅画，而对其价值的评估竟有这种不同的差异？这种价值的判断，不是来自画的本身，而是出自甲乙二人认识上的差异，以致形成价值标准的不同。看物是如此，看人也是这样。我们看到一个年轻的女孩子，有人视为容华绝代，艳如天仙；有人看成姿色平平，普普通通；也有人将她看成丑八怪，天下最难看的女人。到底这个女孩子是最美、普通，还是最丑？这是一个属于对人的审美问题。审美的标准，大多来自主观的意识成分，随着主观的意识而变，根本没有其客观标准的。中国有句古语："情人眼里出西施"，由主观的感情成分去审美，即使不美的人，也成了天上人间最美的人了。相反地，真正的美人，在不同的情境下，也许被视为最丑的人了。这种纯然起自内心上的价值判断与美丑标准，完全由于主观意识的外现而成。

外在的一切，是由我们心识所变现的，我们从上面的举例当中，可以明白。由唯识所变的一切外境，并没有其一定不变的美丑价值标准，它是随着主观心识转变而变的。主观的心识起了变化，客观的一切也就跟着而起变化。农历八月十五日，是我国的中秋节。依照中国人的传统习俗，中秋节要团圆赏月的，月亮也是到中秋节最圆最美，所谓“月到中秋分外明”。诸位侨居菲律宾，已经好多世代了，父母、兄弟、姐妹、亲戚、朋友，都在菲律宾。家境富裕，事业顺利的人，邀集亲友家人共同赏月的时候，一面吃月饼，一面话旧，这时的心情是最愉快的，天上的月亮也是最美的。中秋佳节，委实是个不可多得的节日。可是，中秋佳节，对于一个飘零异乡的流浪者而言，其心里的感受却与诸位不同。中秋夜晚，“举头望明月，低头思故乡”，他的故乡又在哪里呢？皎洁的明月，对其不但没有美感，而且会使他伤感落泪。“无情最是中秋月，一望明月双泪流！”诸位看到的中秋月亮，与流浪者见到的月亮，并非两个，为什么诸位见到很美，而流浪者见到要伤心落泪？问题不是出自月亮，而是出自我们的精神认识作用。因为外境是由内识所变现的，内心愉快，认识的对象也就美了；内心难过，认识的对象也就不美了。

谈到月亮，记得幼年时代，曾经听人唱过一首流行小调：“月子弯弯照九州，几家欢乐几家愁。”这首小调的词句，也说明了这个意思。同样的境界，几家欢乐，几家哀愁，其欢乐与哀愁，显然都是由内心的因素而起。

诸位如果出国，孤身在外，中秋观月，怀念故乡家人，兴起游子飘零之感，其时的月亮，不但不美，可能还是最感伤难过的东西。明月永无变易，到处都是一样。由内心显现于外的境象，再由我们的情意作用去观看它，这才成了种种不同的外象。这种由认识主体上产生的变化，外境仿佛也就改变了它的形态了。

我们在日常生活中，只要仔细地留心观察思惟，外在的一切，都离不开我们的精神主体作用，平衡它的价值与其存在与否。人是一种有感情的动物，我们每个人都有他的喜好不同，对某种东西具有特殊的感情与喜爱。如一个喜爱收藏古董的人，对他所收藏的古物，视为至宝，平时将它拿出欣赏，开心畅怀，怡然自得，由这些器物上好像感受到一种精神的慰藉与满足。可是，当他受到某种刺激的时候，内心烦恼重重，平日最心爱的东西，也会成了最讨厌的东西，碍手碍脚，甚至将它甩破。过去是最心爱的物品，现在成了最讨厌的东西；从前不惜高价买回的宝物，如今竟将它毁坏。这种巨大的变化，难道问题是在古物的本身吗？我想诸位一定知道，问题不在古物，而在持有古物的主人。主人内心平静的时候，所见的古物是一个形态；内心烦恼的时候，所见的古物又呈现另一个形态。诸位想想看，客观的一切，不是由主观心识变现的吗？

在中国的成语里面，我们也见到许多唯心所变的词句。如“谈虎色变”：谈到老虎的噬人凶猛，并没有真正的老虎在前，而闻者却变色恐惧，仿佛身历其境，这不是心识作用吗？又如“望梅止渴”：口渴是要喝水才能解决的。可是过去吃过梅子的人，知道梅子的酸味，现在虽然要喝水止渴，但是想起梅子的酸味，口渴问题也就止住了。“草木皆兵”，在战争动乱的时代，精神恐怖到极点，周遭的风吹草动，一草一木，仿佛都成了军队。这些都是由心理作用引起的，也说明了外在的一切是由内心所变的。

四

客观的存在，是由心识所变的，其能变的心识，共有八种：眼识、耳识、鼻识、舌识、身识、意识、末那识、阿赖耶识。无著的《摄大乘论》，以阿赖耶识为主，讲一能变（所知依）；世亲的《唯识三十论》，却讲三能变。从一能变发展到三能变，这是唯识思想发展的变革，说明分类方法的不同。不论是讲一能变或三能变的，都是说明前七识以阿赖耶识为根本。讲三能变的《唯识三十论》说：“依止根本识（阿赖耶识），五识随缘现，或俱或不俱，如波涛依水。”八个能变的心识，以阿赖耶为根本，也以阿赖耶识为宇宙的本体。一切山河大地，便是阿赖耶识变现的相分，眼识缘阿赖耶识的相分（山河大地），只能缘取它的影像相，不能缘取它的本质相。影像相是依本质相而起的。外在的山河大地，为阿赖耶识所变现，眼识缘山河大地而产生认识作用，所以，眼识所缘的外相，仍然是心识所变现的。《解深密经》说："我说识所缘，唯识所现故。此中无有少法能取少法。"即是说明此意。举例来说，我们照镜子，镜子里面会现起我们的面孔。这张面孔，是在我们身外的，我们用眼识去看这张面孔，生起认识作用。就一般来说，我们眼识生起的认识作用是由外相引起的。但外相来自哪里？是由我的面孔反映于镜子里面的，离了我的面孔，镜子里面并没有一个外相可见。明白地说，我们见到镜子里的面孔，那个面孔，并不是真正的外相，而是我们自己的面孔反映出来的，所见的还是自己。明白了这个道理，我们对宇宙万有为唯识所变，也就了解了。

唯识典籍中，常以梦的比喻说明唯识所变的道理。我们在梦境里面，梦见一切山河、大地、人物，等等，当我们梦境未醒之前，不知梦境是假，唯识所变；等到我们醒来之后，方知梦境不实，心识变现。梦境如此，我们醒时的一切，也是如此。在烦恼未断除之前，所见的一切，都是心外的，实在的，这如梦境未醒之前一样。但当烦恼断除之后，方知处处都是唯心所现，无有实境。

其实，我们观察现实人生的一切，何独不然？我们回忆童年时代的种种，与我们梦醒后回忆梦境的种种，又有什么两样？所以，中国古人，常有“人生如梦”之感叹！在现实人生的烦恼（梦境）未断之前，来说明唯识所变的问题，总是吃力而难于令人信受的。问题的关键，我们不能透过重重的烦恼障碍，真正了解宇宙的真相。

我不是一个专门研究唯识学的人，对于唯识法义知道很少，今天承蒙自立法师给我这个机会，就唯识所变的意义，略为说明。由于口词笨拙，声音沙哑，讲得不圆满的地方，还请诸位多多原谅和指教！

最后，谢谢诸位，祝福大家健康愉快！（陈德美记）

（《菩提树》月刊）

唯识语义及其宗名

一

唯识学为印度大乘佛法之一派。其思想起源，乃渊源于原始圣典之《阿含经》，而至部派佛教萌芽发展。如上座系之犊子部非即蕴我、非离蕴我之思想，化地部之九无为说、穷生死蕴说、种子相续说，经量部之种子熏习说、细意识说等，均为初期唯识思想发展之具体说明。此亦为治唯识思想史者所公认。迨大乘经典出现，《解深密经》等流行于世，无著、世亲师资广造唯识论典，唯识学遂由部派佛教迈入大乘唯识之成立时期。印度唯识学，经此发展弘布，著名论师辈出，论析精微，鞭辟入里，蔚为一时研究风尚，成为大乘佛法之一系，而与龙树、提婆弘传之中观大乘，形成印度大乘佛法之二大主流，影响既深且远。

印度唯识学之重要梵文原典，至今大多失传。当公元七世纪前后，印度婆罗门教复兴，大事破坏佛教。随后，伊斯兰教由中东入侵印度，佛教更遭受无情摧毁。经此二度破坏，佛教文物典籍，几乎荡然无存。古代流传西藏及中国之梵文原典，因年久战乱频仍，亦早经散失或毁于兵燹。近代西方佛教学者，在印度及尼泊尔等地，从事掘土考古工作，虽然对佛教文物典籍，间有零星发现，然其数量不多。

近代日本宇井伯寿氏，曾以 Vijñāti-Matrata 一词，为“唯识”之梵文原语。按此词 Vijñāti Matrata 之来源，乃基于窥基《成唯识论掌中枢要》及《唯识二十论述记》等书之音译而来。如《成唯识论掌中枢要》卷上说“梵云毗若底（识）摩呾剌多（唯）”[①]。《唯识二十论述记》卷上也说“梵云毗若底（此云识）摩呾喇多（此云唯）”[②]。窥基译“毗若底”，实为日人所用 Vijñāti 此字之音译。此字一般认为有“识”义。而“摩呾剌多”，为 Matrata 此字之音译。考窥基“毗若底”一字之音译，以及日本佛教学者以 Vijñāti 此字为“识”字之梵文原语，其在翻译的音节上，多少是有问题的。根据现存的梵文典籍来看，如 Bodhicaryāvatāra 之 *Prajña-pāramitāpariccheda-tika* 中，有如下之文：

……evam api svikrte ko guṇo labdho naiva kascic Citramatre' Pi Vijñāptimatratayam api kalpitayaṁ kalpanayā samaropite……[③]

依据此文看来,“唯识”一词,在梵文原典中,显然是用 Vijñāptimatrata 一字,而不用 Vijñātimatrata 明矣。盖 Vijñāptimatrata 与引文中之 Cittamatra 一词,在梵文中均为同义语。Citta,在汉译佛典中音译为“质多”,其义为“心”。中国有时音义俱译,译为“质多心”。“心”与“识”二词,唯识学常以同义语用之。如世亲之《唯识二十论》说:“心、意、识、了,名之差别。”[④]所以,Citta-Matra 一词,一般译为“唯心”,“唯心”与“唯识”,其义相通。故梵文中以 Citta-Matra 与 Vijñāptimatrata 二字,以同义语用之,以此证明梵文中之 Vijñāptimatrata,为“唯识”一词之原语无疑。

除了佛教典籍之外,耆那教(Jainism)白衣派(Svetambara)学者 Haribhadra 在 *Lokatattvanirṇaya* 一书中,也有二首偈颂,论及佛教派系名称:

Vijñāptimatraṁ sūnyaṁ Ceti'sākyasya niscayah (48)

Vijñāptimatraṁ evaitad asamarthāvabhasanat,

Yatha taimirakasyeha Keśakitadidar's anam (74)[⑤]

依据此偈颂来看,前颂中之Śūnya一词,音译为“舜若”,其义为“空”,乃指龙树中观学派之根本思想。而与Śūnya一名相对立的 Vijñāptimatra，当指“唯识”而言，亦显示唯识学派之根本思想。在印度，一般论及大乘佛法思想体系，每以“中观”与“唯识”并举，说明印度大乘佛法之二派。义净（六三五—七一三）《南海寄归内法传》卷一说：“所云大乘，无过二种：一则中观，二乃瑜伽。中观则俗有真空，体虚如幻；瑜伽则外无内有，事皆唯识。”⑥耆那教学者引用“中观”“唯识”之名论列，可谓为印度一般之风尚，由是益证 Vijñāptimatra 为唯识之原语。

综上以观，梵文佛典与外道典籍，所用“唯识”一语，均用 Vijñāptimatra，而不用 Vijñātimatra，大体可以确定。依据梵语之发音，唯识之“识”（Vijñāpti）字，应该译成“毗若钵底”，始为正确。而窥基译作“毗若底”，显然将梵语文中之 P 音，略而未译；日本宇井伯寿氏，依据窥基所译之“毗若底”，而以 Vijñāti 作“识”字之梵文原语，致未能与梵文原典相一致。考窥基之“毗若底”一字之译，似乎亦有所本，查真谛（Paramartha，四九九—五六九）译《部执异论》一书，其中有“波罗若底婆拖部”，梵文原文为 Prajñāptivadinaḥ，按梵文中之 jñāpti 一字，真谛译为“若底”，亦未将 P 音译出。窥基“毗若底”之译音，大概缘此而来。汉译佛典将梵文中之 P 音略而不译，可谓由来久矣。

二

"唯识"一词之定义，在中国古籍中，有多种解释，兹举三种如下：一、约遮表言："唯"是简别义，简遮心外诸法；"识"是能了义，诠表内心之存在。窥基《成唯识论述记》卷一说："唯谓简别，遮无外境；识谓能了，诠有内心。识体即唯，持业释也。识性识相，皆不离心；心所心王，以识为主；归心泯相，总言唯识。"⑦二、约破执言：唯是破除心外实有之迷执，识是破内心空无之妄执。窥基《成唯识论述记》卷一说："唯遮境有，执有者丧其真；识简心空，滞空者乖其实。所以晦斯空有，长溺二边；悟彼有空，高履中道。"⑧三、约教观言：唯识将一切诸法分为遍计执、依他起、圆成实三性，观遍计执性为空，此为"唯"义；观依他起、圆成实性为有，此为"识"义。所谓教观，乃指三性观法而言。窥基《大乘法苑义林章》卷一说："观遍计所执唯虚妄起，都无体用，应正遣空，情有理无故；观依他、圆成诸法体实，二智境界，应正存有，理有情无故。"⑨

依据以上所述，可知"唯识"一词，语含多义，并非单指一义而言。通常一般解释"唯识"一名，多约遮表义而释之，以摄尽万有诸法而归于心识之一法，名为唯识。此亦即以“唯”遮偏有，以“识”遮偏空，建立非有非空之唯识中道。

窥基《大乘法苑义林章》卷一及《成唯识论掌中枢要》卷上等，对“唯识”一名，更举有详细之解释。今归纳其大要，简述如下。“唯”有三义：一、简持义：简是简去遍计所执之我、法二执，持为持取依他、圆成之识相识性。换句话说，便是扬弃情意所起心外实有的一切客观事象，唯有内心的精神活动存在。故《成唯识论》说：“唯言为遮离识我法，非不离识心心所等。”二、决定义：于依他、圆成之识相识性决定存在，而无遍计所起之能取所取。《大乘法苑义林章》引真谛《中边分别论》颂说：“此中定有空，于彼亦有此。”此中，即指依他缘起之俗事中，决定有二空之真理，此为真不离俗。由此二空所显之理，也决定有此依他缘生之法，故名“于彼亦有此”。以此说明识相识性之相依存在。三、显发义：《大乘法苑义林章》，引瞿波论师《二十唯识释》云：“此说唯识，但举主胜，理兼心所。如言王来，非无臣佐。”[10]这是说明心识为精神活动的主体，其功能业用最胜，心所只是附属于心王，为心王活动的辅助精神作用。所以，在精神活动的领域中，显示心识的作用最为殊胜。在此三义中，依《义林章》所说，一般都以简持义解释“唯”字，与上面以遮表义解释“唯识”，情形大致相同。其次，论到“识”字，依据一般解释，“识”为了别义，即明了分别。《唯识二十论》说：“心、意、识、了，名之差别。”据此而言，识又可名之为心，也可称之为意，或名之为了，但这是就诸识的通论而立名。如就诸识各各业用特胜而论，则第八识名之为心，第七识名之为意，前六识名之为识。《瑜伽师地论》卷六十三说：“此中诸识皆名心意识。若就最胜，阿赖耶识名心，何以故？由此识能集聚一切法种子故。于一切时缘执受境，缘不可知一类器境；末那名意，于一切时执我我所及我慢等，思量为性。余识名识，谓于境界了别为相。”⑪

依上所说，识与心其意相同，可以以心而代识，那么，唯识岂不是可以易名唯心？论到唯识、唯心名称之安立，唯识论典对之尚有区别。唯识之语，主要用于凡夫的有漏因位，不通无漏果位；若通无漏果位，则应用唯心之名。《大乘法苑义林章》卷一说：“经义通因果，总言唯心；论说唯在因，但称唯识。”⑫所谓经义，乃指《华严经》之三界唯心说。唯心，是通于有漏无漏因果二位的。所谓论说，乃指唯识论说。唯识论所说之因位染分缘起，比之果位净分缘起，更为重要，所以不名唯心，而称唯识。

说明万法唯识之理，有所谓总门唯识与别门唯识之分。宇宙万有，森罗万象，如果将它分类摄属，则不出心法、心所法、色法、不相应行法、无为法之五类。其中，前四类，为万有诸法之事相（现象）；第五无为法，为诸法之理性（本体）。其事相之中，前三法，为能变现与所变之法，即指色心之一切法，为精神与物质世界之全体；第四不相应行法，为前三法分位假立之法。其能所变现法中，前二者为能变现之法，即一般所称之心法，为精神活动之总体；第三色法，为所变现之法，即指物质现象世界之全体。其能变现之心法中，第一名心法，乃指八个心王，为精神活动之主体；第二心所法，为心王之伴属，亦即精神活动之辅助作用。总括以上五类，唯识学名为五位百法。兹列表如次：

万有
- 事相
  - 能所变现
    - 能变现
      - 主体——一、心　王（8）
      - 伴属——二、心　所（51）
    - 所变现——三、色　（11）
  - 分位假立——四、不相应（24）
- 理性——五、无　为（6）

（以上一至五）五位百法

上举五位诸法，虽然各各千差万别，但就其不离识之点，而建立唯识义理。何以故？前四指有为之现象世界，虽有能所变现与分位假立之差异，则不能谓其离识而存在；第五为无为法，乃识之实性，当然不能谓其与识无关，依然不外唯识。总上五法，以不离识义而名唯识，名为总门唯识。然就另一方面而言，心王为识之自相，心所为识之相应，色法为心王、心所之所变现，不相应行法为心王、心所、色法之分位假立，无为法为心王、心所、色、不相应行法之实性。其五法之事（前四）理（后一），各各与心识有所关联，故就各自立场而成立唯识义理。就五位一一而言，各各均可名为唯识，此为别门唯识。《成唯识论》卷七说："识言有深意趣。识言总显一切有情各有八识，六位心所，所变相见，分位差别，及彼空理所显真如；识自相故，识相应故，二所变故，三分位故，四实性故（别门唯识）。如是诸法，皆不离识，总立识名（总门唯识）。"⑬由此可知唯识总别二门。

三

唯识思想，起源于印度，在印度，每以瑜伽学派或瑜伽宗称之。唯识论典，传译到中国，在中国先后成立三个宗派。一为北魏宣武帝永平元年（五〇八），勒那摩提（Ratnamati）、菩提流支（Bodhiruci）及佛陀扇多（Buddhaśānta）三人，译出世亲（Vasubandhu）之《十地经论》，成立地论宗。二为陈文帝天嘉四年（五六三），真谛译出无著（Asaṅga）之《摄大乘论》及《摄大乘论世亲释》，成立摄论宗。三为唐玄奘法师，于太宗与高宗年间，大量译出唯识经论，除窥基等大事注疏弘扬，并将地论宗与摄论宗统摄其内，成立唯识宗派。中国唯识宗之成立，窥基厥功至伟，他将唯识教理，作有系统之组织，成一完整谨严之学派。赞宁在《宋高僧传》卷四里，对窥基加以赞叹说："性相义门，至唐方见大备也。奘师为瑜伽唯识开创之祖，基乃守文述作之宗，唯祖与宗百世不除之祀也。盖功德被物，广矣，大矣！奘苟无基，则何祖张其学乎？开天下人眼目乎？二师立功与言，俱不朽也。"⑭中国后世学者，往往称窥基为唯识宗祖，并称"唯识宗"为慈恩宗或慈恩教。慈恩，本为一寺院之名，为唐高宗纪念其母——长孙皇后而建之，迎玄奘大师居此译经，窥基从玄奘受教及佐其翻译，常居慈恩寺，寂后称为"慈恩大师"。"慈恩宗"之名，实缘此而来。不过，慈恩宗一名，用之不广，一般均以法相宗或唯识宗称之。除法相宗、唯识宗二名之外，尚有应理圆实宗与普为乘教二名。这是就其宗义与摄化而立名的。如良遍《大乘传通要录》卷上说："夫我宗者，妙义多途，其名非一。望机名之普为乘教，无有一机而不利故；克理号之应理圆实，无有一理而不应故；约相谓之法相大乘，无有一相而不谈故；寄观称之唯识中道，无有一观而不中故。"唯识宗四名，均系就其某一特征而安立的。兹就此四名，各各略述于下。

一、法相宗：这是依《解深密经·一切法相品》而立名。以抉择万有诸法性相，而名“法相宗”。“相”，乃指“性相”，各具二义：(一) 性是实性，相是相状。所谓实性，是指万有现象所依之真如；相状，乃指万有现象之自身。法相宗为说明诸法性相，而立各各不同特殊名称，以真如名圆成实性，以现象名依他起性，误认依他起而现起之妄相，名遍计所执性。如依上节所述五位百法而言，依他诸法，便为事相门中之九十四种；实性真如，便是理性门中之六种。凡夫众生，不能彻见依他诸法真相，所以不能证得圆成实性妙理，徒现遍计妄相，流转生死。若能彻见依他真相，远离遍计所执妄相，便能证得圆成妙理。而彻见依他真相，便是通达依他诸法均以圆成实性为根底，由吾人心识变现而成，决非心外实有；如认心外实有，则不外遍计妄相。如此，始能远离遍计妄执而超脱生死。本宗以抉择诸法性相而立名，就性相而言，理应称为“法性相宗”。但本宗对性相问题之考察，却置重于相的方面，故省去性字，而名法相宗。(二) 性是体性义，相是相状义。由字面解释，似与前述相近，但其意义不同。体性，乃指事物而言，为诸法之自体；相状，乃指诸法所具之样相。所以，指诸法自体所具之样相名为性相。法相宗所说诸法之体性，各各皆具有遍计、依他、圆成三种相状。而抉择此等诸法体性相状，其遍计所执性为非有，依他起与圆成实性为非空，以显其非有非空中道之理。使众生悟证此中道之理，为法相宗之目的，故立其名。性相之二义，并非显其所说全然差异，唯依字义之解释不同而已。因为，不论何种解释，均以三性说明万有之真相，以抉择性相为本宗之宗趣。对万有观察之方法，在《解深密经・一切法相品》有详细论述。

二、唯识宗：这是依《解深密经・分别瑜伽品》而立名。本宗所诠，在唯识观法。其唯识观法，《分别瑜伽品》以奢摩他与毗钵舍那为观门。《解深密经》卷三说："奢摩他道与毗钵舍那道，当言有异？当言无异？……善男子！当言非有异，非无异。何故非有异？以毗钵舍那所缘境心为所缘故。何故非无异？有分别影像非所缘故。……世尊！诸毗钵舍那三摩地所行影像，彼与此心，当言有异？当言无异？……善男子！当言无异。何以故？由彼影像唯是识故。善男子！我说识所缘，唯识所现故。世尊！若彼所行影像，即与此心无有异者，云何此心还见此心？善男子！此中无有少法能见少法；然即此心如是生时，即有如是影像显现。善男子！如依善莹清净镜面，以质为缘还见本质，而谓我今见于影像，及谓离质别有所行影像显现。如是此心生时，相似有异三摩地所行影像显现。”[15]由此观法，说明三界唯心，心外无法，而万有诸法，皆唯识所变，以此建立唯识宗名。

三、应理圆实宗：此依《解深密经·胜义谛相品》而立名。说明一切教相、法相、观心三门，均俱契应胜义谛理，圆满真实，故名应理圆实宗。《胜义谛相品》，为说明胜义谛理，以四义明之：（一）胜义谛即是真如，为离言说、绝分别之妙理；（二）胜义谛乃超越一切寻思所行；（三）胜义谛超越诸行一异之性相；（四）义谛乃遍一切之一味相。详述诸法实性之胜义谛真相，为唯识之理。

四、普为乘教：此依《解深密经·无自性相品》而立名。普为乘，应说普为一切乘。一切乘，乃指人、天、声闻、缘觉、菩萨之五乘。本宗特征，就一切有情以五姓各别，说明三无性之理，各各蒙受其益，但能否圆满觉悟，获证佛果，端视五姓有情之功德善根而定。对佛陀一代时教，分为三时，并以第三时为最究竟圆满。如《无自性相品》说：“世尊于今第三时中，普为发趣一切乘者，依一切法皆无自性，无生、无灭，本来寂静，自性涅槃，无自性性以显了相转正法轮。”[16]普为乘教之名，即依此第三时教判而来。

在此四名之中，法相，唯识二名，为一般所常用；应理圆实、普为乘教，只见于古籍而已。除此四名之外，尚有“中宗”之名。如窥基《成唯识论掌中枢要》卷上，有“中宗五分”;《百法问答抄》卷四，有“法相中宗”。所谓“中宗”，乃指唯识非有非空之中道义理而立名，别无深义。

注：

①见大正四三·六〇八下。

②见大正四三·九七八下。

③Prof. de Ja Vallee Poussin，*Buddhisme*，London1868 p. 271，11. 11—13.

④见大正三一·七四中。

⑤*Giornale della societa asiatica italiana*，1905，p. 270

⑥见大正五四·二〇五下。

⑦见大正四三·二二九中。

⑧见大正四三·二二九中。

⑨见大正四五·二五八中。

⑩见大正四五·二六〇上。

⑪见大正三〇·六五一中。

⑫见大正四五·二六〇上。

⑬见大正三一·三九下。

⑭见大正五〇·七二六中—下。

⑮见大正十六·六九八上—中。

⑯见大正十六·六九七中。

一九七五年二月廿二日写于德山寺藏经楼

(《内明》月刊)

关于佛典的梵文原典、原语问题

九成居士道鉴：

六月十二日惠书，业经诵悉。承蒙附寄影印霍韬晦居士《略论唯识学之梵文资料及原语之解释》原稿一份见示，读后至感欣快，欢喜无量！霍居士大文，乃对拙稿《唯识语义及其宗名》文中所说："今日研究唯识学者，大多以藏译或汉译佛典为主，但由于梵文原典不存，而对唯识学重要术语之梵文原语，颇多不明，无从稽考，此为今日治唯识学者所感到之一大困难。"有所指正，至为感激。

拙文《唯识语义及其宗名》之作，思及唯识原语问题，过去我在日人宇井伯寿《印度哲学研究》第一册中，读过《唯识原语》一文，而宇井此文，一九四八年曾由上海林子青居士译载于静安寺出版之《学僧天地》月刊，此次我将宇井原文与林译检出对观，参考其说，对唯识原语问题略为论及。拙稿付邮之后，我对宇井所论似有所疑，因宇井之文作于大正五年（一九一六），至今相隔六十年，属于旧说。一九五二、五三年间，我有机缘学习日文文法，日文佛学典籍，大致可以阅读。虽然由于个人经济能力所限，无法购置日文书籍，过去在福严精舍亲近印顺导师期间，印公藏有不少日文书籍，我都看过，所以我读过不少日文典籍。安慧的《唯识三十论释》，其梵文原典及日译，我曾读过，世亲的《唯识三十论》及《唯识二十论》梵文原典，我在结城令闻的《世亲唯识之研究》中，亦早见过。仁俊法师的藏书中，冯承钧译的法国烈维教授《大乘庄严经论》发现及其研究等文字，我都借来看过，我知道烈维在印度发现不少梵文原典，为欧洲学界所重视。支那内学院出版之《内学》年刊，吕澂的《安慧三十唯识论释略抄》，其在前面的“引言”中，亦提及烈维（吕秋逸译为莱维 Sylvain Lévi）发现《唯识三十论》等之事。明白地说，我从日文及中文的典籍里，已经见到或知道有不少梵文唯识原典的发现，唯识学的重要术语之梵文原语，并非不存。但我在拙文中竟然抹杀自己已知的事实，而作全面肯定的否定。说明梵文唯识原典不存，无从稽考，此种矛盾的起源，诚如霍居士文中所说，我是一时受了六十年前宇井文字的影响，完全承袭宇井之旧说。此外，由于我过去读过的典籍，大都是向人借来的，现在不在身边，一时无从查证，这也是我承袭宇井旧说的另一原因。拙文第三校稿，虽然承蒙编者居士寄来给我亲校，我在校对时，原想将那段文字加以改正，但是由于过去也有二年编刊经验，知道三校稿大事删改增补，文字有所增减，四五页版面的行次，必须全部移动，遇到不好讲话的印刷工厂，编者多费一番唇舌，说上一堆好话，那是免不了的。我由自己的亲自经验，不愿为编者增加麻烦，所以，我将原想改正的文字，也就未作删改。这次承蒙霍居士为文指正，提供许多资料，有些我是已经知道的，有些尚为我所未见，在此我向霍居士致以诚挚的谢意。

关于霍居士文中提到，“研究佛学是不是有必要达到它的原语去呢？如果承认这是有必要和有价值的话，那么我们必须要求严肃一些。无论是为法，或是求真，这都是应该的。”我很赞同霍居士的这一看法。我想只要是一个忠实研究佛法的人，不完全以奉古人之说为金科玉律，有些问题，我们必须要从梵文原典、原语上求了解，始能见到问题的真貌。近二十余年来，我因身体多病，每日与《大藏经》结下不解之缘，由各种不同的译本中，发现许多问题，而有想去求证原典、原语之必要。如婆薮槃豆（Vasubandhu），古代译为天亲，玄奘译为世亲，但到底应该译为天亲还是世亲？谁为正确？玄奘一反古人之所译，并指古译为讹谬，自然有其理由意义在。古人译为天亲，当亦不能谓其全无理由，究竟孰是孰非，这必须要从婆薮槃豆梵语命名之特义上去求了解，以便决定天亲或世亲之译谁为正确。关于此一问题，我在《慈航》季刊第二十期《世亲及其著作》一文中，略有论及。又如龙树（Nāgarjuna）之名，玄奘在其《大唐西域记》中，译为龙猛，并加夹注，指旧译龙树为讹。究竟是译龙树为正确，抑系译龙猛为正确？这唯有从梵文原语上加以研究考定。佛典中的许多名词术语，往往一词含有多义，这固然由于梵文原语而来，但我们必须要从梵文原语上研究，其最初原始的定义为何，而后又作如何演变含有他义，或由语尾的变化而使词性改变，用于此处之此词究作何种义解，或作何种词性看待，这样才能正确了解某些名词术语的真义。古代佛典的翻译，有些传译者，自己的学养深厚，严格认真，所译之名词术语至为正确可信。但是也有一些译者，或由于语言文字之隔阂，或由自身的学养问题，所译与原语原义略有偏差，也不能说全然没有。就汉译佛典不同译本之比较研究，同一名词的翻译，彼此之间的译意大有出入，其例甚多，不胜枚举，使后世研究者难于抉择依凭。重视梵文原语，我想是一个从事研究佛法者所应该的而且也是必要的。

汉译佛典之不同译本，不仅名词翻译互有出入，即连译文文字之多寡，亦有显著之差异。世亲之《唯识二十论》(*Viṃśatikā vijñaptimātratāsiddhiḥ*)，汉译有三种不同译本，一为后魏瞿昙般若流支（Gautama Prajñāruci）所译（以下简称魏译），名《唯识论》；一为陈真谛(Paramārtha) 所译（以下简称陈译），名《大乘唯识论》；一为玄奘法师所译（以下简称唐译），名《唯识二十论》。就这三种不同译本比较观之，其论的长行解释，以魏译文字最多，陈译与唐译文字较略。撇开长行不论，专就论颂而言，此三种译本的颂数亦有多寡不一之差异。魏译有二十三颂，陈译有二十四颂，唐译仅有二十一颂。如以三种译本互勘比较研究，魏译的第二十一颂“诸法心为本，诸法心为胜，离心无诸法，唯心身口名”(大正三一·六四中)，显然不见于陈译与唐译。考此颂之文意，乃由魏译第二十颂“经说檀拏迦，迦陵摩灯国，仙人嗔故空，是故心业重”演绎而来。就陈译而言，陈译前面最初之二颂:“修道不共他，能说无等义，顶礼大乘理，当说立及破。无量佛所修，除障及根本，唯识自性静，昧劣人不信。”(大正三一·七〇下) 又不见于魏译与唐译。观其颂意，显然为译者所私加。就唐译而言，其初长行中之“内识生时，似外境现，如有眩瞖，见发蝇等，此中都无少分实义”（大正三一·七四中—下），在魏译与陈译均为颂文。魏译为：“唯识无境界，以无尘妄见，如人目有瞖，见毛月等事。”（大正三一·六三下）陈译为：“实无有外尘，似尘识生故，犹如瞖眼人，见毛二月等。”（大正三一·七〇下）以魏译与陈译勘之，唐译将此颂译为长行，显然是有问题的。但窥基在其《唯识二十论述记》卷上，开头便说：

> 《唯识二十论》者，筏苏畔徒菩萨之所作也。题叙本宗有二十颂，为简三十，因以名焉。昔觉爱法师，魏朝创译；家依三藏，陈代再翻。今我和上三藏法师玄奘，校诸梵本，睹先再译，知其莫闲奥理，义多缺谬，不悟声明，词甚繁鄙，非只一条，难具陈述，所以自古通学，开（阅?）而靡究。复以大唐龙朔元年，岁次辛酉，六月一日，于玉华庆福殿，肇翻此论。基受旨执笔，其月八日，详译功毕。删整增讹，缀补纰阙，既睹新本，方类世亲。圣旨创兴于至那，神容重生于像季。哲鉴君子，当自详之。（大正四三·九七八下）

由窥基的这段文中，可知玄奘重译《唯识二十论》，曾经先以梵文原本校勘魏译与陈译，发现魏译与陈译，“莫闲奥理，义多缺谬，不悟声明，词甚繁鄙，非只一条”，这才决定重译此论。经过“删整增讹，缀补纰阙”，始将世亲论典之原形原义显现出来。明白地说，玄奘重译《唯识二十论》，其态度是相当严肃而慎重的，不能说他有轻率从事乖违梵文原典之处。但以魏译、陈译观之，唐译将标宗颂文译成长行，似乎又不能说没有问题。即以近代法人烈维发现之《唯识二十论》梵文勘之，全论共为二十二颂，其前亦为颂文，并非长行，显然与唐译形式又不甚相似。如以梵文原典为主而论，世亲《唯识二十论》是由二十二颂组成，则汉译三种译本，或多或少都有问题。

《唯识二十论》如此，即《摄大乘论世亲释》也不例外。《世亲释》汉译也有三种译本。根据三种译本互勘研究，真谛译的问题似乎最多。即以近代发现之《世亲释》梵文，以及藏译本，与真谛译本互勘研究，亦与真谛译不能相合。近代研究《世亲释》的学者，对真谛译本，有各种不同的推断：有人认为真谛在译《世亲释》时，曾经私加自己的解释在内，故与唐译、隋译不同。也有人认为真谛译本是为后人妄加增改所致。更有人认为，真谛属于西印度伐腊毗（Valabhi）学系，与安慧等同一学统，而《世亲释》在印度流传的梵本并不一样，所以真谛译的《世亲释》自然与中印度那烂陀（Nālandā）学统的玄奘不同。这些只是一般研究者的假定推断，但事实是否如此，则有待发现真谛所依的梵本之后，始能澄清这些问题。

研究汉译佛典有重视梵文原典的必要，理论上是非常正确的。不过，就梵文原典本身而论，其中也有许多问题存在。古代的梵文典籍，都是靠抄写流行的，抄写的本子，其中难免没有错误，往往一词之差，或一个语尾的变化，而使词性与意义相差很大；或因作者的思想前后有所变化，而对所著的论典有所修改订正，这些都可能造成梵文本子的不同。依据不同原本译出的文字，当然也就有所出入了。我们最好能够找出某些译本是根据某种原本译出的，再行校勘研究，可以知道译者的译意是否忠实，而某些名词术语究作何解，似乎比较妥当。

梵文原典并非都是一致的，这是可以肯定的事实。我们从汉译佛典中大致也能见到。如一般所知道的《般若心经》，大正藏共有七种不同译本，比较七种不同译本，罗什与玄奘的译本，除了少数文字相异之外，大体可说是相同的。自玄奘以后译出的五种译本，便有了很大的差异，前后都增加了一段文字。我们不能说这五种译本前后增加的文字，都是译者私自加入的，非为梵文原典所有。由此，我们可以知道梵文原典在印度并非一成不变的。我在上面说过，世亲《唯识二十论》，陈译有二十四颂，勘照魏译、唐译，或梵本、藏本观之，显然陈译前面二颂为译者所加，这也只是就比较研究所作之推断，并非说明事实情形就是如此。如就陈译末后慧恺所作的附记文字来看，似乎又并非译者所加。该文说："慧恺以陈天嘉四年，岁次癸未，正月十六日，于广州制旨寺，请三藏法师，枸罗那他（真谛），重译此论。……恺取新文，对雠校旧本，大意虽复略同，偈语有异，长行解释，词繁义阙，论初无归敬，有识君子，宜善寻之。"（大正三一·七三下）

我在比较对阅真谛与玄奘所译之唯识论典，时常发现许多困扰问题，为了想去求证真谛与玄奘所依据之梵本是否相同，消除怀疑，我曾经想去广州与长安寻找真谛与玄奘所依之梵文原典，加以互勘，以解决许多实质问题。但在中国的梵本是否能够找到，这是一个未知的问题，而目前的广州与西安，更非我能去得，即使是在国家统一的承平时代，也非我这个山居读书的穷措大所能如愿做到的。所以，对于求证梵本问题，唯有心余力绌而已。

山居养病读书，苦于经济问题，我无法购置日文书籍阅读，对于目前东西方学界发现之梵文原典及其研究成果，差不多一无所知（纵知也是有限的），所以，我所依据的资料，大多都是属于旧说。不但外文资料我难见到，即连中文资料所见亦不完全，撇开古典的不论，即以近代出版的而言，我能见到的也是少数。以佛教杂志而言，目前我能见到的，只有在台湾出版的《菩提树》《狮子吼》《觉世》等三四种，以及香港出版的《内明》与新加坡的《南洋佛教》二种。连我曾经编辑过二年的《海潮音》月刊，早在五年前我与乐观法师论辩玄奘大师历史时，就停止寄给我了，后来承蒙新加坡隆根法师订了一份送我。到了去年我在《菩提树》发表《见于唐代经录中玄奘经录之研究》的“后记”刊出之后，我的一份《海潮音》又没有了。文字惹祸，自古皆然。读霍居士大文，我才知道香港有一“法相学会”组织，也才知道有一《法相学会集刊》之出版，可是我却无缘读到该刊，更无缘拜读霍居士所译的安慧《唯识三十论释》的一二两章。目前终日陪伴我的，仅有德山寺的一部大正藏与续藏，我自己却连一部大正藏都购买不起。写到这里，不禁要掷笔三叹，在治学研究的历程上，我完全是个“孤陋寡闻”的人，也是一个彻底落后的失败者。

一九七五年七月六日写于竹山德山寺藏经楼

（《内明》月刊）

诸法分类与唯识所变

一

宇宙世间，森罗万象，哲学家名之为现象世界；唯识学者称之为“法界”。万有的一一现象，唯识学者名之为“法”。一般所谓之“宇宙观”，唯识学者名为“法界观”。“法”之一词，唯识学所指极广，不特有形之事事物物，称之为法，即无形之各各事相，亦名之为法。如佛陀以能诠之语文，表达所诠之义理，此中有文有义，故名文义法。事物有其形相可见，能够引发一定之认识的，或成为认识之对象的，名为意境法。众生希求真理，欣证涅槃，悟入中道实相，此名皈依法。所以，法之一词，包含极广，非指一事一物而言。

“法”之一字，原为梵语达磨（Dharma）之义译，其意为“持”。《成唯识论》卷一说：“法谓轨持。”（大正三一·一上）窥基《成唯识论述记》卷一解释说：“轨谓轨范，可生物解；持谓住持，不舍自相。”（大正四三·二三九下）依据窥基的解释，凡是任何一种事物，能够保持它自己的某种特性和相状，给与人们生起一定认识作用的，即名之为法。这也就是一般所谓“轨生物解，任持自性”之意。如用现代人的语义来诠释，凡事物自身具有其不变特性，成为吾人认识对象的，便称之为法。此种诠释，与西方哲学上所谓一元论、二元论之“元”字，其意相近。

二

“法”之一词，所指既广，世间法与出世间法，均包含其内。万有诸法，如做仔细的观察分析研究，则诸法之间，便有其“存在”与“关系”之二个问题。万有各各之关系问题，属于因果范畴；万有之存在问题，属于法体范畴。现在撇开诸法各各关系之问题不论，专就诸法之存在问题，作一论述。

诸法之存在，从其形成之要素而作归纳分类说明，佛典中有多种不同之分类方法：有将诸法分为“有漏”与“无漏”之二类，有分为“有为”与“无为”之二类，有分为“蕴、处、界”三科予以说明，有分为“心法”“心所法”“色法”“不相应行法”“无为法”五位加以论说。尽管分类方法不同，而说明诸法之目的则一。以“有漏”“无漏”与“蕴处界”三科分类诸法的，这是就宗教立场加以说明的；以“有为”“无为”与“心法”等五位分类诸法的，这是就哲学立场加以论说的。

世亲《俱舍论》卷一说：“有漏无漏法。”（大正二九·一中）这是将万有诸法，分类为“有漏”与“无漏”二类。换句话说，世间、出世间的一切法，不出“有漏”与“无漏”的两大范畴，而以“有漏”“无漏”统摄一切法。“有漏法”亦名“有漏界”，“无漏法”亦名“无漏界”。漏，为梵文 āsrava 之意译，乃烦恼之异名，为流注漏泄之义。三界众生，以烦恼流注漏泄，乃在生死痛苦中受生，轮转不息，故名有漏。无漏与此相反，生死已了，烦恼永断，获得涅槃寂静之常乐，名为无漏。一般称生死烦恼为有漏法或有漏界，称涅槃为无漏法或无漏界。众生听闻正法，从生死烦恼兴起厌苦求乐之心，趣向涅槃，解脱生死。所以，以有漏、无漏说明一切，纯然是从宗教解脱之立场而立论。

所谓蕴、处、界三科，乃指五蕴、十二处、十八界而言。万有诸法，或以五蕴统摄，或以十二处统摄，或以十八界统摄。《俱舍论》卷一说：“总摄一切法，由一蕴处界。”

（大正二九·四中）即是说明此意。三科的分立，主要是破除众生实我的迷执程度不同，所以名为宗教的分类。

《俱舍论》卷一，说明三科建立的缘由："愚、根、乐三故，说蕴、处、界三。"（大正二九·五中）其意是说：迷于"心所法"而起我执的众生，为之说五蕴法门；迷于"色法"而起我执的众生，为之说十二处法门；迷于"色法"与"心法"而起我执的众生，为之说十八界法门。这是就"愚三故，说蕴、处、界三"而言。其次，众生根机因有利、中、钝三种之分：对于利根众生，可以略说五蕴法；对于钝根众生，必须详说十八界；对于中根众生，则说中庸的十二处。这是就"根三故，说蕴、处、界三"而言。最后，因众生的好乐，也有略、中、广三种之分：对于喜好简略的众生，为说五蕴法；对于喜爱不广不略的众生，为说十二处；对于喜爱广闻的众生，为说十八界。这是就"乐三故，说蕴、处、界三"而言。

世亲《大乘五蕴论》也说："问：以何义故宣说蕴等？答：为欲对治三种我执，如其次第。三种我执者：谓：一性我执，受者我执，作者我执。"（大正三一·八五〇中）对治三种我执，便是为破除"我执"之迷妄，而说蕴、处、界三科法门，此与《俱舍论》所说颇为一致。

至于蕴、处、界三科之意义，《俱舍论》卷一说：

“聚、生门、种族，是蕴、处、界义。”（大正二九·四下）圆晖《俱舍论颂疏》卷一解释说：“聚谓积聚，即是蕴义。……生门者，是处义也。谓六根六境，是心心所，生长门处。……言种族者，是界义。论有两释：一解族者，谓种族也，是生本义。谓十八界，为同类因，各生自类等流果故，是法生本。如一山中，有多铜铁金银等族，说名多界。如是一身，或一相续，有十八类诸法种族，名十八界。”（大正四一·八二三上）《大乘五蕴论》说：“问：以何义故说名为蕴？答：以积聚义说名为蕴。谓世相续品类趣处差别色等总略摄故。……问：以何义故说名为处耶？答：诸识生长门义，是处义。……问：以何义故说名为界？答：以能任持无作用性自相义故，说名为界。”（大正三一·八五〇上—中）就二论所说，对于蕴义、处义之解释，其意相同，唯对界义的解说，则颇有差异。《俱舍论》对界义有二释，其一说：“说，界声表种类义。谓十八法种类自性，各别不同，名十八界。”（大正二九·五上）如就此义而言，则《俱舍论》与《大乘五蕴论》所说，又为一致。从大处来看，这二论所说的三科说，大体是相同的。

以“有为”“无为”总摄一切法，这是从哲学的思索而立论的。为是为作、造作之义；“有为法”，即是有造作之法。如用现代语义释之，凡是由关系条件形成之一切法，其存在过程具有生住异灭变化差别的，都是“有为”现象，即名有为法。“无为法”，是不具有造作之义，非由条件元素形成的，为永恒不变之平等法性，相当于哲学所说之本体。宇宙万有，从其类别而分，不出这二大种类。

所谓五位，是就“有为法”再分之为四类——心法、心所法、色法、不相应行法，与“无为法”合称为五位。由关系条件元素构成的一切法，其中有属于主要精神作用的与次要精神作用的，也有属于物质现象的与非物质非精神一类的。属于精神主体的，名为“心法”；属于辅助精神主体的其他精神作用，名为“心所法”；存在的一切物质现象，名为“色法”；非精神非物质的，名为“不相应行法”。诸法的理性——永恒不变的真理，名为“无为法”。兹列表如次：

- 宇宙（五位）
  - 有为
    - 心　　法（主要精神作用）
    - 心 所 法（精神作用现象）
    - 色　　法（物质现象）
    - 不相应行法（非精神非物质之名言）
  - 无为——无为法（诸法之理性）

三

万有诸法，分为五位，此为大小乘之共说。五位各各所立之法数，则大小乘中颇有差异。一般所谓小乘五位七十五法，大乘五位百法，只是就《俱舍论》与《百法明门论》而言。在其他论典中，五位所立之法数，并不一致。如小乘《成实论》立八十四法（以色受想行识五蕴及无为法而立，但与五位可以相通。），大乘《瑜伽师地论》立六百六十法，便是明显例证。兹将小乘五位七十五法，与大乘五位百法，各各立表如次，以明彼此法数之多寡。

小乘五位七十五法
- 色法（11）——眼根、耳根、鼻根、舌根、身根、色境、声境、香境、味境、触境、无表色。
- 心法（1）——心王。
- 心所有法（46）
  - 大地法（10）——受、想、思、触、欲、慧、念、作意、胜解、三摩地。
  - 大善地法（10）——信、勤、舍、惭、愧、无贪、无嗔、不害、轻安、不放逸。
  - 大烦恼地法（6）——无明、放逸、懈怠、不信、惛沉、掉举。
  - 大不善地法（2）——无惭、无愧。
  - 小烦恼地法（10）——忿、覆、悭、嫉、恼、害、恨、谄、诳、骄。
  - 不定地法（8）——恶作、睡眠、寻、伺、贪、嗔、慢、疑。
- 不相应行法（14）——得、非得、同分、无想果、无想定、灭尽定、命根、生、住、异、灭、名身、句身、文身。
- 无为法（3）——择灭无为、非择灭无为、虚空无为。

- 大乘五位百法心
  - 心王（8）——眼识、耳识、鼻识、舌识、身识、意识、末那识、阿赖耶识。
  - 心所（51）
    - 遍行（5）——触、作意、受、想、思。
    - 别境（5）——欲、胜解、念、定、慧。
    - 善（11）——信、惭、愧，无贪、无嗔、无痴、勤、轻安、不放逸、行舍、不害。
    - 烦恼（6）——贪、嗔、痴、慢、疑、恶见。
    - 随烦恼（20）——（小随）忿、恨、覆、恼、嫉、悭、诳、谄、害、骄、（中随）无惭、无愧、（大随）掉举、惛沉、不信、懈怠、放逸、失念、散乱、不正知。
    - 不定（4）——悔、眠、寻、伺。
  - 色（11）——眼根、耳根、鼻根、舌根、身根、色境、声境、香境、味境、触境、法处所摄色。
  - 不相应行（24）——得、命根、众同分、异生性、无想定、灭尽定、无想事、名身、句身、文身、生、老、住、无常、流转、定异、相应、势速、次第、方、时、数、和合、不和合。
  - 无为（6）——虚空、择灭、非择灭、不动、想受灭、真如。

依据上面二表来看，可知大乘与小乘五位法数之差异。先就法数观之，大乘建立八个心王，小乘立一个心法。小乘虽然也讲眼、耳、鼻、舌、身、意六识，但这六识是同一自体的，故为一法。大乘所立八识，各各有其自体。此为大小乘对心法之差异。

小乘立“心所有法”四十六个，分为六类；大乘立“心所法”为五十一个，也分六类。从大体看，大乘与小乘似乎相同；但就其六类心所所属法数，则有差异。小乘“大地法”有十个心所，这十个心所，实际上是将大乘“五遍行”“五别境”合而为一类。小乘“大善地法”有十个，此为大乘“善”十一中，除去“无痴”心所而成。关于烦恼心所，大乘与小乘颇有差异。大乘分烦恼为“根本烦恼”与“随烦恼”二类，而随烦恼又分为“大随烦恼”“中随烦恼”“小随烦恼”三种；小乘未立根本烦恼一类，只分“大烦恼地法”“大不善地法”“小烦恼地法”三类，此三类，相当于大乘所分随烦恼三种。“大烦恼地法”相当于“大随烦恼”。不过，大乘大随烦恼有八个，小乘大烦恼地法仅有六个，小乘比大乘缺少“失念”“散乱”“不正知”三个心所，但比大乘多一“无明”；“无明”在大乘属于根本烦恼。小乘“大不善地法”二个心所，相同于大乘的“中随烦恼”。“小烦恼地法”十个，也相同于大乘的十个“小随烦恼”。至于不定心所，大乘只立四个，小乘却立八个，小乘比大乘多贪、嗔、慢、疑四个心所。此四心所，在大乘属于根本烦恼。由此可以看出大乘小乘对烦恼心所的分属与看法不同。关于色法，大乘与小乘所立相似，均为十一种。惟大乘最后一种名“法处所摄色”，小乘则名“无表色”，名称不同而已。心不相应行法，大乘建立二十四个法数，小乘则立十四个法数。大乘有而为小乘所缺者，有：“异生性”“老”“定异”“相应”“势速”“次第”“方”“时”“数”“和合”“不和合”十一法数；小乘有而为大乘所缺者，则有“非得”一个法数。

无为法，大乘立六个无为法数，小乘则立三个无为。大乘比小乘多“不动”“想受灭”“真如”三个无为。

以上就《俱舍论》五位七十五法，与《百法明门论》五位百法比较言之。但大乘与小乘论典，对五位所立法数，尚有差异。就小乘论言，《大毗婆沙论》（卷四二）与《成实论》（卷六，九，十），均立心所法为四十九个法数；而《杂阿毗昙心论》（卷二）与《俱舍论》（卷四），均立四十六个心所法。就大乘论言，《大乘阿毗达磨杂集论》（卷一），立五十五个心所；《瑜伽师地论》（卷一），立五十三个心所；《显扬圣教论》（卷一），《大乘五蕴论》及《唯识三十论》，均与《百法明门论》相同，立五十一个心所法。一般所谓小乘立四十六个心所，大乘立五十一个心所，只是就传统之通说，而诸论中，并不全然如此。

再就色法而论，《俱舍论》与《百法明门论》均立十一法，《显扬圣教论》与《大乘阿毗达磨杂集论》，则立十五法，除《俱舍》等十一法之外，另加“地”“水”“火”“风”四种。无为法，《俱舍论》立三种，《百法明门论》立六种，而《显扬圣教论》等，则立八种无为。乃将《百法明门论》第六之“真如无为”，开展为“善法”“不善法”“无记法”三种真如无为，合为八种。

综上以观，大乘论与小乘论所立法数，彼此不相一致，此为造论者所立法数各有增减所致。此一情形，有些固然涉及彼此思想问题，有些也无关宏旨。如《俱舍论》依《大毗婆沙论》而来，然婆沙之法数，与俱舍不尽相同。俱舍之思想，尽管有些采用经量部之说，不完全与婆沙思想相同，而对法数之解释，彼此无异。大乘论典，即属同一作者，而彼此之间所立法数，亦多各异，此为法相论典常见之事，以五位总摄一切法。五位法数，或由分析与归纳之不同，或由前后思想之演变，导致综合归纳之看法相异，形成法数之不一，此为法相论典法数相异之缘由。所以，不能以法数之多寡而论其思想法义之是否究竟。

论到五位排列之顺序，此方为大乘与小乘思想上一个重要论题。小乘以色法列于第一位，心法为第二位，这称为“色本心末说”。大乘反之，以心法列于第一位，色法列为第三位，这称作“心本色末说”。前者名为“法相生起”，后者称为“唯识转变”。“法相生起”，是从诸法展开的关系说。心法的生起，是托外境而生的；外境是所缘，心法是能缘；所缘在前，能缘在后，构成了小乘学者离心之外实有外境之思想主张。“唯识转变”，是就心识所变的立场而言。外境是由心识所变的，心是能变，外境是所变。能变亦名能缘，所变亦称所缘。能缘在前，所缘在后。能变是主体，所变是客体，客从于主，离主之外无客；建立了离识之外无有外境的唯识思想。《俱舍论》等，认为心外实有外境，心由外境而起，故其五位的顺序，采用色、心、心所等法相生起的次第。唯识论典，不许心外有其实境，说明一切唯识所变，故其五位排列顺序，而用心、心所、色等唯识转变的次第。就诸法展开的关系说，唯识学并非不用法相生起的次第，但在强调“识变”的论旨上，当然不能不用唯识转变的次第。这是唯识论典以五位顺序排列心、心所、色等的缘由。

四

唯识学分诸法为五位，在此五位之中，不外“能变”与“所变”。能变是精神主体，所变是客观事象；但客观事象不离精神主体而独存。我们认识宇宙一切现象，因为有一能认识的心体存在，若无此一能知之心，则亦无所知的宇宙世界。所知的宇宙事象，一定不离能知之心；没有能知之心，则谁去知道宇宙存在？吾人生存于世，各各有其所认识之宇宙世界，此乃因为有一能知之心。

吾人死亡，此一能知之心失去，则其所知之宇宙世界，亦即随之消失。所以，所知一定不离能知。唯识学称之为“不离识”。宇宙诸法，虽然分为五位，但实际上，则以能知的心法为主。没有能知的心法，则五位也就无法分类安立了。

所知的一切客观世界，不但不能离开能知的心识，明白地说，宇宙世界，就是由能知的心识所变现的。这在唯识学上名为“唯识所变”。一般人，以为能知的心识生起作用，是由外境所引生的。外境是离开心识而存在的，这是人类认识上的根本错误。依据唯识学说，人类所认识的一切外境，是由能认识的心变现的，是心所幻现的影像反现于外的。世亲《唯识二十论》说：“内识生时，似外境现，如有眩瞖，见发蝇等。”（大正三一·七四中—下）亦即说明此义。当我们能认识的内在心识生起缘境之时，其时好像有一外在的客观境界现起，为其所见，其实，所见的外境，是由内在心识所现起的，并不是外在的。如一个眼睛有了病的人，视觉神经错乱，看到虚空中有许多头发、苍蝇，在病者本人，并不知道是来自他的心理作用而导致的幻境（心识所变），认为外在实有其物。我们人类，由于烦恼业力使然，不知道客观一切境界是心识所变而起种种错觉。其实，外在的一切不仅为内识所变，同时又为心识所缘。《解深密经》卷三说："我说识所缘，唯识所现故。"（大正十六·六九八中），唯识学常以"梦"喻说明外境为唯识所变。一个做梦的人，在梦中见到种种事相，当梦未醒之时，并不知道梦境是假，唯识所变；必须梦醒之时，始能悟及梦中一切，非有其境，乃是心识所变。人类烦恼未断，犹如梦境未醒，不知道客观一切事象乃由主观心识所变。

无著《摄大乘论》卷中说："诸义现前分明显现而非是有，云何可知？如世尊言：若诸菩萨成就四法，能随悟入一切唯识都无有义。一者成就相违识相智，如饿鬼、傍生及诸天、人，同于一事，见彼所识有差别故。"（大正三一·一三九上）这段文意，也是说明识变之理。当眼等前五识所见一切事物，分明是外在的，呈现眼前，不是意识作用所能转移的，唯识学者却说它不是外在的，也不是实有的，这是从何处见之？关于这个问题，无著引证《阿毗达磨大乘经》来解答。如果菩萨能够成就四法，对客观事物有正确认识，便能悟入一切唯识之理，了解外在的一切都是心识所变，不是真实的。该经举饿鬼、傍生、诸天、人为例，说明这四类众生，在同一事物上，虽然各有所见，但彼此之间所认识到的，却大有差异。比如清净的河水，饿鬼见到的是脓血火焰；水生动物见到的，为坦荡的道路，宏伟的宫殿；诸天见到的，为七宝庄严；而人类见到的，却是清凉的流水。古人称此为“一境应四心”。即在同一对象上，由于众生种类不同，烦恼业力不同，而有种种不同的认识。由是可知，我们所认识的一切，并非事物真相，只是各各自心所变现的。能够通达这种义理，对于唯识所变、唯识无境的真义，也就明白了。

不同种类的众生，所见如此，即是同一人类，所见也不例外。中秋月夜，晴空万里，一轮明月，高悬天际，这对一个家族团聚、家境富裕者而言，此时明月，真是太美了，太富诗情画意。如对一个离乡背井、有家归不得的流浪者言，“举头望明月，低头思故乡”，中秋明月，也许成了“无情最是中秋月”“一望明月双泪流”的凄凉景色了。明月并没有差异，为什么看月的人，所见的月亮，而有如此不同？这种差别来源，绝不是来自月亮的本身，而是起自认识的内心。

看一幅画，看一个人，情形大致也相同。甲视为天下第一的名画，乙看成了最坏的图画。乙视为天仙美女，甲看成了最丑陋的女人。这种好与坏、美与丑的价值标准，并不是经由外在而来的，而是取决于我们认识的内心。即使是同一事物，对同一人而言，由于认识的心境有所差异，而所认识到的事物也有很大不同。当心境舒畅的时候，去观看事物，则事物本身都成了有生命有感情的东西。“万物静观皆自得，四时佳兴与人同。”在心境烦恼，情绪苦闷，精神紧张的时候，昔日最喜爱的事物，也许成了最厌恶的东西。这种起自自己内心上的认识变化，往往决定了外在一切事物的美丑价值，可是一般人对唯识所变之理，总难作深切的思维体认。在中国成语中，“望梅止渴”“谈虎色变”“草木皆兵”，等等，都可作为唯识所变的最好说明。

一九七五年三月二十九日写于德山寺藏经楼

（《内明》月刊）

从心随境转说到境由心生

——一九八七年七月廿六日讲于旧金山法王寺

今天我的讲题——从心随境转说到境由心生。为什么我要提出这样一个题目来讲？因为，我个人深深地感觉到：我们生活在这个宇宙世界里，对于这个存在的客观宇宙世界，能够了解多少？外在的现象世界，它的起源又是怎样？关于这些问题，我们一般人平日是很少去注意的。我们既然生活在这个世间上，每天从早到晚，眼所见到的，耳所听到的，乃至我们意识上所思惟到的，这一切的事事物物，我们应该对它有一正确的基本认识。如果我们对于环绕在我们周遭的这些东西，它的起源，全然无知，则便辜负了我们的一生。基于这个原因，我想就佛法的立场，对于这个问题，提出来跟大家谈谈。

在这个讲题里面，有二个比较重要的字，我先提出来作一简单的解释。一个是“心”字，一个是“境”

字。什么叫作“心”？在佛教的经论中，对心的解释有多种，对心的分类也有多种，这些，我想凡是阅读过佛教经论的人，大抵都会知道的。在这里，我们不做专门性的分析论究，只作一极普通的解释：凡是我们能思、能想、能见、能听，乃至身体能感触到的，便称之为心。如用现代哲学或心理学的名词来说，就是一切精神活动的主体，具有认知功能作用的，它便是心。人与物质的不同，也就是因为人具有精神活动的认知功能存在，而物质不具有此一功能，这是人与物质不同的分野。举例而言，我对手里拿着的麦克风说：“麦克风！您认识我吗？您知道我吗？”麦克风没有任何反应。因为，麦克风是一金属的物质，它没有精神活动的认知功能，所以，它不会认识我，更不会知道我。如果我以同样的情形，而对一个活活泼泼的人说：“您认识我吗？您知道我吗？”对方会明白地回答我，他是认识而知道我的。为什么一个活活泼泼的人对我会有反应呢？因为他有精神活动的认知功能存在的关系。假如一个人失去了他的精神活动的认知功能，我们就不称他为人了，必须要在人字上面加上一个分别的形容词，称他为“死去了的人”。不过，当一个人熟睡或是昏迷过去的时候，虽然他的认知功能也不发生作用，可是，他和一个死去了的人情形不同，因为他的精神活动仍然存在，只是暂时在一个休止活动的状态下。等他清醒过来的时候，他的认知功能又会恢复正常活动。至于什么叫作“境”？佛经中也将境称作“外境”，就是指个人生命自体（精神活动）以外的一切现象世界。这些现象世界，能够引起我们认识作用的，便称之为境。能够引发我们认识作用的，不论它是我们眼睛所见的一切形形色色的现象世界，或是耳朵所听到的一切声音，等等，都是属于外境。

我们生活在这个世间上，每天清晨醒来以后，眼见耳闻，乃至内心所想到的一切，都离不开外在的现象世界；外在的现象世界，对于我们人生的关系太重要了。至于外在的现象世界与我们内在的精神活动的关系又是怎样呢？关于这个问题，一般所能体验认识到的，是我们的精神活动受制于现象世界。现象世界是主体，精神活动是被动的客体而已。所以，我们内心的认识活动，是由外在客观对象所引生的。举例而言，今天我们上街，见到一个穷苦的老人，我们对他生起一片同情慈悲之心，施舍金钱给他。我们内心生起的同情仁慈之心，是因为外面的这个孤苦可怜的老人而来，如果没有这个可怜的老者，我们的同情心是不会生起的，更不会施舍金钱给他。大家想一想，我们的同情心是不是由外境所引生的？外境是一个主要的引导者，我们的内心成了一个被动者。这是属于眼所见到的事例。如从无形的声音而言，情形也是一样的。诸位今天来听我演讲，你们的目的，是听闻佛法。当你们走进法王寺的时候，见到了我，诚恳恭敬地向我致问："法师！您近来好吗？"我回答的语言，可能引起你们几种不同的内心反应。假如我这样回答你们："谢谢你们的关心，我近来很好。你们大家也好吧？"你们听后，心里是平静的、暖暖的，认为我是一个平易而可以亲近的人。如果我改用粗野的语言回答您："少啰唆！我好不好跟你何关？"你们听后，内心的反应又是怎样？我想，一定是痛苦的、愤怒的。甚至有人指着我的脸诃斥道："你是什么东西？我们好心好意的问候你，你竟然用这种粗野无礼的态度对待我们。我们不受你这一套。回家去！不听你演讲。"你们的平静心和愤怒心，都是因我的语言而起，我的语言是一个主动者，你们的内心变成了一个被动者。假如没有我的语言，当然你们也就没有所谓平静和愤怒的心出现了。

我们侨居在美国的中国人，诸位有的从事贸易经商工作。今天早上，有位客户，有一批货物卖给您，本来您是不想买的，可是，经不起对方的苦苦哀求，您勉强地买下了。到了下午，这批货物突然涨价，您赚到了五百万美元的利润，那时您的心情怎样？一定是欢天喜地，高兴极了。相反地，假如您买下的这批货品，到了下午，突然跌价，您要亏损五百万美元，那时您的心情又是怎样？无疑地，是懊悔、痛苦、难过、失望，一连串的内心复杂情绪，久久挥之不去。请您想一想，您的欢乐与痛苦，是缘何而来？明白地说，不还是金钱的得失为一主要关键。金钱的得失，既然成为导致我们内心的欢乐与痛苦的根源，我们的内心，不就变成一个被动的吗？

金钱的得失，对于我们内心的影响，既然是如此，而名誉与权力的得失，给与我们内心的影响，又何独不然？比如说：美国里根总统今天突然提名您为美国国务卿，当您知道这个消息的时候，您的内心情绪是怎样？一定是高兴快乐的。“一登龙门，则声价十倍。”您也立即成为美国及全世界的知名人物。假如里根总统在您出任国务卿不到一个月的时候，又突然下令免除您的国务卿职务，那时您的心情又是怎样？无疑地，仿佛从三十三天跌落到十八层的深渊，痛苦难过。名誉与权力都是外在的，为什么外在东西的得失而影响到您的心情？您的心情不是明显地被外物所牵引吗？这不就是“心随境转”！

我们时常听人谈起，目前的这个现实社会，是个酒醉金迷无奇不有的花花世界，它的诱惑力太大了，年轻人进入这个社会，如果把握不住，经不起它的诱惑，很快地就会堕落下去，无法自拔！就一般情形看来，的确如此。年轻人的思想性向未定，见异思迁，受到社会环境的引诱，往往迷失在这个罪恶的社会里。社会的一切，既然能够引诱我们，支配我们，我们的精神活动，完全被它所操纵，受制于它，这不是说明我们的精神活动是由外境所支配的吗？外境是主体，精神活动是客体；主体的外境转变，我们的精神活动也跟着它转变吗？

关于“心随境转”的问题，从上面所举的事例中，以及诸位在日常生活中所观察体认到的，是很容易理解的。不过，我们的精神活动，是否由外在的现象世界所引生，而外在的一切现象世界，它的来源又是怎样？这是值得进一步论究的问题。

上面说到，精神活动是由外在的客观现象所引生的，精神活动是随着外境的转变而转变的。但是，事实的真相是否如此？根据唯识学的法义来看，并不是这样。精神活动是属于内在的，客观对象是属于外在的。一个认识作用的形成，是有两个来源的：一个是能认识的精神活动主体——心识，一个是所认识的客观对象——外境。当能认识的精神主体与所认识的客观对象集合到一起的时候，才会产生一个认识的结果。所以，一个认识的形成，必须具有能认识与所认识的二个方面，缺一不可的。诸位今天见到我，认识了我，我是一个被你们认识的对象。你们怎么会认识我的？因为你们有一个能认识的精神活动存在的缘故。假如你们没有能认识的精神活动存在，你们是不会认识我的，也不会有一个认识的结果出现。同样的，如果只有你们能认识的精神活动存在，而没有所认识的客观对象，能够产生你们的认识作用吗？我问你们，外面的天空中有什么东西？你们看过的人，一定会告诉我，蔚蓝色的天空里，什么都没有。假如天空中有二片白云，或一架飞机飞行，你们看过以后，一定会说，天上有二片白云和一架飞机。这二片白云和一架飞机，便是你们的认识对象，完成你们的认识作用。所以，一个认识作用的形成，一定不能离开能认识与所认识的，缺少其中的任何一种，都不会有一个认识作用的出现。

认识作用的形成，既然来自能认识与所认识的两方面，但是，到底是以能认识为主还是以所认识为主？这是一个重要的问题。如以所认识的为主，能认识的为附从，这便是我们上面所说的“心随境转”了；如以能认识的为主，所认识的为从属，这就是我们下面所要说明的“境由心生”的主题。

说到能认识与所认识何者为主的问题，现在我先做一动作，来说明这个问题。请诸位注意看我，我在做什么动作？诸位当然看到，我在做挥手的告别动作。请你们把眼睛紧闭起来，你们知道我又在做什么动作？我想，你们没有一个人会知道的。告诉你们，我仍然是在做挥手的告别动作。我的动作没有改变，为什么你们的眼睛睁开的时候，知道我的动作；为什么你们的眼睛紧闭的时候，就不知道我的动作呢？什么叫作“不知道”？“不知道”就是根本没有这一动作的存在。现在请诸位仔细地想一想，外在的动作存在与否，究竟由什么来决定的？一个认识作用的形成，到底以何者为主体？

一个人在清醒的时候，有人跟他诤吵，他会知道得清清楚楚；可是，当他死亡以后，同样地有人跟他诤吵，他会知道吗？当然，他是不会知道的。在他活着的时候，他有能认识的精神活动作用存在，所以他能知道外在的一切；当他死亡之后，他的能认识的精神活动作用没有了，所以他不能知道外在的一切。从这个最好懂的事例中，我们可以知道：外在的存在，是不能离开能认识的精神主体的。有能认识的精神主体存在，才有外在的一切存在；没有能认识的精神主体存在，也就没有一切外在的存在了。

客观的存在，是由能认识的存在而存在的，当能认识的范围没有达到那里的时候，虽然有着外在的存在，对于一个认识者而言，仍然是没有它的存在的。诸位在法王寺里面，山下的高速公路上，有二部车子相撞，两位驾驶者走下来诤吵打架，你们会知道吗？当然诸位不会知道。为什么不会知道？因为我们能认识的范围没有接触到那里的缘故。进一步说，就是我们的认识范围已经接触到那里的时候，由于我们认识的疏忽，明明见到的东西，而不知道它的存在。诸位太太小姐们，在你们过去的生活中，可能总有这样的经验：当您的心情慌乱的时候，您的朋友在外面急着催您上车，您的手提包明明挂在膀子上，门上的锁匙握在手里，可是，您还在到处寻找皮包和锁匙，对于手中拿着的东西，仿佛视而不见，不知道手里拿着的就是您所要寻找的东西。为什么会有这种现象？并非能认识的范围没有认识到那里，只是在认识的过程中没有专心注意罢了。没有专心注意，也就等于没有对方的存在。诚如中国孔子所说："心不在焉，视而不见。"外在的存在，是不能离开能认识的心体的。

我们认识到的外在的一切，就一般而言，大体都是相同的。如果进一步分析研究，在相同的当中还有着不相同的部分，这种不同的原因，便是来自我们认识的心体不同。诸位女士们，当你们到百货公司购买衣服的时候，有人喜爱红色的衣服，有人喜爱黄色的衣服，有人喜爱绿色的衣服。喜爱红色衣服的人，不一定会喜爱黄色和绿色的，同样的，喜爱黄色与绿色衣服的人，也不一定会欣赏红色的衣服。外在东西的本身，是没有变化的，为什么我们对它会有喜爱和不喜爱的分别？这些不同分别的主因，不是来自我们的认识心体吗？我们喜爱的东西，它的价值随着我们的喜爱相对地提高；我们不喜爱的东西，它的价值也会随着我们的不喜爱而相对地降低。客观对象的存在价值，是取决于我们每个人的认识心不同而不同的。

客观存在的一切事物，我们对它的认识，并非一成不变永远如此的。我们认识上起了变化，或是一时情绪上发生变化，对于外在的认识，也会产生变化的。比如：今天我最欣赏的一幅字画，它的美感和价值，到达一个最高的极点，可是，过了一个时期之后，我对它的认识起了变化，它的美感和价值，急速地下降到一个最低点。外在的事物没有变化，这是我们认识上的变化。由于我们认识上的变化，我们所认识的一切，也就同样地起了变化。我们平日最心爱的东西，当我们与人诤吵的时候，烦恼重重，情绪激动，往往对心爱的东西发生厌恶，予以破坏。这种情形，不是外在的东西有了变化，也不是我们理性的认识上产生变化，完全由于一时的烦恼情绪冲动所导致的变化行为。什么是烦恼情绪冲动的行为？明白地说，就是我们内心的行为。

如上所说，客观的存在，不能离开认识的心体，认识心体的变化，客观存在的一切也跟着变化。那么，客观存在的一切，又是从何处而来的？论到这个问题，就佛法的立场而言，也有二种不同的说法：若依如来藏缘起一系的经论说，客观存在的一切，就是我们心体的直接呈现。如《大乘起信论》说："心真如者，即是一法界大总相法门体。"心就是宇宙的本体，由宇宙的本体呈现的一切现象世界，则一切现象世界当然就是心体的呈现。如依唯识学的经论来说，客观存在的一切，是心识所变现的。如《解深密经》说："我说识所缘，唯识所现故。此中无有少法能取少法。"关于客观存在的一切现象世界就是主观心识变现的问题，一般人是难以接受这种说法的。因为，外在的东西，明明是在我们身体之外的，怎么能够说是我们心识变现的？如果外在的东西是心识变现的，诸位可以提出一大堆的理由证据来驳倒这种说法。我们侨居在美国，每当要省亲的时候，总要乘坐十多小时的飞机回到台湾或香港，才能见到亲人，如若外在的一切是唯心所变，为什么我们不能变现亲人在身边？既然不能变现，便证明外在的一切不是唯心所变的。诸如此类的问题，举不胜举。不过，唯识学所说的客观的一切是唯识所变的，是从另一角度来说明的。现在我们先举例说明：诸位都照过镜子，有照镜子的习惯和经验，当我们拿起镜子的时候，我们的面貌会反映在镜子里面，镜子里面的面貌，便是我们面貌的外现，再为我们眼睛所见，所以，我们见到镜子里的面貌，不以为异，知道那是自己的面貌。假如诸位从来没有照过镜子，第一次见到镜子里面出现的面貌，会知道那是自己吗？一个牙牙学语的小孩，在一面镜子前面，他会知道镜子里的小孩就是自己吗？当然他不会知道。因为他不知道那就是自己，所以才会啊啊跟他讲话，发出痴痴的傻笑，用手去抓他。《楞严经》里面有一个故事：演若达多是个从不梳洗的人，蓬头垢面，古代没有镜子，他无法认识自己的“庐山面目”。一天，他口渴了，走到河边喝水，河水清澈见底，当他俯下身子的时候，见到水里有一蓬头垢面狰狞可怕的影像，演若达多转身就逃，逢人便说，河里有一鬼怪，是如何如何的形象。他何尝知道，水里的鬼怪，便是他自己的一副尊容！人类的认识，就是这样：明明是自己的心像外现，却将这外现的心像，误认为是外在的东西，而加以执着。这种情形，不仅我们人类如此，就是其他动物，亦不例外。二十多年前，我在新竹福严精舍那里养了一只小猫，每天由我负责喂它，它吃饱了，时常跑到我的房里，我在看书，它就跳到我的腿上睡觉。有时将它赶下去，过了一会儿，它又跳上来了。我的书桌上，放着一面镜子，有一次，我拿起镜子远远地对着它照，它看到镜子里面有一只小猫，起初用前爪去抓，镜子里的小猫也是同样的抓过来。这时它开始紧张起来了，四脚站起，腰背一弓，全身的毛都竖立起来，做着要跟对方决斗的样子，镜子里的小猫，当然也是和它同一姿态，毫不退缩。它凶狠地看着对方，对方也凶狠地注视着它。也许它想到对方这个敌人不简单，丝毫不怕它，它很快地从我腿上跳下逃走了。小猫见到镜子里的对象，它何尝知道那就是自己身相的外貌，而误认为外在的敌人。我们人类，不也是如此？

我想，我们都做过梦的。我们的一生，不止做过一次梦，而是做过很多很多次的梦。有时，一个夜里，一个梦接着一个梦地做下去。我们做的梦，有些是可怕的噩梦，比如跟人打斗，被人打伤了，或是被人打死了；也有些梦是欢乐的好梦，如升官发财，与家人团聚，等等。在这些梦里，有些梦做得非常模糊，没有醒来就忘记了；有些梦是很清楚的，梦中的一切，醒来历历如绘。不管这些梦的情形怎样，当我们正在做梦的时候，梦未醒来，谁会知道梦里的一切是真的还是假的？我想，那时的我们，没有人不把梦里的一切都当作真的，直到我们醒来的时候，才知道梦里的一切都是假的，完全是心理的反射作用。同样的情形，我们现在对于世间的一切，不知道它是心识所变现的，处处都是外在的，实在的，这和我们在梦中所认识到的，又有什么两样？等到我们的无明烦恼完全断尽，内心澄净，出世的无漏智慧生起，再来观看这个世间，才会知道它的真相。中国佛教古德曾说："梦里明明有六趣，觉后空空无大千。"现在的我们，何尝不是在另一个梦中？我们不要等到烦恼断尽，无漏智慧生起，来观看这个世间的一切，知道它是唯心所现；即以我们当前的一切而论，又何独不然？诸位年纪最轻的，我想也有三十岁左右，我们仔细地回忆一下我们的这一生，自从有记忆开始，直到现在，我们这一生中所见到的种种，以及所遭遇到的种种，又是怎样呢？幼年时代的游戏伴侣，学校的师长和同学，服务机构的同事、上司，一般的亲戚朋友，家中的父母兄弟姐妹，许许多多的欢乐恩怨，是是非非，说不完的一切，现在又是如何？过去的种种，我们能够追得回来吗？我们回忆过去的一生，与我们梦醒以后回忆梦中的一切，又有什么实质上的差异？所以，一个人到了老年，回忆他的一生，往往有着"人生如梦"的感叹。诸葛孔明曾经自负地说："大梦谁先觉？平生我自知。草堂春睡足，窗外日迟迟！"我们谁能像诸葛孔明一样，从这个漫漫长夜的人生梦境里觉醒过来，清晰而明确地认识到这个宇宙世界的真正面目呢？客观宇宙一切，是众生心识所变现的。同一事物，由于众生的业力和种类不同，各各所见到的，自然也就各各不同。无著的《摄大乘论》里，有"一境应四心"的例证：我们人类看到的"水"，这是我们人类业力所共同变现的。人类业力所变现的"水"，在水生动物的鱼虾等看来，那就不是“水”了，而是它们居住生存的世界，活动的空间。它们一时一刻不能离开它而生存，离开了它就会死亡。这和我们人类不能离开大气层，离开了大气层，就会因“缺氧”而死亡的情形一样。饿鬼道的众生，看到人类的“水”，又变成了可怕的“脓河”。天趣的众生，看到的“水”，又变成了众宝庄严的“琉璃世界”。同一的东西，由于各各所见不同，到底是人类见到的正确，还是其他众生见到的正确，这是一个很难判定的问题。如就各类众生的本身立场而言，它们见到的都是最正确而最真实的。从不同种类的众生所认识到的客观对象，在同一的客观对象上而产生了如此不同的差异，这不是明显地证明了一切外境都是来自众生的心识变现吗？至于心识变现的根源，是因众生各自业力不同的因素而来。

就我们人类来说，许多戴着太阳眼镜的人，他们所看到的宇宙世界，是灰色而暗淡的；不戴太阳眼镜的人，他们所见到的宇宙世界，又是另一种风光。这种不同的色彩，主要来自太阳眼镜。但是，我们不能否认戴太阳眼镜的人，所见到的外物情形不是真实正确的，因为，任何人戴起太阳眼镜来，所见到的都是相同的。太阳眼镜，不就是代表着众生的业力吗？由于业力的因素不同，所见的外物也就自然各异。一个肉食主义的人，看到鸡鸭鱼肉山珍海味，视为最好的美食，但是，在一个素食主义者的眼中，那不过是一堆动物的尸体，有何美味可言？肉食者的胃囊，只是埋葬动物的坟场而已。

依据大乘佛法如来藏系的思想来看，客观存在的一切，不仅只是心识的变现，它——就是由心所生。经中曾说："心生则种种法生，心灭则种种法灭。"法是什么？法便是宇宙的一切事物。宇宙的一切事物，明白地说，就是由我们的心所生起的。"境由心生"，是大乘佛法的重要法义之一。经论里对这方面的说明文字很多，我们不做广泛引证。俗语说得好，"日有所思，夜有所梦。"确实如此。我们白天心里常常想到什么，自然而然夜里就有那个梦境出现。我们从许多犯罪者的口述中，得到一个共同的经验结论，凡是伤天害理的人，在逃亡的日子里，常常见到被害者向他索命的情景。一个艺术家，经过他的思惟构想，一幅巧夺天工的美丽图画呈现眼前，这种从无到有的外境，不是由心创造出来的吗？一个伟大的工程设计师，运用他智慧构思，设计出许多模型图样，琳琅满目，依样建筑，便成了许多具体实物的景观。这些由内心智慧创造的成果，我们能说不是"境由心生"吗？

一个虔诚的佛教徒，每天念佛拜佛，持咒诵经，观想佛菩萨的种种相好，久而久之，精神能够凝聚持久不散，佛菩萨的光明形象，便会自然而然地出现眼前。这种境界，不是一般所谓“幻影”或“幻境”，而是一种最亲切最真实的自然境界。至于这种境界的来源，便是由于内心的宁静，思惟观想力凝聚到某种程度的时候，自然而然地产生的。许多从事宗教生活实践体验的人，当他的精神凝聚功夫达到某种程度，见到许多不可思议的境界，也是极为寻常的事。因为心力凝聚而见到许多真实境界，这些境界，当然不是来自外界的，完全是由内心所生的。至于说到这些内心现起的境界，出现的时间久暂，其显明度如何的问题，便视各人心力凝聚的功夫情形而定。功夫深厚的人，境界的出现自然是持久而显明的，历久不变；功夫不深的人，也许只能偶一见之，其时间与显明度自然也相对地较差。一个在佛法上具有深厚禅观境界功夫的人，他所见到的一些特殊不可思议的境界，可以做到“随心所欲”的操纵程度，要来就来，要去就去，自己可以做得主的。这与其他宗教从事“灵修”生活的人，所见到的耶和华与耶稣，只能“偶尔”见到一次的情形，有着实质的根本差异，不能同日而语的。

去年我在洛杉矶的时候，有一位信佛的居士（现在已经出家了)，请我到他家中去看他的佛堂。他告诉我说：自从他的父亲去世之后，为了报答父恩，发心闭关三年。每天除了念佛礼佛之外，只诵《阿弥陀经》。关中实行禁语，不见任何人。过着“日中一食”“夜不倒单”的苦修生活。平日生活必需品，每隔数日，由其子女开车送来。有人按门铃，相应不理。其子女备有门上锁匙，自动开启送物进来。他的这栋静室后面，有一花园，花丛间有二块石头，其前有一方空地。每当他坐在客厅中念佛观想，由落地的玻璃窗户向外看，花丛中的二块石头，其一变成观世音菩萨，另一变成阿弥陀佛，相貌衣角，历历分明。其前的一方空地，变成八功德水的七宝池塘，并有一鸟念佛念法念僧。照他所陈述的，就是《阿弥陀经》所描述的极乐世界的风光。我坐在他的同一角度，依着他所指的方向远远地看去，怎么看也看不出极乐世界的图形。不过，我相信他所说的都是真实的，绝非骗人的假话。因为我知道一个专心观想修持的人，内心的凝聚力一生起的时候，观想的境界会立即现前的，并不为奇。即使没有外在的石头等事物为助缘，它依然是会出现的。这对一个有着同样从事宗教生活的体验者，丝毫没有怀疑，完全能够接受的。但是，如果对于一个没有宗教生活体验的人，那就无法相信了。

“从心随境转说到境由心生”的问题，上面我们做了一番粗略的说明与举例。关于“心随境转”——精神活动为外物所引诱与操纵，这是我们日常生活中能够体认得到的，并不难懂。至于“境由心生”——客观存在的事物是由精神主体所变现生起的，从理论的说明与事实的举证中，大家也许不能否认这一理论。但是，要将这一理论运用到我们日常生活中来，作为我们正确的宇宙人生观，纠正传统的错误认识，那就比较难了；必须经过一段长期的修习训练，才能逐渐做到。许多理论，说来容易，实行起来，就不简单了。

一九八七年八月十八日写于旧金山法王寺

（《内明》月刊）

原始佛教的三法印

一

印度的原始佛教，对于宇宙人生存在的考察，与当时印度一般宗教的看法，有着完全不同的独特立场。这一不同的独特立场，便是佛教不同于其他宗教的特征。从大体上说，我们可以举出佛教不同于其他宗教的三种特征来：一、就知识的方面说，佛教是采取合理性与客观性的；二、就情意的方面说，佛教是主张伦理性与人间性的；三、就对社会的方面说，佛教是着眼世界性、普遍性与开放性的。

本来，印度一般宗教的特征，比之世界其他一般宗教来，还是极具理智与理论的。因为，世界一般宗教，大多只有信仰、戒条、仪礼，等等，很少谈到理论的。

印度是个哲学思想最发达的国家，而哲学的最后目的，是在解脱人类的苦恼，所以印度的一般宗教，在其哲学思想发达的影响下，差不多都有其信仰实践的基本理论。不过，他们的那些理论，多是属于形而上的，实际上不能成为信仰的理论。其理论也是极不合理的，理论与实践不能一致，缺乏了合理性与客观性。反之，原始佛教是排斥形而上的，重视宇宙人生现象的存在，这是极合理的，也是最客观的。原始佛教的中心理论，便是缘起说，而缘起说的基础，是建立在“诸行无常”“诸法无我”“涅槃寂静”的三法印（或加“一切皆苦”为四法印）上。

三法印，为原始佛教的重要教义，自古以来，印度与中国的佛教学者，对于佛法是否究竟了义的判断，都是用三法印来作为衡定的标准。凡是与“诸行无常”等法印相契合的，不论它是否为佛亲口所说，或是其他人所说的，都承认它是究竟了义的佛法；反之，凡是不能与“诸行无常”等三法印相契合的，即使它是佛陀亲口所说的，也不能承认它是了义的佛法。“法”是指一种普遍必然的理性，“印”是印证，即是依此理性而证实它是究竟正确的；因为用“诸行无常”等三法印来印证佛法，所以称为“法印”。理解了三法印的内容，也就理解了佛教的根本思想。

二

三法印的第一法印——诸行无常。行是造作、运行义，无常是变化不居；凡是因缘和合（造作）的一切法，都是无常的。不过，一般人对于无常的看法，都是指某一事物“从好到坏”的变化而言的，举例来说，比如一个活泼健康的人忽然得病死了，称之为无常。所以，无常一语，在人们的感觉上，多少含有悲观绝望的意味。西方学者，不了解佛法的真义，大多称佛教为悲观的（Pessimistic）宗教。其实，无常一语，实际上并不单指“从好到坏”的变化，同时也指“从坏到好”的演变。宇宙万有，因为没有一物是固定不变的，一一事物都在无常变化中演变着，所以，我们的世界，才有千差万别的一切现象产生。例如：富有的人家，并不永远是富有的，或因人为的营谋不善，或因天灾人祸，慢慢会由富有变成贫穷的；反之，贫穷者也不是永远贫穷，或因自身的努力，或因因缘时会，也会渐渐成为富有的。这是世间常见的事例。人是如此，国家亦然。近世纪的德国，几次从强盛中而亡国，又从亡国中再度强盛起来。世间的一切，就因为是无常的，所以，人类才有努力奋斗的希望，如果一切都是常住不变的，穷富智愚，永远定型，则人类的前途是多么可怕？世界是如何的黑暗？那才是真正成了耶和华上帝心目中的理想世界了！

无常，实际上就是世间的真理。我们从现象界来看，现象世界没有任何一物不在变化，一切的一切，都在变化中形成与消散。这一理论，即是研究自然科学者也是承认的。我们先就精神作用来说：人类的精神活动，除了在昏迷、闷绝（休克）及熟睡停止活动之外，其他没有片刻会静止下来的。这一情形，只要我们细心去体验一下，是很容易知道的。至于物质现象，我们从一般的表面上看，它好像是静止不动的，其实物质的内部，并不如此。我们且以一只新鲜的苹果为例，昨天我们见到这只苹果的颜色与形态，与今天所见到的可能完全一样，没有丝毫变化，可是，当我们将这只苹果放置一月或一年之后，苹果的颜色与形态，却有了极大的变化，甚至已经面目全非，失去它的原形。所谓一月或一年，是由一天一天的时间累积而成的，而苹果的变化，也不是一下子就变的，它是慢慢地逐渐地而起变化的。由此可知，昨天与今天我们见到的苹果颜色与形状，表面上虽然没有什么变化，但是它的内部，在这一日之中，不知已经起过多少变化。物质现象的变化，是今天物理学上所承认的。根据物理学说，一切物质的要素（元素），是由原子而成的，原子好像太阳系一样，以原子核为中心，许多电子围绕着原子核的四周作急速而无规则的运行。我们肉眼看作绝对静止的东西，用科学仪器来看，并不如此，其中变化运行的速度，着实惊人！小宇宙的原子是如此，而大宇宙的天体，也不是绝对静止的。以地球来说，地球有它的公转与自转，而太阳系全体，更是一面运行，一面时时刻刻变换位置。这些被我们认识上看作静止的物质，其实它已经不知经过多少的变化了。由此可知，精神与物质的一切现象，都是无常的，佛说的诸行无常，当然是永恒不变的真理。

佛教为什么要揭示"诸行"无常的这一根本命题？这是含有几个意义的：第一，佛说诸行无常，主要为引发人们的宗教意识。因为，世间的一切，都是在无常中变化消散；从无常来看世间，则世间成为一个虚妄不实的苦聚，所以，佛在《阿含经》中常说："无常故苦。"就世间的人类来说，人们在事业境遇最得意的时候，他往往无法接受宗教（纵或接受也是表面的），而对自我的一切，也不知道去作检讨反省，可是，一旦到他失败的时候，这才知道去作自我反省。由于反省检讨，真正认识到事态的真相，知道自我与世间的种种缺陷，一种无常之苦的感痛，便会油然而生，而他的宗教信念，也才会从此萌芽。所以，一个从最得意的高峰上翻落下来的人，他对无常之苦的体认，比一般人来得深切，他对宗教的信念，也比一般人来得虔诚。佛说无常观，其动机即在引发人们的宗教心。

第二，佛说无常，目的在令人舍离贪爱我执。人类最原始而且也最根本的爱执，是自体爱与我所爱二种。自体爱，是对于自我的生命贪爱；我所爱，是对我所有的亲人、财产、名誉、地位等，生起一种深固的爱执。佛说无常，说明世间没有一物是常住不变的，我们的生命自体，以及所有的亲人、财产等，随时随地都有失去和死亡的可能性。在无常的世间中，能够真正认识世间无常的真相，便可舍离深固的贪爱我执之心。

第三，佛说无常观，是要我们对人生有正确的认识，把握时间，努力精进。我们知道，生命是无常的，眼前的这一生命，是否能够平安地活到明天，谁都无法预料。所以，在无常的人生中，必须把握今天，今天应做的事，必须今天完成，切切不能拖延到明天。因为今天过去，是永远不会再来的。古语说："生死事大，无常迅速。"特别是佛教徒，了解无常观的真义，即应该珍惜这一稍纵即逝的无常人生，精进努力。我们的人生，是由一刹那一刹那的时间积聚起来的，离开当前的这一刹那之外，可以说是没有我们人生存在的。因此，我们不但要把握今天，更必须进而把握眼前的一刹那，切莫空过，在每一刹那中继续努力。佛陀最后给我们的遗教说："诸行实无常，汝等勿放逸！”中国佛教古德也说：“当勤精进，如救头然，但念无常，慎勿放逸！”这些无常观的训勉，都是要我们掌握时间，作积极的努力！

三

原始佛教的三法印，有的称为四法印，即是除了上述三法印的名称之外，另外加一“一切皆苦”法印。不过，一切皆苦，应该摄在“诸行无常”法印中，因为无常即苦。现在顺从传统的惯例，也对“一切皆苦”法印，略加解说。

一切皆苦，是说明世间一切都是苦的。不过，就实际情形来看，世间虽然有苦，但也有乐；只有苦而没有乐的人，恐怕是没有的。从一般来说，经济丰裕而又健康的年轻人，是幸福的；家庭贫穷而又多病的老年人，是不幸的。其实，世间的情形，也并不完全如此。有些在同样的经济环境和健康情形下的人，有人感到是幸福的，有人感到是不幸的。幸福与不幸的本身，是无意识的，所以，觉苦觉乐，都是属于感性的。感性大多是主观的，由人的感觉而异。苦乐与祸福，既然属于个人主观的感性，而衡定它的标准，也就因人的感性而不同。有的人，并不认为世间只有苦恼和不幸，而没有快乐与幸福，所以“一切皆苦”这一命题，自然不能视为无条件的真理。“诸行无常”与“诸法无我”，多少持有客观性的成分，“一切皆苦”，不能看作具有客观性的。既然如此，佛教为什么把“一切皆苦”看作真理标志的四法印之一呢？

关于这一问题，一般人所感觉的福乐，都是属于情意的，短暂而不究竟的，这种福乐，在佛教看来，还是被视为“苦”的一种。佛教所说的福乐，是指永恒而究竟的涅槃乐。以究竟涅槃的常乐，来看世间的不究竟乐，则世间所说的福乐，仍然属于无常“苦”的！佛教以“一切皆苦”作为真理的标志，自然有其理由的。

所谓“一切皆苦”，佛教将之分为苦苦、坏苦、行苦三种。苦苦，主要是指肉体上的痛苦。一般所说的苦，大多也是指苦苦而言。如受伤患病及精神失常者，都称为苦苦。坏苦，是属于精神上的苦恼，如财产、名誉、地位的损失，或亲戚、朋友的死亡，虽然不是起自肉体上的什么痛苦，但由于他们的失去，而使精神上受到很大的打击与伤痛。行苦，是起于现象世界的苦。“行苦”的“行”（Saṅkhara）字，与“诸行无常”的“行”字相同，它的意思是“共作”，即指现象界。现象界的一切，是由种种原因条件而存在的，所以现象界的一切，离开了原因与条件，是不会单独生灭的。这在“诸行无常”

与“诸法无我”中，有详细说明。现象界所常见的，是万物从荣到枯，从枯到荣。这种荣枯的现象，如就苦苦、坏苦的立场说，并不能称之为苦，因为它不是属于肉体或精神上的苦，只是对万物的枯萎凋零而感到的苦。假如万物欣欣向荣，则其所感觉的，又是愉快喜悦之感。所以，有人认为将现象界的苦称为行苦，只是部分的真理，并不是十足的真理。

不过，佛教将生灭变化的现象界称之为苦，是与涅槃乐相对而言的。在印度，厌生死轮回，欣涅槃解脱的思想，并不只限于佛教，即是一般宗教哲学也是承认的。我们不能彻底的脱离生死轮回，纵然得生天国之乐，其幸福还是有限的，一旦天福享尽，不久仍有堕落受苦的可能性。所以，我们不能超脱生死轮回，是得不到绝对幸福的；要能得到永恒的绝对之乐，唯有超越生死获得涅槃解脱。从这一意义来说，佛教将现象界的一切称之为苦的行苦，当然也是真理。

就上面所说的苦苦、坏苦、行苦，虽然都是有条件的苦，不过，从佛教来看，这三苦都被看作真理。因为佛教所说的一切苦，诚如上面所说，是以涅槃乐为标准而言的。涅槃乐是就烦恼断尽的圣者来说的，一切苦是就未断烦恼的凡夫来说的，因为凡、圣的见地不同，所以多少有些差异。

四

三法印的第二法印——诸法无我。“法”，本为梵语达磨（Dharma）的义译，精确的定义，应为“轨持”。据窥基大师的《成唯识论述记》卷一解释说：“法谓轨持。轨谓轨范，可生物解；持谓任持，不舍自相。”这是说明凡是每一事物，能够保持它特有的体性与相状，引发人们一定认识的，便称之为法。“诸法”是指现象界存在的一切事物，换句话说，亦即通指一切有为法与无为法。“我”，通常指五蕴和合的生命自体。印度的正统婆罗门教，将我称为“阿特曼”（Ātman），为人生的最高原理，阿特曼与宇宙最高原理的“梵”（Brahman），合而为一，成为梵我一如的一元论的宇宙本体思想。所以，据婆罗门教所说的我，是具有主宰自在的意思。不过，婆罗门教这种形而上的本体我，为佛陀所否定。因为以色、受、想、行、识五蕴和合的生命自体，是由重重无尽的许多复杂关系条件所构成的，离开这些关系条件，在色、受、想、行、识的一一法上，找不到一个独立不变的生命自体——主宰自在的我。佛陀从这一深入内观的体证中，而建立诸法“无我”的思想。

佛教，为一理论与实践并重的宗教，三法印的第二法印——诸法无我，却兼具理论与实践的二方面，成为佛教根本思想的核心。“诸行无常”，主要是重理论的，很少注重于实践，只有在修无常观时，警诫自己的放逸与懈怠，才与实践发生关系。“一切皆苦”，虽然与实践没有直接关系，但由于感苦厌苦，成为进入宗教信仰的动机，还是与实践有关联的。所以，“诸行无常”与“一切皆苦”，虽然内容上也有一分实践，但那只是一种间接性的，真正直接注重实践的，是“诸法无我”。无我，一面有其理论上的依据，一面也有其实践上的内容。

我的理论，如上所说，是认识现象界的一切事物无固定性，无固定性也称为无自性。自性，是指其自身有独立的形而上的存在。原始佛教的基本理论，是否认有固定独存的形而上的存在。所以，真正理解佛教，必须要彻见诸法无我。理解无我的深义（第一义），本是一件极困难的事，因此，部派佛教的学者们，为了适应一般初学者的要求，往往采用通俗的譬喻来解说，如《中阿含》的《象迹喻经》等，就是如此。如该经说：我们的身体，是没有实我实法的本体存在的，所以称为无我。恰如以木材、泥土、水、草等物围成的空间，而有“家”的假名产生，以筋骨、皮肤、血肉等结成的空间，而有“身体”的假名产生。又如《杂阿含》（四五）说：车辆是由各部分零件结合而成的，离开各种零件之外，并没有车辆的实体存在。我们的身体，是由五蕴和合而成，离开五蕴之外，也没有我的实体存在。像这种低俗的无我说，在原始的《阿含经》中，随处可以见到。真正以第一义来解说无我的，反而很少。这一情形，因为现存的原始佛教圣典，是由部派佛教学者传出的，而部派佛教的学者们，总是舍弃原始佛教的第一义，采用世俗的立场来说明，所以，现存原始佛教圣典的无我说，也大多成了低俗性的教说。不了解佛教历史的人，常常误会释尊自身或原始佛教的无我说，是低俗的。

部派佛教学者传出的无我说，既然如此，这影响佛陀的声誉与佛法的真义，至大且巨，因此，为了纠正这一错误，便促成大乘佛教应运而生。大乘佛教兴起的理由之一，就是改革部派佛教这种低俗性的无我说，所以，大乘佛教为了将“无我”一词不与部派佛教相混同，每当说无我时，而改说“空”或“空性”（śūnya or śūnyatā），如《般若经》与圣龙树（Nāgājuna）的中观论等所说的“空”，就是原始佛教的无我真义。在原始圣典中，以第一义来说无我的，虽然并不是完全没有，只是极少数而已。

上面举出原始圣典《阿含经》中的无我说，以“家”或“人体”的譬喻来说明无我，下面我们再看《阿含经》中对无我的一般解释：

原始佛教，将存在的一切，常以色、受、想、行、识五蕴来说明。蕴（Skandha）是积聚义，五蕴，就是五种要素的积聚。五蕴，狭义地说，是指我们的身心全体；广义地说，也是指世界的全体。色（rūpa）是物质和肉体；受（vedanā）是感觉苦乐的感受作用；想（Saṃjñā）是表象概念的取像作用，或称心像（mentalimage）作用；行（Saṃskāra）是受想识以外的意志作用，以及其他的精神作用（行，虽然与诸行无常的行相同，但五蕴中的行，比之于诸行无常的行意义为狭。在佛教的同一用语中，其意义往往有广狭不同之分。无我等名词，也是如此）；识（viññāna）是认识判断的主体作用。我们的身心，与世界的全体，就是由这色、受、想、行、识的五种要素组织而成的，所以，五蕴成为物质世界与精神世界的总和。

佛陀为什么要说五蕴无我？这是因为印度的一般哲学与宗教，从五蕴的每一蕴上而起种种颠倒我见。如以色蕴为例，他们有着：（一）色是我，（二）色是我所有，（三）我中有色，（四）色中有我。至于其他四蕴，也是如此，所以，共有二十种我见产生。《阿含经》中，将这二十种我见归纳为：一、我，二、我所有，三、与我共三种形态，加以一一论析破斥，最后结归于无我。不过，将五蕴一一分析观察，论证它的结果为无我，这是一种分析的、机械的、形式的方法，在充分理解无我的人，并没有此必要。所以，智慧高的人对无我的道理，用不着这样分析说明，便能直接理解的。采用这种分析说明的方法，只是对智慧低劣者的方便法门，而《阿含经》中的无我说，也就成了一般通俗的无我说了。

释尊创说的无我理论，为印度其他哲学宗教所没有，而为佛教独特的根本思想。至于无我的实践，更为佛教所极重视。本来，任何宗教都有它实践的思想内容，佛教自然也不例外；而佛教实践无我的内容，在原始圣典中，虽然没有特别专门讨论这一问题，给以有组织有系统的说明，但在《阿含经》中，随处可以零星地找到叙述无我行的实践。说得明白一点，佛教的最高理想，就是建立在无我行上，所谓超越生死轮回的涅槃境界，不过是彻底的无我行；佛教所谓的证悟，也不外是彻底无我行的实现。

五

三法印的最后一印——涅槃寂静。涅槃（Nirvāṇa），本为“吹消”的意思，就是将人生的贪欲、嗔恚、愚痴等烦恼之火吹消以后，所呈现出来的“寂静”状态，故名涅槃寂静。

“涅槃”一词，并非由佛教开始使用，在佛教以前的印度非正统派婆罗门教，就开始使用了，后来，正统派婆罗门教的大战史诗《摩诃婆罗多》(*Mahābhārata*) 等，也使用此语。据原始佛教圣典说，印度一般哲学宗教对涅槃的解说并不相同，有的将色界定或无色界定等种种禅定的静止状态看作理想的涅槃；也有将耽于五官欲乐的世俗快乐主张为涅槃。如释尊出家之初，访问跋伽(Bhārgava) 与阿罗逻（Araḍakālāma）二位仙人，他们便以无色界的无所有处定及非想非非想处定为理想的涅槃境界，可是，释尊虽然与他们进入同一禅定，但仍不能获得心的安宁，可见无色界的空居定境虽高，实际上不能将之视为理想的涅槃境界，因此，释尊才舍离二仙而去。

在印度的耆那教（Jainiam）中，也有不少自称得涅槃的人，但他们所证得的涅槃，都不为释尊所认许。如摩诃毗卢（Mahāvira）的许多弟子，都自称开悟修行完成，证得涅槃。他们修行的内容，是崇尚一种极端的苦行，认为将精神脱离肉体的束缚，使精神达于自由无碍的境地，便是理想的解脱。因为精神是与过去业力所招感的生命自体（肉体）连在一起的，不离开肉体的束缚，精神是不会（也不能）超脱出来的，所以也不能称为真解脱；必须要等现生的肉体结束（死亡）以后，精神才能恢复本来的自由，获得解脱。因此，摩诃毗卢的许多大弟子，为了求得最后的解脱，而作绝食等种种苦行，期望将这一生命自体，得到解脱。如果涅槃要在肉体死亡以后才能获得，则人生的理想也应在死后始能达成，这种涅槃对现实人生多么渺茫和绝望啊！

此外，属于正统婆罗门教六派哲学之一的僧佉耶（即数论）派，对于涅槃的解说，也近似耆那教的主张，他们认为真正的涅槃（理想），应该使精神脱离物质现象之后，成为单一的纯粹的精神境界，才能获致。因为，那时将精神与物质分为二元，由于精神的独存，不受物质（肉体）的束缚，可以自由无碍地活跃，达于精神极致，所以，这一理想境界，必须要等肉体（物质）舍去（死亡）以后才能获得。现世的我们，由于肉体的存在，是不可能（也不必要）达成这一理想的。可是，僧佉耶派，实际上并没有人能够现证到这一理想境界，这不过仅是一种哲学的观念理论而已。

上面是就佛教以外的宗教与哲学所说的涅槃内容。真正的涅槃，绝不是以极端的苦行或极端的欲乐而能获得的，唯有在不苦不乐的中庸生活及身心宁静的状态下，观察思惟，以般若慧断除烦恼，证悟宇宙人生真理获得的。以单纯的苦行或单纯的禅定，是不能证得涅槃的。释尊出家以后，修过无色界的空定，经过六年的苦行生活，仍然不能证得涅槃，这便是一个极好的例证。佛教的涅槃境界，是由佛陀亲自体验证得的，他将这种亲验证得的经过，如实地告诉他的弟子们，他的千万弟子，依据他所指示的方法去修习，各各都与佛陀同样地开悟而证得涅槃境界。所以，涅槃境界，是现生中所达成的，绝不是死后才获得的。证得涅槃境界，不仅是自己完全获得自由解脱，并且还要使此一世界所有人类，皆能断尽烦恼，共同获得自由解脱，使之成为一个和平幸福的理想净土。这是佛陀创教的真义。可是，到了部派佛教时代，佛教竟不幸地走上耆那教的道路，将现生证得的涅槃境界，看作死后的理想境界，这怎能不使佛教衰微堕落？为了挽救佛教的这一厄运，纠正部派佛教的谬说，大乘佛教才应运而生，倡说现生证得自由无碍的无住涅槃，恢复原始佛教释尊本有的教说。

涅槃境界，是超越生死苦乐的绝对的安乐境界，这种常乐世界，便是佛教的理想。佛教的出发点，虽然在诸行无常与一切皆苦，但它的最后目的，却在建立涅槃寂静的清净庄严世界。西欧学者，不了解佛教的真义，批评佛教为悲观厌世的黑暗宗教，这哪里是真正理解佛教而给与的公正评价呢！

（《慈航》杂志）

关于《圆觉经》问题

——读《胡适禅学案》有感之一

日人柳田圣山先生，搜集胡适博士有关禅学论著文字，以及胡先生晚年写给入矢义高与柳田圣山二氏论禅学书简的手稿真迹，汇编为《胡适禅学案》一书，由台北正中书局影印出版。此书去年出版之际，曾见报章刊载发售广告，因不悉内容如何，未予购买。今年夏间，去台中授课，因事路过中山路正中书局门前，以新台币二百四十元售价，购买一册。归来费二三日之时，细读胡先生治禅学历史文字，感触良多，为文一述。

胡先生自民国十多年起，开始治禅学历史，直至其去世之际，其间历四十余年，孜孜不断从事禅宗史的研究，此种治学的伟大精神，委实令人钦佩敬服！尤其难得的，胡先生对于我国业经散失的许多禅宗重要古籍，不惜万里迢迢地从英国伦敦大英博物馆及法国巴黎图书馆所藏的敦煌石室写本，搜集照相回来，并与日本所藏之中国古本，校勘整理出版，提供研究中国禅宗史许多新的珍贵资料。由于胡先生的努力与研究，其影响所及，引起中国一般学者对禅宗史的重视，开创新的研究风气，运用新资料，摆脱过去的传统旧说，澄清许多附会与传说的史实。这些，是胡先生对禅宗史的伟大贡献，功不可没！不过，胡先生对于禅宗史研究的成果，我们本着治史的客观立场来看，胡先生有些研究的结论非常正确，令人信服；如禅宗二十八祖的考证等文，都是很有价值的。但是，胡先生的研究论断，有些也是令人不敢苟同的，必须再作研究商榷。胡先生令人不敢苟同的部分论断，有些由于对古典资料的处理与运用问题，有些由于胡先生未加深入考证，仅凭自己的主观臆测而来，显然与史实不符。

综观胡先生对禅宗史的研究，他似乎不肯从纯正的客观立场着眼研究论述，处处呈现其独自的主观性。由于此种主观心态的呈现，故其研究的某些结论，也暴露其治学的偏见。此种偏见，固然不能为中国传统的佛学研究者同意接受，即对近代重视史料根据的日本佛教学者，也不能同意胡先生的研究论断。胡先生治禅宗史四十余年，其中遭遇的困难，似乎比治其他历史为多，此一根源，大概来自胡先生既存的主观意识形态。胡先生治学，一向自诩细心，不说没有历史根据的话，我想这只限于胡先生治一般学问如此，但是他治禅宗史，却没有完全做到这一细心谨慎的功夫，有些迹近大胆想象的论断，未从史实上寻求根据，确立其说，这是胡先生治禅学史的一大失败。胡先生的这种疏失，纯然是史实问题，并不是胡先生所说他不是佛教徒与佛教徒的看法相异问题。

《胡适禅学案》共分四部，其中第三部，收录胡先生《禅宗史的一个新看法》。这篇文章，为胡先生一九五三年由美返台，一月十二日在蔡孑民（元培）先生八十四岁诞辰纪念会上的讲稿，当时由报章杂志刊载之后，曾经引起佛教界许多人士写文批评驳斥，其时笔者年轻，所读佛典不多，对于此类问题，不敢妄加置喙。如今事隔二十余年，笔者年事稍长，而涉猎之佛典范围较广，现在重读胡先生此文，对于这位一代学人的禅宗史的新看法，总有不能已于言者的感叹。二十年前，佛刊中评论胡先生此文的文字，由于刊物不易寻找，无法重读，不知评论者持论是否中肯。兹就个人所见，胡先生此文，其中值得商榷研究之处颇多，最显明的，胡先生论及《圆觉经》问题，指为宗密所伪造，此纯为胡先生毫无史实根据的大胆妄测。以一个治历史的学者而言，不经过历史的考察求证，盲目地妄下论断，可见胡先生治禅宗史的成果。关于《圆觉经》问题，我想提出我所见到的历史资料，以证胡先生所言之谬。胡先生在文中说：

> 现在佛教中，还有一部《圆觉经》。这部经大概是伪造品，是宗密自己作的。这只有一卷经，他却作了很多的注解，叫做《圆觉经大疏钞》。这里面有很多禅宗历史的材料。(见《胡适禅学案》五四〇页至五四一页)

这是胡先生指《圆觉经》为伪造的，并且肯定它是宗密伪造的文字。关于《圆觉经》是否为伪造的问题，是否为宗密伪造的问题，我就所见的古典资料，作一论述。

怀疑《圆觉经》为伪造的经典，并不是胡先生的创说，“古已有之”。其怀疑的关键，为《圆觉经》翻译的年月不明，其译者——佛陀多罗在中国最后所终之历史欠详。因为有这二个原因，古人对之起疑。智昇在《续古今译经图纪》及《开元释教录》卷九中说：

> 沙门佛陀多罗，唐言觉救，北印度罽宾人也，于东都白马寺译《圆觉了义经》一部。此经近出，不委何年。且弘道为怀，务甄诈妄。但真诠不谬，岂假具知年月耶？(大正五五·五六五上)

从智昇的这段文中，虽然为《圆觉经》伪造之事而辩，但是，我们知道，其时已经有人对《圆觉经》的来历起疑，这是铁铮铮的事实。所以，胡先生之说，并非他的创说。

关于佛陀多罗的历史，赞宁的《宋高僧传》卷二，虽然有其传记，但传记的主要内容，还是依据智昇的《开元释教录》而来。如《宋高僧传》说：

> 佛陀多罗，华言觉救，北天竺罽宾人也。赍多罗夹，誓化支那。止洛阳白马寺，译出《大方广圆觉了义经》。此经近译，不委何年。且隆道为怀，务甄诈妄。但真诠不谬，岂假具知年月耶？救之行迹，莫究其终。大和中，圭峰密公著疏，判解经本一卷，后分二卷成部，续又为钞，演畅幽邃。今东京太原三蜀盛行讲演焉。(大正五〇・七一七下)

宗密在《圆觉经大疏》卷上之二，叙述《圆觉经》的翻译及其弘传情形说：

> 叙昔翻传者,《开元释教目录》云：沙门佛陀多罗，唐言觉救，北印度罽宾人也。于东都白马寺译，不载年月。《续古今译经图记》，亦同此文。北都藏海寺道诠法师疏又云：羯湿弥罗三藏法师佛陀多罗，

长寿二年，龙集癸巳，持于梵本，方至神都，于白马寺翻译，四月八日毕。其度语、笔受、证义诸德，具如别录。不知此说，本约何文素承？此人学广道高，不合孟浪。或应国名无别，但梵音之殊，待更根寻，续当记载。然入藏诸经，或失译主，或无年代者亦多。古来诸德，皆但以所诠义宗，定其真伪矣。前后造疏解者，京报国寺惟慤法师，先天寺悟实禅师，荐福寺坚志法师，并北京道诠法师，总有其四。皆曾备计，各有其长：慤邈经文，简而可览；实述理性，显而有宗；诠多专于佗词；志可利于群俗。(卍续十四·一一九 d—一二〇a)

由宗密的这段记述，可以知道宗密对其以前有关《圆觉经》历史及其注疏，他都仔细读过；至于怀疑《圆觉经》为伪造的问题，他也知之甚详。所以，他在这段文中，首先引用智昇《开元释教录》，说明《圆觉经》的翻译年月不明，致令人起疑。而后，他又引用道诠《圆觉经疏》，说明《圆觉经》译于长寿二年（六九三）。不过，其度语、笔授、证义、润文诸德，具如别录。宗密对于这二家之说，似乎都不大同意，他在《圆觉经大疏钞》卷四之上，对此有所评述说：

目录（《开元录》）云：此经近出，不妄（委?)

何年。且弘道为怀，务甄诈妄。但真诠不谬，岂假具知年月耶？评云：余谓但云不知年月即得，何必加此数言，故疏中不载耳！

……言龙集者，有释云：高宗大帝，当其年龙飞，以王天下。此说恐谬。曾见有处说：长寿年是则天之代（幻生按：长寿为武则天称帝年号，共有二年，即公元六九二—六九三年。唐高宗死于弘道元年十二月，那年为公元六八三年，岁次癸未。弘道为永淳二年十二月的改元年号，大概改元不久高宗便殁。道诠《圆觉经疏》所记，"长寿二年龙集癸巳"，癸巳确为长寿二年岁次。将龙集释为高宗大帝之事，此说谬矣！），然今亦未委其指的也，待更寻检。《疏》具如别录者，复不知是何图录？悉待寻勘。有释云：证义大德，是京兆皇甫氏、范氏，沙门复礼、怀素。又指度语笔授云：在白马寺译经图记。此等悉难信用。谓证义笔授等，何得半在此记，半在彼图？乍可不知，不得妄生异说。坚志法师疏，说译主年月，并与藏海疏同，唯云天竺三藏羯湿弥罗为异耳。余又于丰德寺难（杂？）经中，见一本《圆觉经》，年多虫食，悉已破烂，经末两三纸，才可识辨。后云：贞观二十一年，岁次丁未，七月乙酉朔，十五日己亥，在潭州宝云道场译了。翻语沙门罗睺昙犍，执笔弟子姜，道俗证义大德智晞、注纮、慧今、宝证、道脉，然未详真虚。或恐前已曾译，但缘不能闻奏，故滞于南方，不入此中之藏。不然者，即是诈谬也。(卍续一四·二八二 b—c)

就《圆觉经大疏钞》这段释文来看，宗密对智昇与道诠之文，都有批评。尤其对于道诠所记，“其度语、证义、笔授、润文诸德，具如别录”更感到不能同意，而致疑虑。关于道诠疏中所说“羯湿弥罗”国名，大概是玄奘译的“迦湿弥罗”（Kaśmira）的不同音译。迦湿弥罗，便是罽宾，这是不成问题的。所以智昇《开元录》所记佛陀多罗的国籍，与道诠所说，名称虽然不同，但所指却是一致的。至于宗密在终南山丰德寺所见的另一《圆觉经》残本，末后记为贞观二十一年七月在潭州宝云道场译出，其主译者及执笔、证义者，均与长寿二年不同，这显然是另一译本。不过，贞观二十一年（六四七）的译本，既然未见入藏著录，而比贞观本晚出四十六年的长寿二年（六九三）本，却已入藏著录，在时间上，不无令人起疑。

综上以观，怀疑《圆觉经》为伪造的经典，由来久矣，非胡先生开始。不过，胡先生指《圆觉经》为宗密伪造的此一说法，是毫无历史根据的。《圆觉经》最早被记载于经录，始于智昇的《开元释教录》。《开元录》成于唐玄宗开元十八年（七三〇），宗密生于唐德宗建中元年（七八〇），卒于唐武宗会昌元年（八四一）。从开元十八年到建中元年（七三〇—七八〇），恰好五十年。明白地说，早在宗密出生以前的半个世纪，《圆觉经》已经记载在《开元录》了，胡先生怎么能说《圆觉经》是宗密伪造的？胡先生治学，一向是讲求历史根据的，他处处也要人拿出证据来，我不知道胡先生指《圆觉经》为宗密伪造的这一论断，是否也能提出强有力的古典的历史证据来，以证其说？如果胡先生提不出历史证据，仅仅凭着自己的主观心态妄测，遽下论断，显见胡先生对现存许多古典资料，并没有去做细心的阅读研究工作，完全闭着眼睛抹杀史实在胡扯了！这种治禅宗史的方法与态度，其研究的结论与成果，在一个真正从事历史考据的工作者看来，简直是幼稚得可笑了。

《圆觉经》与宗密有着很深的因缘关系，这是研究宗密历史者所共知的。宗密出家后的大半生，差不多都致力于《圆觉经》的研究。他为《圆觉经》写的注疏，不仅数量惊人，对其义理的阐发，在佛教史上，也堪称独步空前。宗密先后为《圆觉经》写的注释，计有：《圆觉经大疏》三卷，《圆觉经大疏钞》十三卷，《圆觉经略疏》二卷，《圆觉经略疏钞》六卷，《圆觉经纂要》二卷，《圆觉经道场修证仪》十八卷。依据宗密在《圆觉经大疏钞》中，叙述他与《圆觉经》的因缘关系说：

> 宗密为沙弥时，于彼州，因赴斋请，到府吏任灌家，行经之次，把着此圆觉之卷。读之两三纸已来，不觉身心喜跃，无可比喻。自此耽玩，乃至于今。不知前世曾习，不知有何因缘，但觉耽乐彻于心髓。访寻章疏，及诸讲说匠伯，数年不倦。前后遇上都报国寺惟慤法师疏一卷，先天寺悟实禅师疏两卷，荐福寺坚志法师疏四卷，北都藏海寺道诠法师疏三卷，皆反复研味，虽互有得失，皆未尽经之宗趣分齐；虽逢讲者数人，亦无异萤烧妙高矣。(卍续十四・二二三 a)

这是宗密的自述。当宗密初出家时，在四川已有《圆觉经》的流传，而且讲解与注释《圆觉经》的，不乏其人。宗密对于当时弘扬《圆觉经》的“匠伯”，他都访寻亲近过；对于当时流传的《圆觉经》章疏，他也寻得四种，备作研究参考。宗密并对这四家注疏，加以评述说：“慤邈经文，简而可览；实述理性，显而有宗；诠多专于佗词；志可利于群俗。”(见上引《圆觉经大疏》；卍续十四・一二〇a）宗密的这些自述，我怀疑胡先生根本没有去看，不然，胡先生怎会轻忽无知到如此程度？

宗密对其以前的四家注疏，以惟慤疏评价最高，他在《圆觉经大疏》等屡屡引用。今就其文中注明引自惟慤疏之文，摘录如下：

（一）见于《圆觉经大疏》者：

1. 慤云：首楞叹虚空之小，圆觉嗟法性之宽，比之常谈，海形牛迹。（卍续十四·一二五 a）

2. 慤云：大士张教，绮互相承，若一人请周，余当杜述。（卍续十四·一四一 b）

3. 慤云：验今闻悟顿契佛心，方达宿因。（卍续十四·一七三 d）

4. 慤云：然觉心初建，力尚尪征（微?），理宜处静安详，方能展照。（卍续十四·一七六 b）

5. 慤云：标乎创智者，即初悟也；取静为行者，虽悟即动即静。（卍续十四·一七六 b）

6. 慤云：慧光圆发，根识俄消。（卍续十四·一七六 c）

7. 慤云：如万钧之镛，星楼受碍，摇杵一击，声振寰区。（卍续十四·一七八 a）

8. 慤云：牛迹巨海，何可校量。（卍续十四·一七九 b）

9. 懿云：意者但一人，具修三观，即名为齐。(卍续十四·一八〇d)

10. 懿云：心自取心，自成心病。(卍续十四·一八三d)

11. 懿云：然空华一揆，美恶情分。(卍续十四·一八四b)

12. 懿云：厌识流转，伏念澄神，趣寂缠空，化城非实。(卍续十四·一八四b)

13. 懿云：带能非证，示过彰非。(卍续十四·一八四c)

14. 懿云：嗟时行者，畜病为功。(卍续十四·一九〇a)

15. 懿云：心形起灭，理况空华。(卍续十四·一九二d)

16. 懿云：且世珍盈刹，能为漏果之资。(卍续十四·二〇二a)

(二) 见于《圆觉经大疏钞》者：

17. 懿云：然论周理，尽合圆修，就习引人，偏许一门之善。(卍续十五·五d)

18. 懿疏云：然因法出尘，法为舟筏。(卍续十五·一五b)

19. 慤疏总判五名云：初圆照总持，二契经宗决，三三昧根本，四寂灭常境，五真妄合分。（卍续十五·三七b）

20. 慤本文云：能招漏果之资。（卍续十五·三八a）

笔者不惮其烦，将宗密《圆觉经大疏》及其《疏钞》中，引用惟慤疏之文录出，并注明页次，用以证明宗密以前，不仅有《圆觉经》流行，而且《圆觉经》的注疏，已为宗密广泛引用，证明《圆觉经》绝非宗密伪造的。

胡先生为我国近代知名学人，其盛名享誉国内国外，过去我对胡先生治学的成就，给与很高的评价。这次有缘重读胡先生《禅学案》各文，就治史的立场而论，我对胡先生的治学方法与态度，总是感到失望的，故对其治禅宗史的成果，不能不给予重新评估。一个治史的学者，对其所研究的问题，不去广泛搜集史料，客观的研究论析，仅凭主观心态的妄测，怎能对问题有广度与深度的了解？《圆觉经》是否为伪造的经典，我想那是另一论题。纵然它是中国人伪造的，但也绝不是出自宗密之手。我们从史料上可以加以肯定的。

胡先生去世已经十多年了，我想胡先生如若尚在人间，能够读及此文，我不知道胡先生有何感想？大概只有默认治学的疏失罢了！

一九七六年十月二日写于德山寺藏经楼

（《内明》月刊）

宗密荷泽法统辨

——读《胡适禅学案》有感之二

《胡适禅学案》第二部，收录胡先生《跋裴休的唐故圭峰定慧禅师传法碑》一文。这篇文章，原载于一九六二年“中央研究院”历史语言研究所集刊第三十四本，为胡先生最后未能完篇的“遗著”。胡先生写作此文的经过，“中央研究院”黄彰健先生，在胡先生文后所作的“注释”，有明白详细的叙述：

> 去年（一九六一年）九月底，适之先生出示这篇文章及其后记，彰健读后，遂请求其同意，刊布于集刊三十三本。适之先生回信说，这只是“百忙中所写的两条笔记，如登集刊，需稍加整理，并作一篇文字。乞问槃庵兄三十三本何时须齐稿”。胡先生这封信是十月九号写的，没有好久，就心脏病作，入台湾大学医院疗治，这篇文章遂没有改写完。后

来病稍好，由医院移居台北市福州街寓所，本年二月某日返南港，到本所图书馆等处巡视，遂面嘱集刊主编，这篇文章改好后，登集刊三十四本。现在胡先生已逝世，为纪念胡先生及尊重其生前所承诺，谨征得胡先生遗著整理人毛子水先生的同意，将胡先生这篇文章连同后记，与改写未完稿，一并发表于集刊三十四本内。

…………

胡先生考论圭峰宗密的传法世系，拟将后记合并于正文内，彰健为爱惜胡先生精力，曾劝其不必。现在由胡先生改写未完稿看来，胡先生未接纳这一意见，这也正是他治学的精益求精，审慎不苟。读者如以改写未完稿对校，即可看出改写稿的确改得好。这一改写稿没有写完，真是可惜。（见《胡适禅学案》四二〇页）

从黄先生的这段注释说明，我们知道胡先生写这篇文章的经过情形，并且钦佩胡先生治学写作不苟的精神。最可惜的，胡先生这篇文章的改写稿未能完篇，而胡先生即以心脏病突发离开了这个世界，以致我们不能看到胡先生改写稿的全貌。不过，胡先生这篇文章有其完整的初稿在，我们从他的初稿中，可以知道胡先生的考论结果。明白地说，胡先生对裴休的这篇《唐故圭峰定慧禅师传法碑》文，其中叙述关于宗密的荷泽法统问题，颇起怀疑，认定这是宗密攀龙附凤捏造的世系，依据胡先生的考证，宗密应属四川净众宗的法系才对。

裴休在《唐故圭峰定慧禅师传法碑》中，叙述从荷泽神会到宗密的法系说：

> 荷泽传磁州如，如传荆南张，张传遂州圆，又传东京照。圆传大师。大师于荷泽为五世，于达摩为十一世，于迦叶为三十八世。其法宗之系也如此。(见《金石萃编》百四十;《全唐文》七四三)

裴休的这段记述，是依据宗密《圆觉经略疏钞》卷四而来的。宗密在《圆觉经略疏钞》记载他的法系说：

> 且如第七祖（荷泽神会）门下传法二十二人，且叙一枝者：磁州法观寺智如和尚，俗姓王。磁州门下成都府圣寿寺唯忠和尚，俗姓张，亦号南印。圣寿门下遂州大云寺道圆和尚，俗姓程。长庆二年，成都道俗迎归圣寿寺，绍继先师，大昌法化，如今现在。(卍续十五·一三一 c—d)

依据宗密所说的法系，是这样的：

荷泽神会——磁州智如——南印唯忠——遂州道

圆——圭峰宗密。

胡先生对于宗密自述的这一法系，持以怀疑，依他的考证，这是宗密“攀龙附凤”伪造出来的。其中的问题关键，便在磁州智如与南印唯忠身上。胡先生说：

> 第二代，据宗密说，是“磁州法观寺智如和尚，俗姓王”。此一代，现在没有资料，我颇疑心此一代是无根据的，是宗密捏造出来的。（见《胡适禅学案》三九七页）

可是，胡先生在他的改写稿中，对于磁州智如，却做了一百八十度的修正，认定有“此一代”，此一人物，不是宗密捏造的。因为胡先生读到日本宇井伯寿博士的《禅宗史研究》，宇井指出磁州智如，便是赞宁《宋高僧传》中的慈州法如，胡先生也承认宇井伯寿的此一看法。胡先生在他的改写稿中说：

> 磁州智如，我们就寻不到这个人。日本宇井伯寿先生在《禅宗史研究》（二三九—二四〇页）里曾指出，宗密说的“磁州智如”就是《宋高僧传》卷二十九杭州天竺寺道齐传后面附的“太行山法如”。我赞同宇井先生的意见，因为《宋僧传》里的法如正是慈州（即磁州）人。《宋僧传》的法如传说：

唐太行山释法如，俗姓韩（宗密说他俗姓王），慈州人也。少为商贾，心从平准。至今东京相国寺发心，依洪思法师出家。……遂往嵩少间，游于洛邑，遇神会祖师，授其心诀。后登太行山，见马头峰下可以栖神，结茅而止。有褚塾戍将王文信率众建精庐焉。刺史李亚卿命入城，不赴，示寂，报龄八十九。元和六年（八一一）三月迁塔云。

假定他死在元和五年（八一〇），他活了八十九岁，他生在开元十年（七二二）。神会在东京洛阳"定南宗是非"的时期（天宝四年到十一年，七四五—七五二）正是法如二十四五岁到三十岁，他受神会的感动是很自然的。宗密的记录有三点大不同：第一，法如不名智如。第二，法如是磁州人，在太行山的马头峰下结茅庐，不肯入城府，而宗密说住磁州法观寺。第三，他俗姓韩，不姓王。这都可见宗密并不大知道这个"磁州如"。(见《胡适禅学案》四一三—四一四页)

胡先生在初稿中持以怀疑的磁州智如，到了改写稿中便全部加以承认，并且承认他是荷泽神会门下的弟子。胡先生的这一看法改变，毕竟不失他是一个忠于治学治史的学人。不过，胡先生所指宗密的记录与《宋高僧传》

所记有三点不同，至于这三点的不同，究竟是宗密的记录错误，还是《宋高僧传》的误记？胡先生没有明确地考证出来。从胡先生的文章来看，他对赞宁的《宋高僧传》似乎特别偏爱，对其史料价值信任很高，相反地，胡先生对宗密所记的史事，却持怀疑态度，常以《宋高僧传》所记与宗密相异之处，责诸宗密，指宗密的法系为伪造的。胡先生的这一心态，我们不难了解，其目的在贯彻他治禅宗史的一向论调，和尚写的禅宗史都是伪造的，不可信任的，否定了向来的史实，成为他治学治史的创见，哗众取宠。就治史的方法而论，笔者与胡先生对史料的看法并不相同。即如胡先生所“假定”，磁州智如死在元和五年（八一〇），活了八十九岁，他生在开元十年（七二二）。宗密是生在建中元年（七八〇），死在会昌元年（八四一），活了六十二岁。以磁州智如与宗密的年龄推算，胡先生假定磁州智如死的那年——元和五年，宗密已经三十岁了。宗密的出家之年，就胡先生信任的《宋高僧传》及《景德传灯录》记载，是在元和二年（八〇七），那时宗密二十七岁。换句话说，磁州智如死，是在宗密出家后的第四年上。依据宗密在《圆觉经大疏钞》等自述，元和三年（八〇八，宗密出家的第二年），他受过具足戒，辞别其师道圆禅师，去晋谒他的师祖荆南张禅师。荆南张称许其为“传教人也”，命他去帝京参学。他去帝都途中，先到东都拜见他的师叔洛阳神照禅师。神照也称他为“菩萨人也”。由宗密的这一自述，他在受戒之后，便去亲近荆南张与洛阳神照。至于他是否曾去拜见过高龄的磁州智如，未见记载，不便妄测。关于磁州智如，宗密即使未曾见过，依据常情，他从荆南张及洛阳神照等人口中，也会听到过的。胡先生说，“这都可见宗密并不大知道这个‘磁州如’。”宗密与磁州如，为同时而稍后的人，年龄相差五十九岁，如果“宗密并不大知道这个‘磁州如’”，难道迟宗密一百三十九年出世的《宋高僧传》作者赞宁（生于唐天祐十六年，亦即后梁末帝贞明五年，公元九一九），反比宗密知道这个“磁州如”吗？胡先生所举宗密记录与《宋高僧传》的三点不同，可是胡先生对这三点不同，并未从根本上去做考证功夫，究竟是宗密错还是赞宁错？其错误的起源，是原始稿本如此，抑是以后辗转抄写或刻版印刷导致的错误，以致二者相异？在佛教的习惯上，智与法是否有互用的先例？这些才是从事历史考证的基本工作。胡先生不此之图，竟以《宋高僧传》所记而责宗密，这种治史的考证方法，是令人难以同意的。就史料的采用而论，一般治史者多以早先出现的史料为依据，而以后来的史料作参证，这是治史者的惯例。除非早出的史料有多种，所记互异；或其所记有着明显的错误与矛盾，这才采用后出的史料。磁州智如的历史并无此种情事，早先也无人对宗密所记持以怀疑，现在胡先生却发展其治史考据的创见，先对磁州智如有无此人加以怀疑，继而以《宋高僧传》而责宗密三点之异，这似乎大出一般治史者的意外了。

关于“智如”与“法如”名字相异，笔者曾与印顺导师论及此一问题，依其自古籍中所见，古人常将“智”“法”“慧”等互相用之。以宗密《禅门师资承袭图》而言，他将四祖道信门下的“牛头法融”，便写成“慧融”。熟悉禅宗历史的人，当然知道“慧融”就是“法融”。出家僧侣之名字，二名仅有一字之相异者，并且同时用之，古今不乏其例。十余年前，圆寂于菲律宾马尼拉之性愿法师，亦名乘愿，知其历史者，当然知道乘愿就是性愿。胡先生对于佛门人物历史，及其名字的习惯用法，毕竟知道有限，所以，才会对“智如”与“法如”的名字相异视为问题。如若对于佛门人物历史研究较广者，对于此类情形，自然不会视为问题了。

除了磁州智如之外，真正关涉到宗密荷泽法统的主要关键人物，便是“荆南张”了。裴休在《唐故圭峰定慧禅师传法碑》所记的“荆南张”，宗密《圆觉经略疏钞》卷四所说：“磁州门下，成都府圣寿寺唯忠和尚，俗姓张，亦号南印”。他在《禅门师资承袭图》中，记述荷泽宗的法系：神会第七——磁州智如——益州南印——东京神照……所谓“荆南张”，便是宗密所记的“唯忠和尚，俗姓张，亦号南印”。“益州南印”也就是一般所称的“南印唯忠”。

关于南印唯忠，胡先生在赞宁的《宋高僧传》中，查出“南印”与“唯忠”的传记，知道这是二个不同的人物。同时，他在《宋高僧传》里，又见到四川净众寺神会的传记（与荷泽神会为同时的人），而南印见过净众寺的神会。净众寺的神会，为无相的弟子，属于净众宗的法系。宗密与其师遂州道圆，均为四川人，而宗密对净众宗的思想与历史，了解最深。胡先生由于这一发现与联想，所以认定宗密属于净众宗神会的法系，不是荷泽神会的法统。宗密因为净众宗神会，与荷泽神会同名之故，而伪造历史，攀龙附凤，人身错认，由净众宗变成荷泽宗的法统。这是胡先生研究考证的结论。所以，他对裴休的《唐故圭峰定慧禅师传法碑》，以及宗密自己所写的法系，加以怀疑与否定。

现在我们先看胡先生对于这个问题的论述：

> 益州南印，《宋高僧传》十一，洛京伏牛山自在传后，附有南印传，其全文如下：
>
> “成都府元和圣寿寺释南印，姓张氏。明寤之

性，受益无厌。得曹溪深旨，无以为证。见（成都府）净众寺（神）会师。所谓落机之锦，濯以增妍（误作研），衔烛之龙，行而破暗。

印自江陵入蜀，于蜀江之南壖，薙草结茅。众皆归仰，渐成佛宇。贞元初年也（贞元元年当七八五）。高司空崇文平刘辟（事在元和元年，八〇六）之后，改此寺为元和圣寿，初名宝应也。

印化缘将毕，于长庆（八二一—八二四）初示疾入灭，营塔葬于寺中。会昌中毁塔。大中（中），复于江北宝应旧基上创此寺，还名圣寿。印弟子传嗣有义俛，复兴禅法焉。”

关于南印，宗密只说了很简单的几句话，很值得重引在这里做个比较。宗密说：

“磁州（智如）门下，成都府圣寿寺唯忠和尚，俗姓张，亦号南印。圣寿门下遂州大云寺道圆和尚，俗姓程。长庆二年（八二二），成都道俗迎归圣寿寺，绍继先师，大昌法化，如今现在。”

我们试用这几句话来比勘《宋僧传》里的南印传，我们就可以看出这些很重大的冲突之点：第一，宗密说南印就是唯忠，而《宋僧传》里无一字说到南印又叫做唯忠。《宋僧传》卷九另有《黄龙山唯忠传》（引文见下），宗密把两个和尚认做一个人了。

第二，《宋僧传》里明说南印的师父是（成都府）净众寺的会师，那是净众寺金和尚无相禅师的弟子神会，《宋僧传》卷九有《成都府净众寺神会传》。南印传里没有一个字提到他曾到过河北道的磁州或太行山的马头峰下去做“磁州如”的弟子。磁州在长安东北一千四百八十五里，成都府在长安西南二千三百七十九里。何以南印传里竟不提及他曾走四千里路去寻师问道呢？何以宗密竟完全不提及南印的师父是成都府净众寺的神会和尚呢？

现在让我们先看《宋僧传》里的《黄龙山唯忠传》：

“释唯忠，姓童氏，成都府人也。幼从业于大光山道愿禅师。……游嵩岳，见神会禅师，析疑沉默。处于大方，观览圣迹，见黄龙山郁翠而奇异，乃营茅舍。……独居禅寂，涧饮木食。……以建中三年（七八二）入灭，报龄七十八，其年九月迁塔云。”

这个成都府的唯忠和尚到嵩山，见过东京荷泽寺的神会和尚，后来就在黄龙山过他的“独居禅寂，涧饮木食”的头陀生活。这传里没有一个字提及唯忠又叫做“南印”，也没有提到他是“磁州如”的门下。（“黄龙山”不止一处，唯忠住的黄龙山似在北方。）

这里分明有一个“人身错认”的问题，也许还不仅仅是一个“人身错认”的问题。唯忠是东京荷泽寺神会和尚的第一代弟子，南印是成都净众寺神会和尚的第一代弟子。说“唯忠亦号南印”，就是把成都净众寺神会的一代弟子认作东京荷泽寺神会的一代弟子了。但是因为唯忠死在建中三年（七八二），南印死在长庆初（约八二一），相去四十年，所以那位“唯忠亦号南印”只好屈居东京荷泽神会的第一代弟子磁州法如的弟子，就降为第二代了。这里面的人身错认的纠纷有两个层次：表面上是把南印、唯忠两个和尚认作一个和尚，骨子里是存心要把成都府净众寺的神会和尚冒认作东京荷泽寺的神会和尚。

所以我们应该看看《宋僧传》卷九保存的《成都府净众寺神会》的略传：

“释神会，俗姓石，本西域人也。祖父徙居，因家于岐，遂为凤翔人矣。会至性悬解，明智内发，大璞不耀，时未知之。年三十，方入蜀，谒（成都府净众寺）无相大师，利根顿悟，冥契心印，无相叹曰：‘吾道今在汝矣。’

尔后德充慧广，蔚为禅宗。其大略：寂照灭境，超证离念。即心是佛，不见有身。当其凝闭无象，则土木其质。及夫妙用默济，云行雨施，蚩蚩群氓，陶然知化；睹貌迁善，闻言革非。至于廓荡昭（疑当作照），洗执缚，上中下性，随分令入。以贞元十年（七九四）十月十二日示疾，俨然跏趺坐灭。春秋七十五，法腊三十六。沙门那提得师之道，传授将来。……初会传法在坤维（坤维指西南），四远禅徒臻萃于寺。时南康王韦公皋最归心于会，及卒，哀咽追仰。盖粗入会之门，得其禅要，为立碑，自撰文，并书，禅宗荣之（韦皋与净众寺神会的关系，又见于《宋僧传》十九西域亡名传）。"

这个神会和尚原是西域人，后为凤翔人，俗姓石；那个东京荷泽寺的神会和尚是襄阳人，俗姓高。荷泽神会死在肃宗废年号的"元年"，即宝应元年（七六二），年九十三；净众神会死在贞元十年（七九四），年七十五。荷泽神会是韶州慧能大师的大弟子，净众神会是成都净众寺金和尚无相大师的大弟子。（见《胡适禅学案》四一四—四一六页）

这是胡先生对于南印唯忠的一段精辟考证。笔者不惮其烦，将它全部引录下来，未作删节，以免有割裂断章取义之嫌。从胡先生的这段考证论述之中，立论似乎非常精审，宗密的荷泽法统，便在胡先生笔下而被否定推翻了。不过，我们从历史资料来看，胡先生提出的论据，并没有能够将宗密的荷泽法统加以否定。因为，胡先生的论据，仅仅是从《宋高僧传》中查出南印与唯忠是二个不同的人物，所以，他用宗密《圆觉经略疏钞》的记述，与《宋高僧传》的南印传比勘，发现二者有很大的冲突之点。胡先生说："宗密说南印就是唯忠，而《宋僧传》里无一字说到南印又叫做唯忠。《宋僧传》卷九另有《黄龙山唯忠传》，宗密把两个和尚认做一个人了。"唯忠到底有没有另一别号叫作南印？宗密有没有将二个和尚认做一个人？这是问题的关键。胡先生对于这方面的问题，并没有去做求证工作，而轻率地加以论断，这是胡先生的治学之失。宗密在《圆觉经略疏钞》说："磁州门下，成都府圣寿寺唯忠和尚，俗姓张，亦号南印。""唯忠亦号南印"，宗密的这个记述是史实，是可信的，且有其他史料可以作证。白居易的《唐东都奉国寺禅德大师照公塔铭》说："大师号神照，姓张氏，蜀州青城人也。始出家于智凝法师，受具戒于惠萼律师，学心法于唯忠禅师。忠一名南印，即第六祖之法曾孙也。大师祖达摩，宗神会，而父事印。"（见《白氏集》七十）白居易为神照作的《塔铭》，说神照学心法于唯忠禅师，忠一名南印。这不是说唯忠也叫南印吗？神照是宗密的师叔，与宗密同为荷泽法系。神照的师父是唯忠，一名南印；宗密记他的师祖是唯忠，亦号南印，这当然是指的同一人物而言。白居易所记与宗密所记完全相同，这便是宗密“唯忠亦号南印”的史证，胡先生能够推翻这一强有力的证据，而成立自己的论据吗？宗密有没有将二个和尚认做一个人？在此也将谜底揭晓了。

胡先生对于这个问题发生的根本错误，完全由他的大意疏忽所致。我想，胡先生从《宋高僧传》中查出“成都府元和圣寿寺释南印”的传记，又见到宗密所记“成都府圣寿寺唯忠和尚，俗姓张，亦号南印”。这两个南印都姓张，裴休也记为“荆南张”。可是，胡先生在《宋高僧传》里南印与唯忠的传记中，并没有见到南印又叫唯忠，或唯忠亦名南印的记载，所以，他对宗密所记“唯忠亦号南印”起疑，而做了许多考证与论述。可惜，胡先生并没有做他的“小心求证”功夫，不知道在成都府的圣寿寺中，先后却有二个名叫南印的和尚在那里住过：一个是死在建中三年（七八二）的唯忠，一名南印；一个是死在长庆初年（八二一）的南印。这两个南印是同名而异人的，死时相去四十年。《宋高僧传》南印与唯忠的传记都很短，赞宁没有详细记载。胡先生不从其他史料上去求证，仅以《宋高僧传》为主而比勘宗密所记，难怪胡先生要走岔路，而自以为是一大发现，推翻了宗密的荷泽法统。

这里还有一个问题，宗密所记的唯忠姓张，《宋高僧传》的《黄龙山唯忠传》，却记载姓童。如果以取决多数确定唯忠的姓氏，裴休所记的“荆南张”，与宗密所记相合，所以，我们怀疑《宋高僧传》的这个童字可能是个错字。

由于“唯忠亦号南印”的问题，引起了胡先生的一大堆考证与论述。他说：《宋僧传》里明说南印的师父是净众寺的会师，那是净众寺金和尚无相禅师的弟子神会。……胡先生的这些考证一点都没有说错，只要将“唯忠亦号南印”这一根本问题明白以后，那些都不用再去论说了。胡先生论及神会，指宗密有“人身错认”的问题，我想，“人身错认”，可能不是宗密，而是我们伟大的胡适博士！

关于宗密的荷泽法统，胡先生颇为置疑。尤其唯忠与智如之间的相承问题，我们必须作一论述。磁州智如为荷泽神会的弟子，《宋高僧传》里有明白记载，胡先生也已经赞成。唯忠也到过嵩岳，见过神会禅师，《宋高僧传》中也有记载。不过，胡先生将唯忠视为神会的直接弟子，与磁州法如为同辈，这一点我们认为值得商榷。见过神会的，不一定都是他的直接弟子，也许是再传弟子。比如胡先生的再传弟子，见过胡先生之后，我们能将他的辈分提高一层吗？师徒间的认定，主要还是取决于为弟子者。宗密与裴休的记载如此，白居易作的《塔铭》记载也是如此，我想胡先生不用为唯忠的辈分而做争议了。因为胡先生毕竟是晚出一千多年的人，并没有亲自听到唯忠的陈述，而其他的文献里也没有为唯忠的辈分做翻案的记载。《宋高僧传》智如与唯忠的传记，都很短略，虽然没有记述他们相承的师资关系，但唯忠从巴蜀出来，游嵩岳求道，他与磁州法如相遇，而结成法统的相承关系，不是没有可能的！胡先生用不着对此怀疑。我在前面说过，宗密受戒之后，去见唯忠、神照，这些法统的师资相承，可能都是唯忠他们告诉他的。

唯忠的传人，是洛阳神照与遂州道圆二人，这一师资相承的系统，宗密所记，完全与白居易的《照公塔铭》所记相合，胡先生大概无法否认这一事实。尤其白居易所记："忠一名南印，即第六祖之法曾孙也。"更印证了宗密所记的荷泽宗的世代。唯忠上面是智如、神会、慧能，正好四代。而白氏又记："大师祖达摩，宗神会，而父事印。"宗密自述他是荷泽宗的第五代传人，由此更得到证实。胡先生指宗密为"攀龙附凤"，由净众宗变为荷泽宗，伪造法世，我们实在不知道胡先生的这些评论，是否闭着眼睛瞎说？一个堂堂治历史的学者，不去细心地将历史研究查证清楚，妄作论断，怎能不令我这个山居读书的穷和尚而为胡先生哀！

写到这里，我要附带论及另一问题，这是胡先生文中没有提到的，或许为胡先生尚未发现。我对《宋高僧传》所记的唯忠死年起疑。《宋高僧传》所记："以建中三年（七八二）入灭，报龄七十八，其年九月迁塔云。"如果依据这一记载推算，唯忠是生在唐中宗的神龙元年（七〇五）。唯忠的师父磁州智如（法如），依胡先生的"假定"，死在元和五年（八一〇），八十九岁，则智如是生在唐玄宗的开元十年（七二二）。以唯忠与智如的年龄相算，则唯忠大智如十七岁，比智如早死二十八年。佛门中的师徒年龄相异，早亡与后殁，这些都是常见的不成问题。但唯忠死在建中三年的记载，与神照宗密的关系就发生矛盾了。先就神照而言，白居易的《照公塔铭》说："以开成三年冬十二（八三八—八三九）示灭于奉国寺禅院，以是月迁葬于龙门山。报龄六十三，僧夏四十四。"神照死在唐文宗的开成三年，六十三岁，出家四十四年。依照此一年代推算，神照是生在唐代宗的大历十一年（七七六），出家于唐德宗的贞元九年（七九三），那年十八岁。根据神照的年龄计算，唯忠死的那年（七八二），他才七岁；十八岁他出家的时候，唯忠已经去世十二年。白居易的《塔铭》说："始出家于智凝法师，受具戒于惠萼律师，学心法于唯忠禅师。"就算神照出家的那年，同时受戒学心法（禅法），可是，那时唯忠已经物故十二年了，他又跟什么人学心法？他与唯忠荷泽宗师资相承的法统关系如何能够建立起来？这些都是显著的矛盾问题。再就宗密来说，宗密生于唐德宗的建中元年（七八〇），出家于唐宪宗的元和元年（八〇六），那时二十七岁。依据《宋高僧传》所记，唯忠死于建中三年，那年宗密三岁；宗密二十七岁出家，唯忠已经去世二十五年。宗密在《圆觉经疏钞》中记述，他出家的第二年，受戒之后，便去见“荆南张”，已经去世二十五六年的唯忠，宗密又如何能够见到呢？这些都是与事实相冲突的矛盾。我们不能根据《宋高僧传》的这一记载，而否定了白居易的《照公塔铭》与宗密自述的历史真实性，以及推翻了荷泽宗的法统相承问题，所以，我对《宋高僧传》的这一记载起疑。根据我的研究与推断，建中三年，可能是元和三年（八〇八）或长庆三年（八二三）的笔误。至少，唯忠去世不能早于元和三年，这才能与神照、宗密的历史年代相配合。假定我的这一研究推断不错，唯忠死在元和三年（八〇八），那年神照三十三岁，宗密二十九岁。宗密二十八岁受戒，去亲近唯忠，第二年唯忠就死了。唯忠死时，神照已经出家十五年了。所以他跟唯忠学心法，承继荷泽宗的法统，这才是合情合理的。

胡先生文中，除了智如与唯忠关系到宗密荷泽宗的法统问题之外，他还举出了其他许多小问题，如《禅门师资承袭图》中，有“裴休国相问”“宗密禅师答”文字，以及宗密所记“遂州大云寺道圆和尚”等。这些问题的提出，显见胡先生的常识有限，未免过于幼稚。《禅门师资承袭图》，原是宗密答裴休的一封书信，本来没有标题。宗密去世以后，后人整编他的著作，代为安立种种名称。如《林间录》卷上所收，题为《圭峰答裴国相宗趣状》，又称《草堂禅师笺要》;《禅宗纲目》里，题为《圭峰答裴休问书》。现在用的《中华传心地禅门师资承袭图》，大概是韩国人代为安立的。“裴休国相问”“宗密禅师答”，这些标题，当然是后代的编辑者代为安立的。宗密死于会昌元年（八四一），裴休做宰相是在大中六年（八五二）至十年（八五六），宗密死时，裴休尚未做宰相，“裴休国相问”，怎能看作宗密原始的记载？稍具常识者一看便知。至于“遂州大云寺道圆和尚”，据胡先生文中说：“‘大云寺’是武则天时诏令天下建立的。开元二十六年（七三八）诏令大云寺改为‘开元寺’。怎么到元和（八〇六—八二〇）长庆（八二一—八二四）的时代遂州还有‘大云寺’呢?”这更显示胡先生的常识贫乏。这里让我举个例子告诉胡先生：江苏镇江金山寺为一古寺，金山寺名字从古代叫到现在，请胡先生到金山寺门前看一看，那里不是明明写着“江天禅寺”吗？金山寺什么时候改为江天禅寺的，身边没有《金山山志》，一时无法查考，恐怕不是最近几十年的事吧！不但外人依然叫它金山寺，金山寺里面的人还是叫它金山寺。为什么大家不叫江天禅寺仍旧叫它金山寺？这是中国民族的固有习惯使然。胡先生从一个寺名的考证上相责宗密，宗密写了旧名未写新名，便对遂州道圆起疑，成了宗密伪造历史的证据，这种考证历史的治学方法，我们只有敬佩胡先生的伟大了！

从事历史的研究考证，史料的搜集固然重要，但对历史的整体观察分析，更不能忽视。不从整体着眼，只做片段的资料考证，很容易钻进牛角尖中永远走不出来，不能见到问题的全体性。胡先生这篇《跋裴休的唐故圭峰定慧禅师传法碑》，不幸竟走上这条路子。他的目的，主要否定裴休所记的宗密荷泽法系，但他不从宗密的整个历史上着眼分析研究，只从片段的资料上做考证，更被《宋高僧传》的南印唯忠史事所困扰，虽然他花了不少心力，找来一大堆资料，但对所论究的问题，并不能达到他的预期目的，这是胡先生治学常犯的毛病。

我们承认胡先生所说，佛门里有些和尚喜好攀龙附凤，伪造历史，抬高身价，但这只是极少数的人，并不是整个佛门都是如此。尤其是宗密，他没有伪造历史攀龙附凤的必要。因为，他不是一个普通无知的和尚，他的学养与声望，早为学界士林所钦重。虽然，他是教宗华严，禅传荷泽，成为华严、荷泽二宗的一代传人，但是从他的整个一生历史来看，他并没有打着一般禅者的姿态去传禅，相反地，他的一生却是着重于佛教思想理论的阐发，教义的传播，克实地说，他是一个道道地地的佛教学者。他对当时的教禅之争，写过一部庞大的《禅源诸诠集》，提出他的看法，加以调和。虽然这部伟大典籍已经失散，我们无法看到，但是从现存的《禅源诸诠集都序》的序文中，我们仍可见到他的立论思想所在。他受当时学界的敬重，皇室的礼敬，被请到皇宫里长期供养，这种崇高的荣耀，并非因为他是荷泽宗的一代传人而获得的，即使他不属于荷泽宗的人，他仍然会得到这种高度荣誉的。他能获得这种荣耀，自然有他获得的其他因素存在。所以，宗密没有伪造荷泽法统历史的必要。如果他蓄意伪造历史，而被当时的人获悉，一个为人敬重的知名宗教师，竟然做起这种不诚实的事来，这对宗密的影响何等重大？当时的学界与皇室，还会敬重供养一个不诚实的无耻和尚吗？

再就裴休而言，他与宗密相知最深，他在《唐故圭峰定慧禅师传法碑》中说："休与大师，于法为昆仲，于义为交友，于恩为善知识，于教为内外护，故得详而叙之，他人则不详。"从裴休的这几句文中，可以证实他们之间的关系深厚。依胡先生说，裴休是黄檗希运的弟子，为一虔诚的佛教徒，与出家僧侣交游甚广，对佛教法义与史实知道很多，换句话说，他与一般对佛教一无所知的文人不能同日而语。裴休为宗密作《法碑》，是在大中七年（八五三），也是他做宰相的第二年，距离宗密去世已经十三年了。从《法碑》的文字看，当然不是宗密生前相托于他的，他是为了纪念这位出家的亡友义不容辞写出的，所以，我们对于裴休的这篇文章，不能看作一般性的应酬文字，作者的写作态度，必定是谨严而认真的，他对宗密的历史，自然要查考清楚而后落笔，才能对得起他的这位相知最深的亡友。何况他以宰相之尊，撰写这篇法碑，亲书勒石，传之后世，裴休怎能不对文中的记述慎重将事？万一文中的记述与史实有所出入，为人指摘，成为虚构之事，则影响宗密事小，而影响裴休的声誉较大，裴休能够不注意这些问题吗？依据一般常情而论，裴休法碑中所记的宗密荷泽法系，应该是可信的。如果一个关系最密知交最深的人，写的历史传记都不能置信，则世间还有什么文字能够称为信史？胡先生去世以后，毛子水先生为胡先生撰写一篇传略，勒石在胡适墓园，如用胡先生的治学逻辑来说，那可能也是一篇伪造历史、攀龙附凤、不可置信的文字。纵然裴休要为宗密虚构法系，伪造历史，中唐时代，佛教中并非完全没有人才，与宗密同一法统，或相知较深的其他僧俗二众，怎能听令裴休伪造历史，而不为文予以驳斥？可是，我们在古典文献里，并没有见到对宗密荷泽法系起疑或质难的记述，我们唯一见到的，便是一千多年后胡先生这篇大文了！裴休为出家僧侣撰作碑文，并不止限于宗密一人，清凉澄观、大达端甫、黄檗希运三人的碑文，也是出自裴休之手，我不知道胡先生是否也去考证过那些碑文中有否伪造历史法系的事情？

宗密记述他的荷泽法系，是在《圆觉经》的疏钞中。《圆觉经疏钞》，成于长庆三年（八二三），这是宗密出家后的初期及中期作品，距离他去世之时，已经公开流行了十八九年，在这段时间里，并不曾有人对他的荷泽法系有指责与非议。裴休的碑文所记，与宗密全同。白居易的《照公塔铭》，也与之相符。这些都可视为宗密法统的史证。胡先生不从这些大处着眼，专从部分的片段资料作考证，见到些许的相异之处，而予全部的否定，这种治史的方法，难以令人同意的。须知写历史传记的人，并非都是受过逻辑训练，或从事历史考据的考据家，彼此所记与文字表达，怎能完全尽同？即使是一个人前后作的自传，其中可能也有些细微事情，所记亦不完全相同。治历史不从整体去着眼，专从片段的资料去考证，那是很难认识到历史的全貌的。

胡先生治历史，似乎喜爱另辟蹊径，出奇制胜，哗众取宠，这好像成了他的癖好。他在早年研究神会和尚，他对神会渲染不免过于夸大。他说：

> 神会是南宗的第七祖，是南宗北伐的总司令，是新禅学的建立者，是《坛经》的作者。在中国佛教史上，没有第二人比得上他的功勋之大，影响之深。这样伟大的一个人物，却被埋没了一千年之久，后世几乎没有人知道他的名字了。(见《神会和尚遗集》第四页)
>
> 南宗的急先锋，北宗的毁灭者，新禅学的建立者,《坛经》的作者——这是我们的神会。在中国佛教史上，没有第二个人有这样伟大的功勋，永久的影响。(见《神会和尚遗集》第九〇页)

神会在中国佛教史上，是否没有第二人比得上他的功勋之大，影响之深？他是否是北宗毁灭者？《坛经》的作者？我们冷静地从中国佛教史上研究分析，胡先生的这些话似乎都有问题。当然，神会差不多被后人遗忘了，胡先生从史籍上发现到这个伟大人物，所以夸大渲染，成为他治学研究上的创新与突破。

但是，我们客观地研究神会历史，我们对神会的看法也许与胡先生不尽相同。神会为南宗定宗旨，争法统，使南宗不致因此湮没，而能弘传于世，与北宗相抗衡，这是他的功劳。但北宗是否因此被他毁灭，这就值得研究了。北宗后来的没落，自有它没落的原因，大概不是神会力量所摧毁的，这是有历史可寻的。安史之乱，神会为国家筹募军饷，广售度牒，这是他个人对国家的贡献。后来他被请到朝廷供养，死后得到皇帝封号，这也是他个人的成功。会昌法难，虽然距离神会广售度牒有九十年，但是，法难的形成，绝对不是由单一原因而起，必定有它的远因与近因。神会广售度牒，导致僧制废弛，涌进大批僧众，品类复杂，良莠不齐，这不能说不是为会昌法难种下的远因。神会广售度牒留下的这一“后遗症”，也许他自己并不知道其结果如何。我们从整个佛教史上来看神会，他究竟是有功有过，这只有留待佛教史的评论家去作客观的评断了。今天台湾佛教界，每年都在争着传戒，滥传戒法留下的“后遗症”，又有谁知道它对佛教产生怎样的严重危险性！治历史，应该从它的整体上作多方面的观察分析，不应该局限于某一角度。对神会的看法，我们与胡先生是有一段距离的！

一九七六年十一月一日写于德山寺藏经楼

（《内明》月刊）

弥勒信仰及其应化事迹

前记

一九四九年春初，我与自立、唯慈二兄，离开了十里洋场的上海，搭乘招商局中兴轮，到台湾亲近慈航老法师。不久，浩霖兄也由常州天宁寺来台，依止慈老。我们同在慈老门下相识，订交，相聚数年。慈老寂后，我与浩霖兄各有因缘，分别离开了汐止弥勒内院。他去台北，我到新竹福严精舍编辑《海潮音》月刊，亲近印顺导师。以后，我们虽然尚能偶尔见面，但见面的机缘不多。一九六九年，浩霖兄应聘来美，于纽约成立东禅寺。东禅寺的特色，专弘弥勒法门。每逢农历初一、十五，以及星期假日，浩霖兄领导信众诵念弥勒三经，称念弥勒圣号。并且，印赠弥勒三经及弥勒圣像，海内外普遍结缘。浩霖兄来美弘扬弥勒法门，是有原因的：慈老毕生的心愿，是在弘扬弥勒法门，发愿上生兜率，觐见弥勒，再来人间，广度众生。慈老晚年，在台湾创建的道场，命名“弥勒内院”；他所写的文章，也常常署以“慈氏”笔名。由慈老的这些署名，足以知其悲愿所在。浩霖兄为了报答慈老的法乳之恩，承继其遗志，故以东禅寺为弘扬弥勒法门，用以纪念慈老。

一九七七年秋间，我来到纽约，挂单于大觉寺。有时来华埠，常到东禅寺赴斋或小住。一次，浩霖兄出示其多年来搜集之各种弥勒圣像图片，告以计划中拟编印一部《弥勒菩萨影画集》出版。此外，他还搜集了若干时人所写的关于弥勒菩萨的文字，预备印行一部弥勒专集。承蒙浩霖兄的盛意，要我写篇介绍弥勒的文字，以资弘扬弥勒法门。我与浩霖兄相识订交，算来业经三十年，无论就私谊或法谊而言，我是无法推辞的。何况，他热心弘扬的弥勒法门，旨在纪念慈老，过去我也受过慈老的法乳之恩，从这些关系来说，这篇文章我是非写不可的。不过，我不是专门研究弥勒问题的人，平日对于弥勒的资料，几乎没有搜集。只身来美，除了携带少许衣服之外，其他书籍，均未带来。加之，来美后的居住环境，也不适宜我做研究写作工作。文章虽然答应了一定要写，可是，我写什么呢？这成了精神上的一大负累。一向重然诺的我，又不能因此而食言。以后，每次与浩霖兄相见，或在电话中交谈，想不到他竟然用篮球场上“紧迫盯人”的战术，毫不放松，不断地催逼要稿。甚至逼得我向他发誓，不将这篇文章写好交卷，决不返回台湾！人是最奇怪的东西，越是没有研究的，越是不敢轻率着笔。既然接受浩霖兄的诚意相嘱，更不敢敷衍塞责。心里愈急，资料更不知道如何搜集。日子一天一天过去，我的脑际里还是一片空白，不敢动笔。直到一九七八年的初夏，我向圣严法师借到一点日文资料，商得妙峰法师的同意，到海德公园（Hyde Park）法王寺下院住了十天，写成一篇二万字的《弥勒信仰及其应化事迹》。文章虽然写好了，可是我自己并不满意。为了交差，我将这篇文章送给浩霖兄看过之后，并寄与《内明》月刊刊载。

一九七八年的下半年，我去长岛世界宗教研究院阅读敦煌胶卷，在那里住了五个月，将英国部分的敦煌卷子看完，搜集了若干资料。今年春初，结束了长岛的工作，来到东禅寺挂单，浩霖兄与我旧事重提，要我将去年写的《弥勒信仰及其应化事迹》一文，好好地修改一下，预备印成一本小册子送人。我在长岛期间，偶来华埠，与浩霖兄相见，每次他都问我在敦煌卷子里有没有见到新的弥勒资料。他对弥勒资料的关心注意，似乎到了“狂热”的程度。凡是见到弥勒的图像，或是弥勒文字的典籍，不惜一切代价，予以购置。我被浩霖兄这股精神所感动，这次在东禅寺挂单，写作敦煌文字，特地放下我的工作，将全部时间用在搜集弥勒资料上，重新改写这篇《弥勒信仰及其应化事迹》的文字。

这篇文章的文题照旧，但是内容章节增加若干，文字的数量，也从二万字增为五万字，并做了若干引证考证，与旧作不能同一而观。前后费时将近五个月，始予完成。这是应该说明的。

一、泛论弥勒

（一）弥勒名义

弥勒，为梵语梅呾丽耶（Maitreya）的略译。在汉译佛典中，Maitreya一字，有的译为“梅怛俪药”“末怛唎耶”“弥帝礼”“弥帝丽”“弥帝隶”“梅任梨”等，都是从同一梵语的音译而来。弥勒意为“慈氏”或“慈尊”。据窥基《佛说观弥勒菩萨上生经疏》所记，弥勒意为“慈氏”，具有三个意义：一、从其母亲而言：“母性慈故，因名慈氏。”窥基引《贤愚经》说：“其母素性不调，怀子以来，慈矜苦厄。”（大正三八·二七五上）这是说明弥勒的母亲，本来是个性情很坏的人，但是，自从怀孕弥勒之后，性情转为仁慈。所以，弥勒称为慈氏，是由这一因缘而来的。二、从其父亲而言：窥基《佛说观弥勒菩萨上生经疏》说："其此慈者，父王本姓；父姓母姓，俱有慈故，名为慈氏。"（大正三八·二七六上）窥基接着又引经说："慈氏本姓颇罗堕，字阿氏多。"（大正三八·二七六上）依弥勒父亲的姓氏，意即为慈。所以，弥勒名为慈氏，也是从其父亲而来。三、从弥勒自身而言：窥基《上生经疏》说："庆喜问佛：慈氏名因？佛言：过去此瞻部洲有大国王，名达磨流枝，此云法爱。尔时有佛，号曰弗沙，有一比丘入慈三昧，身相安静，放光照耀。王问此僧，何定致此？佛言：入慈定。王倍生欣跃云：此慈定巍巍乃尔！我当习之，生生不绝。往法爱王者，今慈氏是。从彼发意，常号慈氏，久习性成，佛称弥勒。"（大正三八·二七五中）这是叙述慈氏过去的因缘。他从做法爱王起，便修习慈定，入慈心三昧，生生不绝，而名慈氏。窥基又说："欲显生生常习慈行，相师立名，远符往性，今古合称，故名弥勒。"（大正三八·二七六上）《大乘本生心地观经》卷三说："弥勒菩萨法王子，从初发心不食肉，以是因缘名慈氏，为欲成熟诸众生。"（大正三·三〇五下—三〇六上）弥勒入慈心三昧，常修慈行，悲愍众生，生生世世不食众生之肉，因名慈氏。弥勒慈护众生，窥基《上生经疏》也说："宁当杀身破眼目，不忍行杀食众生。诸佛所说慈悲经，彼经中说慈悲者，宁破骨髓出头脑，不忍啖肉食众生。如佛所说食肉者，此人行慈不满足。”（大正三八·二七五下）由弥勒的这些因缘事故，故称其为慈氏。

（二）弥勒史传

关于弥勒史传，大藏经中有多种记载，其中记载最详细的，为《贤愚经》卷十二《波婆离（梨?）品》。现在根据《波婆梨品》叙述弥勒的历史。

弥勒为佛陀时代的人，生于波罗捺斯（Varanasi）国［相当现在印度的贝那奈斯（Benare）］地方，为一辅相之子。生来有三十二相，姿容挺特，父母喜爱，取名弥勒。当时国王闻之，心怀嫉妒，惧此儿长成，“名相显美，傥有高德，必夺其位”。故趁其幼时，设法除去，以绝后患。国王的这一意图，为宫中人员探悉，转告辅相。弥勒有一舅父，名波婆梨（Bāvari），在南印度波梨弗多罗国为国师。其人聪慧高博，智达殊才，有五百弟子，常随受学。辅相便将弥勒送与舅父教养，免为所害。波婆梨见弥勒容貌特殊，智慧过人，心甚爱之。因授其经，未经一年，全部通达。波婆梨为欲显扬弥勒的才慧之美，便遣一弟子，往波罗捺斯，告诉辅相，说明弥勒的种种成就，并向其索珍宝，为弥勒设大会，公开宣扬。

波婆梨派去波罗捺斯的这名弟子，在途中听人说起释迦牟尼佛的种种功德，因此，他便决定先去见佛陀，而后再到波罗捺斯。可是，他去见佛陀的途中，不幸为虎所噬。但是，因为他有一片见佛的善心，死后生到天上，成为天人。波婆梨久等他的弟子不归，并尽其所有，为弥勒设其大会，邀请婆罗门僧侣参加，敬备善食，每人供养五百金。大会结束，波婆梨的财物全部施尽。这时来了一个婆罗门，名叫劳度差的，要求波婆梨施舍。波婆梨据实相告，财物施尽，无物再施。劳度差出言相诘："听说你设会布施，我才赶来应施，为什么我来了，你以物尽而不布施？如不布施，我以法术，七日后，要你的头破七段。"波婆梨知道恶咒的厉害，但因无法布施，深为忧惧。这时他的生天弟子，从天而下，告诉其师说："劳度差不识顶法，乃一愚痴恶人，吾师不用忧惧。唯有佛陀才识顶法，为无极法王，吾师可以皈依。"波婆梨因问佛陀种种，其弟子一一称述。波婆梨听闻佛德，心生欢喜，但以年迈路远，不能去王舍城灵鹫山中瞻礼佛陀，用以致敬，特遣弥勒等十六人，前去见佛。

弥勒见到佛陀之后，相好端严，非同凡常，心生数难，以验佛陀。一、我师波婆梨为有几相？佛答：唯有二相：一发绀青，二广长舌。二、我师波婆梨今年几岁？佛答：汝师年百二十。三、我师是何种姓？佛答：汝师婆罗门种姓。四、我师有几弟子？佛答：汝师有五百弟子。佛陀所答，丝毫无差，弥勒深为惊异叹服。闻佛说法，得法眼净。十六人等，各各求佛出家，成为佛陀的常随弟子。其中十五人，证得阿罗汉果。

释迦牟尼佛的姨母——摩诃波阇波提（Mahā Prajāpati），自佛出家之后，亲手织成一顶金色袈裟，供养佛陀。佛陀命其施与众僧。摩诃波阇波提面有难色，告诉佛陀："自佛出家以后，每每思念，织成一顶金色袈裟，专心供佛，今既相见，喜发心髓，即持此衣，奉上如来，请佛受之。"佛告摩诃波阇波提："我知道姨母的心意，欲用施我，然恩爱之心，福不弘广，若施众僧，获报弥多！我知此事，故以相劝。"佛陀的姨母，只得依照佛陀的意思，将这顶精心制成的袈裟，供养众僧。可是，佛陀的常随弟子，无人敢受，唯有弥勒，毫不犹豫地接受下来。

弥勒披着这顶金色显目的袈裟，跟随佛陀与诸比丘们在波罗捺斯游化乞食。配合他庄严非凡的相貌，成为乞食群中一个特殊的标志，大街小巷的人们，围绕前后，争观其相。可是，大家因为争观其相，忘记施食给他。那时，有一穿珠师，路过其旁，见到弥勒，甚为敬慕，因问弥勒化到食否。弥勒告以"未得"！穿珠师乃请弥勒回家，设食供养，沐浴后请其说法。弥勒善于言辞，意境高远，穿珠师如沐春风，久听无厌。在此之前，波罗捺城，有一长者，欲嫁其女，乃请穿珠师穿一珠饰，先与一珠，穿就给钱十万。长者遣人取珠，穿珠师因闻弥勒说法，欲罢不能，乃命移时来取。如是三次，长者均未取得所穿之珠，因怒，将珠取回。穿珠师之妻，因之嗔恚，责其夫说，须臾之劳，得钱十万，可供家用，但听沙门说法，浮美之谈，失却如许钱财之利。其夫闻言，心怀悔恨。弥勒知意，而语穿珠师言，命其同去精舍。既至，问众僧言，若有人请一持戒清净沙门供养，所得功德利益，比得十万金若何？憍陈如（Ājñāta-kaundinya）等说："假使有人得百车珍宝，计其福利，不如请一净戒沙门，就舍供养，其利更多。"舍利弗（Śāriputra）说："设令有人得一阎浮提满中七宝，不如请一净戒者供养，获利弥多。"目犍连（Maudgalyāyana）说："如果有人得二天下满中七宝，不如请一清净沙门，在家供养，得利极多。"阿那律（Aniruddha）说："纵令得满四天下宝，不如请一清净沙门供养，得利殊倍。"因此，阿那律说明他过去供养诸佛的因缘。

阿那律叙说过去供养诸佛的情形，释迦牟尼佛恰好由外回来，听完了阿那律的说明之后，佛陀告诉比丘们说："未来的时候，阎浮提土地平坦方正，人寿八万四千岁，身高八丈，那时弥勒出生于婆罗门家，身现金色，具足三十二相，相好光明，出家学道，成等正觉，说法度生。第一大会，度九十三（元明本作‘九十六’）亿众生；第二大会，度九十六（元明本作‘九十四’）亿众生；第三大会，度九十九（元明本作‘九十二’）亿众生。这便是弥勒龙华三会说法度生的情形。不论出家在家，只要严持斋戒，焚香燃灯，大兴供养，将来定蒙弥勒化度。”

弥勒听闻释迦牟尼佛叙述之后，从座而起，长跪白佛，愿为彼弥勒世尊。佛陀说：“愿你当作弥勒如来！”因此，释尊在大众之前，为弥勒授记，当来成佛，字犹弥勒。

阿难（Ānanda）见到佛陀为弥勒授记，并说弥勒成佛，复名弥勒，不知何故，因而向佛请示弥勒名字的来源。佛陀告诉阿难说：“过去无量劫中，此阎浮提，有一大王，名叫昙摩留支，统领许多小国。其中有一小国——丰乐，国王名波塞奇，虔敬三宝。其时弗沙佛，在丰乐国度化众生，受波塞奇王供养。波塞奇因虔信佛法，未能依时向昙摩留支大王朝贡。昙摩留支遣使责问波塞奇，为何不去朝贡？波塞奇以供养弗沙佛，敬信比丘僧，无法朝贡。昙摩留支大王震怒，亲自率兵征讨。波塞奇问计于弗沙佛，弗沙佛命其如实相答。昙摩留支兵临城下，波塞奇开城相迎，以礼相见。昙摩留支问：

‘汝何所恃，违慢失常，不来朝觐？’波塞奇答：‘佛世难值，甚难得睹，顷来在国，化导民物，朝夕侍奉，故使违替。’昙摩留支大王，更加怒责，问其何以断绝献贡？波塞奇说：‘佛有徒众，名曰众僧，戒德清净，世良福田，合国所有，常用供养，无有盈长，可以为贡。’昙摩留支，闻此语后，告诉波塞奇说，让我见佛之后，乃问汝罪。昙摩留支大王，带领群臣，来到佛所，遥见大众围绕佛坐，各悉静默，端坐入定。其中有一比丘，入慈三昧，放金光明，如大火聚。因此，昙摩留支便白佛言，此一比丘，入何等定，光曜如是？弗沙佛告诉昙摩留支大王，此比丘乃入慈等定，故尔如是。昙摩留支闻后，倍增钦敬，入此慈定，巍巍乃尔，我当修习此定，入慈三昧。发此愿已，志慕慈定，意甚柔和，更无害心。”佛陀告诉阿难：“那时的昙摩留支大王，就是现在的弥勒。”弥勒从那时起，发此慈心，入慈三昧，自此以后，常字弥勒。这是弥勒成佛复名弥勒的因缘。(见大正四·四三二—四三六)

大爱道尼（摩诃波阇波提）施佛金色袈裟，以及弥勒与穿珠师的故事，除了《贤愚经》所记之外，《杂宝藏经》卷四（大正四·四七〇），也有相同的记载。《杂宝藏经》为吉迦夜与昙曜合译，文字的表达虽有若干差异，但大体上《杂宝藏经》是依《贤愚经》而来的，至少是参考《贤愚经》写成的。有关这二者的文字比较，将来另写专文论述。

《中阿含》卷十三《说本经》，记弥勒受袈裟的事，与《贤愚经》等所记稍异。《贤愚经》等记弥勒直接由大爱道尼手中接受袈裟，《中阿含·说本经》记由佛陀授与金色袈裟，根本未提大爱道尼之名。如《说本经》记：

> 尔时尊者阿难执拂侍佛，于是世尊回顾告曰：阿难！汝取金缕织成衣来，我今欲与弥勒比丘。尔时尊者阿难受世尊教，即取金缕织成衣来授与世尊，于是世尊从尊者阿难受此金缕织成衣已，告曰：弥勒！汝从如来取此金缕织成之衣，施佛、法、众。所以者何？弥勒！诸如来无所着等正觉，为世间护，求义及饶益，求安隐快乐。于是尊者弥勒，从如来取金缕织成衣已，施佛法众。（大正一·五一一上—中）

《说本经》的文字，虽然记述比较烦琐些，但弥勒的金缕织成袈裟，是由佛陀亲授的，这是非常明显。此与《贤愚经》等所记不同，也与《弥勒上生经》预记弥勒下生成佛，由迦叶尊者代佛传授衣钵的记载不同。

关于弥勒史传的资料，除了上引《贤愚经》等之外，西晋竺法护译《贤劫经》卷七《千佛兴立品》中，也有记述：

> 慈氏如来所生土地，城名妙意，王者所处，其佛威光照四十里。梵志种，父名梵乎，母字梵经，子曰德力，侍者曰海氏。智慧上首弟子号慧光，神足曰坚精进。佛在世时，人寿八万四千岁，一会说经九十六亿，二会九十四亿，三会九十二亿，皆得阿罗汉。舍利并合共兴大寺，正法存立八万岁。(大正十四·五〇下)

《贤劫经》所记弥勒的种姓，与其他大小乘经典所记相同，都是生于婆罗门家（梵志种）。不过，弥勒的父母名字，诸经所记，略有出入。《贤劫经》记为：父名梵乎，母字梵经。但竺法护所译《弥勒下生经》，父修梵多，母梵摩越。鸠摩罗什译《弥勒下生经》，父妙梵，母梵摩波提。如该经说：“其城中有大婆罗门主名曰妙梵，婆罗门女名曰梵摩波提，弥勒托生以为父母。”（大正十四·四二四中）义净译《弥勒下生成佛经》，父名善净，母名净妙。如经中颂文说：“辅国之大臣，婆罗门善净。……有女名净妙，为大臣夫人。名称相端严，见者皆欢悦。大丈夫慈氏，辞于知足天，来托彼夫人，作后身生处。”（大正十四·四二六下）东晋时代失译的《弥勒来时经》说：“有一婆罗门名须凡，当为弥勒作父；弥勒母名摩诃越题，弥勒当为其子。”（大正十四·四三四下）关于弥勒父母的译名不同，我想，大概是由同一梵文名字的不同音译与义译而来。这些，我们在汉译佛典中，可以常常见到。如：Sūtra 一名，汉译佛典中有的音译为“修多罗”“悏怛览”“修妒路”。弥勒父母的译名，大致也是如此。

说到弥勒的出生地方，《贤愚经》及《弥勒上生经》等都说，弥勒出生于中印度的波罗捺斯，但是，晋译《华严经》卷六十，与僧肇的《注维摩经》卷一，却记弥勒生于南天竺。佛驮跋陀罗译《华严经》卷六十说：

> 我（弥勒）于此阎浮提南界摩离国内，拘提聚落婆罗门家种姓中生，为欲灭彼骄慢心故，化度父母及亲族故，于中受生。善男子，我于南方随诸众生所应示现而化度之。于此命终生兜率天。（大正九·七八三上—中）

僧肇《注维摩经》卷一说：

> 弥勒菩萨，什曰：姓也；阿逸多，字也。南天竺波罗门之子。（大正三八·三三一中）

弥勒的出生地，依据经典的记载，有中印度波罗捺斯与南印度之说，这一记载的差异，我们细读《贤愚经》

的文字，大体可以了解的。《贤愚经》的记述，弥勒出生中印度，因其相貌非凡，波罗捺斯国王，因生妒忌，恐其将来夺其王位，欲加害之。其父得悉，遂将弥勒送往南印度其舅父家中居住，从舅父波婆梨就学，研习经教，居住甚久。因此之故，有些经典记载弥勒为南印度人，大抵由此而来。

弥勒为释迦之弟子，此为大小乘经论所共记。然据菩提流志译《大宝积经·弥勒菩萨所问会》说：弥勒发心学佛，原比释迦为早，其成佛亦在释迦之先，但因释迦的精进，反比弥勒早先成佛。而弥勒在最后身菩萨道中，为释迦之弟子，继释迦之后而成佛。释迦为弥勒授记成佛，佛经的记载很多。如《弥勒上生经》说：

> 尔时，优波离亦从座起，头面作礼，而白佛言："世尊！世尊往昔于毗尼中及诸经藏，说阿逸多次当作佛，此阿逸多，具凡夫身，未断诸漏，此人命终当生何处？其人今者，虽复出家，不修禅定，不断烦恼，佛记此人成佛无疑。此人命终生何国土？"
>
> 佛告优波离："谛听！谛听！善思念之！如来应正遍知，今于此众说弥勒菩萨摩诃萨，阿耨多罗三藐三菩提记。此人从今十二年后，命终必得往生兜率陀天上。"（大正十四·四一八下）

《贤愚经》卷十二说：

……于时弥勒，闻佛此语，从座而起，长跪白佛言：“愿作彼弥勒世尊。”佛告之曰：“如汝所言，汝当生彼，为弥勒如来。如上教化，悉是汝也。”……于时在会一切大众，见佛世尊，授弥勒决（记？）当来成佛。（大正四·四三五下—四三六上）

关于弥勒成佛的记载，鸠摩罗什译《弥勒大成佛经》说：

尔时弥勒与八万四千婆罗门俱诣道场，弥勒即自剃发出家学道，早起出家，即于是日初夜降四种魔，成阿耨多罗三藐三菩提。（大正十四·四三〇下）

东晋瞿昙僧伽提婆译《增壹阿含经》卷四十五说：

阿难白世尊言：如来亦说过去恒沙诸佛取灭度者，如来亦知，当来恒沙诸佛方当来者，如来亦知。如来何故不记尔许佛所造，今但说七佛本末？佛告阿难：皆有因缘本末故，如来说七佛之本末。过去恒沙诸佛，亦说七佛本末。将来弥勒出现世时，亦当记七佛之本末。……师子柔顺光，无垢及宝光，

弥勒之次第，皆当成佛道。(大正二·七九一中)

《一切智光明仙人慈心因缘不食肉经》说：

过去无量无边阿僧祇劫时，有世界名胜花敷，佛号弥勒，恒以慈心四无量法教化一切。彼佛说经名《慈三昧光大悲海云》，若有闻者，即得超越百亿万劫生死之罪，必得成佛，无有疑虑。……我今于佛法中，诵持《大慈三昧光大悲海云经》，以此功德，愿于未来过算数劫，必得成佛，而号弥勒。(大正三·四五八上)

《中阿含经》卷十三《说本经》说：

佛告诸比丘！未来久远人寿八万岁时，当有佛，名弥勒如来。……尔时尊者弥勒……即从座起，偏袒着衣，叉手向佛白曰：世尊！我于未来久远人寿八万岁时，可得成佛，名弥勒如来。……世尊（赞）叹弥勒曰：善哉！善哉！弥勒！汝发心极妙，谓领大众。所以者何？如汝作是念：世尊！我于未来久远人寿八万岁时，可得成佛，名弥勒如来。(大正一·五一〇中—下)

弥勒授记成佛，佛经中记载很多，我们引证数种如上，以见一斑。

（三）弥勒与阿逸多

弥勒与阿逸多，究竟系一人，抑系二人的问题，在佛经的记载里，颇有异说。一般所说，弥勒就是阿逸多，这是根据《弥勒上生经》等而来的。阿逸多（Ajita），在汉译佛经里，有译为阿氏多、阿恃多、阿嗜多、阿誓担、阿制多、阿迭多、阿夷多等，都是根据梵文 Ajita 音译而来。其意为无胜、无能胜、无三毒等。

记载弥勒就是阿逸多的经典，如《弥勒上生经》说：

> 优波离亦从座起，头面作礼，而白佛言："世尊！世尊往昔于毗尼中及诸经藏，说阿逸多次当作佛，此阿逸多，具凡夫身，未断诸漏，此人命终当生何处？其人今者，虽复出家，不修禅定，不断烦恼，佛记此人成佛无疑，此人命终生何国土？"
>
> 佛告优波离："谛听！谛听！善思念之！如来应正遍知，今于此众说弥勒菩萨摩诃萨，阿耨多罗三藐三菩提记。"（大正十四·四一八下）

这是记"弥勒即阿逸多"的经文。窥基的《弥勒上生经疏》解释说："阿逸多者，此云无能胜，弥勒字也；

名弥勒，字阿逸多。”（大正三八·二八六下）

吉藏《弥勒经游意》说：“或云阿逸多是名，弥勒是性（姓?）；或云阿逸多是性（姓?），弥勒是名。两释未详取舍也。”（大正三八·二六三中）

吉藏的记述，与窥基略异。窥基是记阿逸多与弥勒，一是其名，一为其字。吉藏所记，一是其名，一为其姓。此为二者之区别。然指弥勒即阿逸多之说，则二者全同。

阿逸多即为弥勒之说，除上引典籍之外，后汉时代支娄迦谶译《佛说无量清净平等觉经》，以及《法华经》的《随喜功德品》，亦有记及。

在大乘佛教的经论里，阿逸多均被视为最后身的补处菩萨，其位甚高。然在小乘佛教的经论中，则将阿逸多视为声闻比丘或尊者。如《佛说阿罗汉具德经》所记：“复有声闻，恒肃容仪，常怀欢喜，无能胜（阿逸多）苾刍是。”（大正二·八三二中）

记阿逸多与弥勒为不同之二人者，佛经中亦有其记载。如《中阿含经》卷十三《说本经》，便记阿逸多与弥勒乃为二人。根据《说本经》所记：一次，佛陀在波罗捺鹿野园中，听阿那律叙述一辟支佛的故事之后，告诉在座的诸比丘说：将来人寿八万岁时，女子到五百岁才论嫁娶，其时世间只有寒热、大小便、饮食、衰老等病，此外更无灾患。那时有一转轮王，名曰螺，聪明智慧，有四种军，统御天下。其王仁慈英明，治国谨严，布施沙门、梵志及贫穷孤独。然后剃除须发，率领族人，至信出家。着袈裟衣，勤修梵行，于现法中，自觉自证。其时有一阿夷哆尊者，向佛禀曰："愿作未来转轮王，护持佛法。"佛陀诃斥阿夷哆说："汝愚痴人，应更一死，而求再终。所以者何？谓汝作是念：世尊！我于未来久远人寿八万岁时，可得作王，号名曰螺，为转轮王，聪明智慧。"（大正一·五一〇上）佛陀又告诉诸比丘说："未来人寿八万岁时，其时有佛，名弥勒如来，所行之事，如我释迦一样，从人至天，自觉自证，具足清净，显现梵行。"当时有一弥勒尊者，从座而起，对佛白言："我愿未来人寿八万岁时，可得成佛，名弥勒如来。"因此，佛陀对大众赞叹弥勒说："善哉！善哉！弥勒！汝发心极妙，谓领大众。所以者何？如汝作是念：世尊！我于未来久远人寿八万岁时，可得成佛，名弥勒如来。"（大正一·五一〇下）依据《说本经》所记，阿夷哆与弥勒，同是释尊弟子，且系两个不同的人物。阿夷哆发愿做未来转轮王，而被佛诃斥；弥勒发愿未来成佛，便受佛陀赞叹。

除了《中阿含·说本经》之外，佛陀在《贤愚经》卷十二里，也记阿侍多与弥勒为两个不同人物。如《波婆离（梨？）品》说：

……于时弥勒，闻佛此语，从座而起，长跪白佛言：愿作彼弥勒世尊。佛告之曰：如汝所言，汝当生彼为弥勒如来，如上教化，悉是汝也。于时会中，有一比丘，名阿侍多，长跪白佛：我愿作转轮之王。佛告之曰：汝但长夜，贪乐生死，不规出耶？（大正四·四三五下—四三六上）

《大毗婆沙论》卷一七八中，论到阿氏多与弥勒的问题，所记弥勒与阿氏多的事迹，大抵与《说本经》《贤愚经》相同。唯其后面有一段问答，为《说本经》等所没有，现在引录如下：

问：阿氏多及慈氏俱求未来八万岁时身，何故世尊诃阿氏多而赞慈氏？

答：阿氏多苾刍于有起意乐、起胜解、起欣慕、起希望、起寻求，故佛诃之。慈氏菩萨不于有起意乐，乃至寻求，然于利乐诸有情事，起意乐，乃至寻求，故佛赞之。

复次，阿氏多求世间轮王位，故佛诃之；慈氏求出世法轮王位，故佛赞之。如是求流转王位，求还灭王位，说亦尔。

复次，阿氏多求自利乐，故佛诃之；慈氏求利他乐，故佛赞之。如是求自饶益，求饶益他，说亦

尔。契经虽作是说，慈氏汝于未来世人寿八万岁时，当得作佛，名慈氏如来，应正等觉，乃至广说。(大正二十七·八九四中)

依《大毗婆沙论》所记，阿氏多与弥勒（慈氏），也是二个不同人物。佛陀诃阿氏多而赞慈氏，我们从《大毗婆沙论》这段问答里，大抵可以知道其原因所在。

综观大乘经所记，阿逸多与弥勒，乃指一人；而小乘经所记，则系二人。阿逸多与弥勒，到底是一人还是二人的问题，论到这一问题，必须要从大小乘经典的思想发展演变来论述，这个问题，牵涉颇广，在此，我们只能依据经典文献的资料，作此记述，说明有此二种不同的记载，不拟作进一步的考证论究。

(四) 弥勒与弥勒论师

依据上面所引，大小乘经论的记载，弥勒为佛陀时代释尊弟子之一，其事迹，如经论中所记。佛说《弥勒上生经》时，预记弥勒于十二年后，从娑婆世界灭度，上生兜率，为兜率天众说法。等到人间人寿八万岁时，下生成佛，龙华三会，广度众生。

公元四世纪时，无著论师出现，师事弥勒。世人称弥勒为瑜伽唯识的开祖，亦名弥勒论师。无著师事的弥勒，与佛陀弟子——未来下生成佛的弥勒，究为一人，抑系二人？近代佛教学者，对此颇多异说。问题的症结，释尊弟子的弥勒，上生兜率；无著之师，传说亦在兜率。这是异说产生的根源。

关于无著之师——弥勒，在兜率天的记载，见于真谛三藏译的《婆薮槃豆法师传》(《世亲传》)，与玄奘的《大唐西域记》等。现在我们先看《婆薮槃豆法师传》所记：

> 婆薮槃豆，是菩萨根性人，亦于萨婆多部出家。后修定得离欲，思惟空义不能得入，欲自杀身。宾头罗阿罗汉，在东毗提诃，观见此事，从彼方来，为说小乘空观；如教观之，即便得入。虽得小乘空观，意犹未安，谓理不应止尔。因此，乘神通，往兜率多天，咨问弥勒菩萨。弥勒菩萨为说大乘空观。还阎浮提，如说思惟，即便得悟。于思惟时，地六种动。既得大乘空观，因此为名，名阿僧伽。阿僧伽译为无著。尔后数上兜率多天，咨问弥勒大乘经义，弥勒广为解说。随有所得，还阎浮提，以己所闻，为余人说，闻者多不生信。无著法师，即自发愿，我今欲令众生信解大乘，唯愿大师下阎浮提，解说大乘，令诸众生，皆得信解。弥勒即如其愿，

于夜时下阎浮提，放大光明，广集有缘众，于说法堂，诵出十七地经。随所诵出，随解其义，经四月夜解十七地经方竟。虽同于一堂听法，唯无著法师得近弥勒菩萨，余人但得遥闻。夜共听弥勒说法，昼时无著法师更为余人解释弥勒所说。因此，众人闻信大乘弥勒菩萨教。无著法师，修日光三摩提，如说修学，即得此定。从得此定后，昔所未解，悉能通达。有所见闻，永忆不忘。佛昔所说《华严》等诸大乘经，悉未解义，弥勒于兜率多天，悉为无著法师解说诸大乘经义，法师并悉通达，皆能忆持。（大正五〇·一八八下）

依据《婆薮槃豆法师传》记载，无著思惟空义不能得入，想欲自杀，为宾头罗阿罗汉获悉，教以小乘空观。可是，无著对小乘空观，意犹不足，因此，乘神通而往兜率天，咨问弥勒，由弥勒而说大乘空观法门。无著与弥勒的师徒关系，是由此建立的。后来，无著常往兜率天，咨问弥勒有关大乘经义，弥勒一一为之解释。无著就所知大乘法义，为众讲说，而闻者不信。因是之故，无著乃请弥勒下阎浮提，为众说法。弥勒每日夜间下来，经四个月时间，说完十七地论。弥勒下阎浮提说法，大众不能见之，唯闻其声，仅有无著得近弥勒。

《世亲传》的这一记述，近代东西方佛教学者，对之颇有争议与存疑，有人以为，弥勒下阎浮提为大众说法，唯无著一人能够近之，别人仅闻其声，这显然是无著玩弄的手法，因此，对于弥勒是否实有其人，发生怀疑。但从梵文论典观之，弥勒的论典颇多，以思想法义而分析，不能完全否认没有弥勒之存在。一般所说，瑜伽唯识之开祖弥勒论师，是否为未来成佛之弥勒？经近代学者之研究，亦有争议。玄奘《大唐西域记》卷五，亦记弥勒与无著之关系：

> 阿逾陀国……城西南五六里大庵没罗林中，有故伽蓝，是阿僧伽（唐言无著）菩萨请益导凡之处。无著菩萨夜升天宫，于慈氏菩萨所受《瑜伽师地论》《庄严大乘经论》《中边分别论》等，昼为大众讲宣妙理。(大正五一・八九六中)

《大唐西域记》所记，弥勒与无著，关系极其简单，无著夜升天宫，从弥勒受《瑜伽师地论》等，白天再为大众宣讲。玄奘是七世纪去印度的，《西域记》记载，大抵是玄奘在印度所听闻的，其事与《世亲传》所记相同。可能玄奘所记，也是源于《世亲传》而来的。

除了《世亲传》与《大唐西域记》之外，我在元魏菩提流支译的《金刚仙论》卷十里，也见到有关弥勒与无著的记载。《金刚仙论》，依大正藏所记，是“世亲菩萨造，金刚仙论师释”。该论末后记：

论主自云：此金刚般若甚深法门义释，非自智力解，乃近从尊者胡名阿僧呿（佉?）汉云无障碍比丘边闻，复远从弥勒世尊边闻。明仰推功有在，非是谬传，故言从尊者闻也。及广说者，明无障碍比丘乃是性地菩萨，多闻强记，能流通大乘，折伏外道故。弥勒世尊，愍此阎浮提人，作《金刚般若经义释》，并地持论，赍付无障碍比丘，令其流通。然弥勒世尊，但作长行释，论主天亲既从无障碍比丘边学得，复寻此经论之意，更作偈论，广兴疑问，以释此经。凡有八十偈，及作长行论释。复以此论，转教金刚仙论师等；此金刚仙，转教无尽意；无尽意复转教圣济；圣济转教菩提流支。迭相传授，以至于今，始二百年许，未曾断绝故。（大正二五·八七四下）

《金刚仙论》这段文字，显然是译者菩提流支附加的，说明该论的传承。以金刚仙论师为主，上推至无著与弥勒。弥勒愍念阎浮提众生，作此《金刚般若经义释》，一代一代传承下来。根据这段文字，我们将该论传承的系统，列表如下：

弥勒——无障碍（无著）——世亲（天亲）——金刚仙——无尽意——圣济——菩提流支

依据这个传承表看，弥勒是传与无著的，弥勒与无著之间，具有师生关系。从无著传至菩提流支，在时间上，经过二百多年。如论中说："迭相传授，以至于今，始二百年许，未曾断绝故。"菩提流支来华，是在公元五〇〇年间，我们以此上推，大体可以知道弥勒的活动时代，是在公元三世纪至四世纪之间。在此期间，弥勒造了许多著名的论典。《西域记》所记，有：《瑜伽师地论》《庄严大乘经论》《中边分别论》等。无著继之加以弘扬发挥，开创大乘瑜伽唯识学的新运动。《金刚仙论》，并未记述无著上兜率天向弥勒咨问法义。《金刚仙论》译于六世纪初，比之真谛译《婆薮槃豆法师传》与玄奘《大唐西域记》略早，就研究历史资料而论，这是应该注意的。

此外，梁代僧祐撰《出三藏记集》卷十二，萨婆多部记目录序第六，列有五十三人宗师相承的系表，其中第四十二为"摩帝丽菩萨"。"摩帝丽"便是Maitreya（弥勒）的不同音译。所以，近代日本佛教学者，有人认为，印度名叫弥勒的，先后有多人，大抵依据这些资料而来的。传授无著大乘法义的弥勒论师，是否就是佛陀预记未来自兜率下生成佛的弥勒？这是一个值得研究的问题。

我们同意日本学者的研究，"弥勒"与"弥勒论师"，不能视为一人。因为，《瑜伽师地论·菩萨地》《庄严大乘经论》《辩中边论》，近代发现其梵文本存在。西藏译的《现观庄严论》《辩法法性论》，这些属于弥勒造的大乘唯识学系的论典，其出现的时代，我们可以根据历史的记载年代，推定出来，自然不是佛陀时代的弥勒所造。既非佛陀时代的弥勒所造，当然有另一弥勒论师之存在。

二、弥勒经典之翻译

（一）各种不同之译本

弥勒，是佛陀时代的一个重要人物。佛陀在大小乘经典中，常常提到弥勒，或与弥勒互相问答。而佛陀专为称说弥勒的经典，便有多种。我们根据汉译佛经目录，以及现存的弥勒经译本，说明弥勒经的传译概况。

弥勒经典传译到中国，最早是在西晋时代。竺法护于晋惠帝（司马衷）太安二年（三〇三年）五月，译出《弥勒本愿经》《弥勒成佛经》各一卷。《弥勒本愿经》，据僧祐《出三藏记集》所记，或称《弥勒菩萨所问本愿经》。这部经，与唐代菩提流志译《大宝积经》第四十二会《弥勒菩萨所问会》，为同本异译。《弥勒成佛经》，大藏经中现在称为《弥勒下生经》。《出三藏记集》说："与罗什所出异本。”但是，隋代法经的《众经目录》却记，与罗什为“同本异译”。法经所记，是有问题的。我们对勘竺法护与罗什的译本，显然不是“同本异译”。最明显的分别，竺法护的译本，是以阿难为代表；罗什的译本，是以舍利弗为首。我们再对照每段经文，从文义上也非“同本异译”。罗什的译本，是与义净译的《佛说弥勒下生成佛经》，为“同本异译”。义净虽然是用五言偈颂形式翻译的，我们从长行与偈颂的文义对照看，二者是相合的，确为“同本异译”。

其次，传译弥勒经典来华的，为姚秦时代的鸠摩罗什。罗什是在姚兴弘始三年（四〇一）的冬天到达长安的，他在弘始四年（四〇二），译出《弥勒成佛经》与《弥勒下生经》。这二部经，收录在大正藏里。《弥勒下生经》，据智昇《开元释教录》所记：“一名《弥勒受决经》，初云大智舍利弗，与弥勒来时经同本，第四出，亦云《弥勒成佛经》，亦云《下生成佛》，或云《当下成佛》。见二秦录及《僧祐录》。”（大正五五·五一二下）我们知道，罗什译的《弥勒下生经》，另外尚有许多不同名称。就《下生经》与《成佛经》的内容比较观之，《下生经》是从《成佛经》节录出来的，同一系统，一个可以称为“广本”，一个可以称为“略本”。在大正藏里，《下生经》，易名为《弥勒下生成佛经》；《成佛经》，称为《弥勒大成佛经》。

第三个传译弥勒经典的，是刘宋时代的沮渠京声。京声为北凉河西王沮渠蒙逊的从弟，在宋孝武帝孝建二年（四五五），译出《观弥勒菩萨上生兜率天经》一卷。据僧祐《出三藏记集》（以下简称《僧祐录》）所记，此经“或云《观弥勒菩萨经》，或云《观弥勒经》”（大正五五·一三上）。但据此经经文最后所记：“此经名弥勒菩萨般涅槃，亦名观弥勒菩萨上生兜率陀天。”（大正一四·四二〇下）《僧祐录》又记：“前二观先在高昌郡久已译出，于彼赍来京都。”（大正五五·一三上）《开元录》却记：“于杨都竹园寺及钟山定林上寺，译《弥勒上生经》等二十八部。”（大正五五·五三一中）《僧祐录》与《开元录》所记，略有出入。我们根据其他史书求证，《僧祐录》所记，似乎略有错误。沮渠京声是在高昌郡获得此经的蕃本，将之带到京都译出的。这大抵是事实。

其次，北魏时代来华译经的菩提流支，他在宣武帝永平二年（五〇九），至孝静帝天平年间（五三五），译出三十多部经典，其中有《弥勒菩萨所问经》一部。据道宣《大唐内典录》所记，此经“与《大乘要慧经》同本别出，于赵欣宅译，觉意笔受”（大正五五·二六九上）。《大乘要慧经》与《弥勒菩萨所问经》，收录在大正藏第十二册与十一册里。《弥勒菩萨所问经》，编辑在

《大宝积经》中，为该经第四十一会——《弥勒菩萨问八法会》。此二经，可以称为“略本”与“广本”。前者仅二百余字，大正藏题为《佛说大乘方等要慧经》，堪称“略本”；后者二千余字，称为“广本”。此外，菩提流支所译《弥勒菩萨所问经论》九卷，并将《所问经》附录于论前。论便是解释此经的。

唐代义净法师，于武后大足元年（七〇一），译出《弥勒下生成佛经》一卷。据《开元录》所记，此经为“第六出，与罗什《弥勒下生经》等同本，大足元年九月二十三日，于东都大福先寺译”（大正五五·五六七中）。义净翻译此经，是用五言偈颂，与罗什等译本，形式稍异。

继义净之后，菩提流志来华，于唐中宗神龙二年（七〇六），至睿宗先天二年（七一三），译出《大宝积经》二十六会。并收录前人所译，编为《大宝积经四十九会一百二十卷》，其中第四十二会——《弥勒菩萨所问会》，是流志所译。按流志所译此经，与竺法护译《弥勒菩萨所问本愿经》，大体为同本异译。我们对照二经之译文，前面大部分经意相合，唯后面部分，流志译本，比法护译本，多出部分，略有差异。

除了以上所记弥勒经的译本之外，在现存的经典中，尚有一部《弥勒来时经》。此经收录在大正藏第十四册。

据《开元录》所记，此经为“第三出，与罗什、弥勒《下生经》等同本，见法上录”（大正五五·五〇九下）。至于此经的译者，《开元录》记：“前三十六部，四十二卷，并是入藏见经，莫知译主，诸失译录，阙而未书。似是远代之经，故编于晋末，庶无遗漏焉。”（大正五五·五一〇中）此经不知译主，故《开元录》归入东晋录中。

兹将以上所记，现存弥勒经典，列表如下：

一、《佛说弥勒下生经》（一名《弥勒成佛经》），西晋竺法护译。

二、《弥勒菩萨所问本愿经》（简称《弥勒本愿经》），西晋竺法护译。

三、《佛说弥勒下生成佛经》（简称《弥勒下生经》），姚秦鸠摩罗什译。

四、《佛说弥勒大成佛经》（简称《弥勒成佛经》），姚秦鸠摩罗什译。

五、《佛说观弥勒菩萨上生兜率天经》（简称《弥勒上生经》），刘宋沮渠京声译。

六、《弥勒菩萨所问经》，北魏菩提流支译。

七、《佛说弥勒下生成佛经》，唐义净译。

八、《弥勒菩萨所问经》，唐菩提流志译。

九、《佛说弥勒来时经》（简称《来时经》），附东晋录失译。

就古代经录记载观之，除了现存的弥勒经各种不同译本之外，其他尚有“著录”而“失传”的弥勒经典，兹举录如次：

一、《弥勒当来生经》。《开元录》记：“初出，与《弥勒来时经》等同本。”（大正五五·五〇二上）

二、《弥勒所问本愿经》，东晋祇多密译。《开元录》记：“与法护《弥勒本愿》及《宝积·弥勒所问会》同本，第二出，见《长房录》。”（大正五五·五〇八下）

三、《弥勒作佛时事经》。《开元录》记：“《祐录》无事字，第二出，与《弥勒来时经》等同本，见《宝唱录》。”（大正五五·五一〇中）

四、《弥勒下生经》，梁真谛译。《开元录》记：“承圣三年，于豫章宝田寺译，第五出，与罗什等出者同本。”（大正五五·五三八中）

此外，由别的经中“节录”出来，名为《弥勒经》的，据《开元录》所记，亦有二种：

一、《弥勒经》一卷。《开元录》记：“安公云：出《中阿含》（按：宋元明本作《长阿含》）。”（大正五五·五〇二上）

二、《弥勒菩萨本愿待时成佛经》。《开元录》记：“出《悲华经》。”（大正五五·五一六上）

综上所记，《弥勒经》的翻译，先后有十多种译本。将这十余种译本，加以归纳分类，可以分为三类：一是讲弥勒上生的，二是讲弥勒下生的，三是讲弥勒本愿的。记弥勒上生的，为沮渠京声译《佛说观弥勒菩萨上生兜率天经》。记弥勒下生的，有很多种不同译本，我们可以分为二类：一以大智舍利弗为代表的，二以阿难为代表的。以舍利弗为代表的，依据《开元录》卷十二与卷十四所记，计有六种译本：一、《弥勒当来生经》一卷（西晋失译）；二、《弥勒作佛时事经》一卷（东晋失译）；三、《弥勒来时经》一卷（东晋失译）；四、《弥勒下生经》一卷（一名《弥勒受决经》，姚秦鸠摩罗什译）；五、《弥勒下生经》一卷（梁真谛译）；六、《弥勒下生成佛经》一卷（唐义净译）。这六种不同译本，就大正藏所收，仅有四种译本尚在，其他二种译本业经失传了。以阿难为代表的，是竺法护译的《佛说弥勒下生经》。竺法护的译本，与东晋僧伽提婆译《增壹阿含经》第四十四卷第三经，文字完全相同。笔者做过精细的对照校勘，除了仅有极少数几字相异之外，我们可以肯定，这是同一个译本，被收录于二处的。依据道宣《大唐内典录》记载，竺法护译《弥勒成佛经》(一名《弥勒下生经》)，是在西晋惠帝太安二年（三〇三）译出的；僧伽提婆译《增壹阿含经》，是在东晋安帝隆安元年（三九七）译出的。由《内典录》记载的年代来看，显然竺法护的译本在前，僧伽提婆的译本在后，二者相距九十四年。依照一般常识推论，僧伽提婆译《增壹阿含经》，是采用竺法护的译本，代替重译。不过，这样的研究推论，大抵是有问题的。大正藏十四册所收竺法护译《弥勒下生经》，末后有一段“按语”说：

> 按《开元录》有译无本，中有法护译《弥勒成佛经》，一名《弥勒当来下生经》者，乍观此经，即彼失本而还得之，其实非也。何则？罗什译《弥勒成佛经》目下注云：与《下生经》异本，与法护译《弥勒成佛经》同本。两译一阙，则彼失本经，非此下生经六译三失之一者明矣！又按孤山智圆重校《金刚般若》后序云：古德分经皆用纸数者，一纸有二十五行，一行十七字。今捡失本《弥勒经》经目下注云：一十七纸则计有七千二百二十二（五?）字，此经只有三千一百七十六字，则尚未其半，岂是彼经欤？则丹藏无此经为得，然此经文，颇似汉晋经注。又有汉云之言，还恐此是三失本中第一本，录云今附西晋者耳。宋藏还得而编入之为得之矣，而二录并无下生经是法护译者。今云法护译者何耶？伏俟贤哲。(大正十四·四二三中)

我们细读大正藏的这段“按语”，再研究各种“经录”所记，可以得到一个具体的了解：竺法护所译《弥勒经》二种，在现存的最早经录——《出三藏记集》里，《弥勒成佛经》没有记载“一名《弥勒下生经》”，其记“一名《弥勒下生经》”，则见于后出之“经录”。因为，后出之“经录”，有“一名《弥勒下生经》”之记载，所以，才将竺法护译的《弥勒成佛经》与《弥勒下生经》误为一经，这显然是一极大错误。“按语”作者，又引孤山智圆以《弥勒成佛经》与《弥勒下生经》之字数为证，说明《弥勒下生经》，非竺法护之《弥勒成佛经》。可是，“按语”作者，尚未发现宋藏编入署名竺法护译之《弥勒下生经》，其经文与僧伽提婆译《增壹阿含经》第四十四卷第三经完全相同（见大正藏第二册，七八七页下—七八九页下）。如果能够发现此一证据，宋藏编入的《弥勒下生经》，足以证明不是竺法护译的了。

依据我的研究推论，竺法护所译《弥勒成佛经》，早经失传，后人将《增壹阿含经》第四十四卷经文录出，别为流行，视其译文，乃属两晋时代之经文，故误为法护所译。此一错误，殆为后世者所造成。《弥勒下生经》之各种译本，均系以舍利弗为代表，此经则以阿难为代表，人物相异，不能视为同本异译。又，僧伽提婆译《增壹阿含经》，计有五十卷，其中不会于四十四卷取竺法护之译文而代之，如系取法护之译文代之，僧伽提婆应有说明交代。凡是移译大部经典，为求文气一致，其中不会收录前人之译本作为代替，此为一般译经之通则。寻此思考，推论研究，宋藏所收之《弥勒下生经》，显非法护所译。这是我的看法。

《弥勒下生经》成立的时代很早，我们从《观弥勒菩萨上生兜率天经》《一切智光明仙人慈心因缘不食肉经》等，已见《下生经》的名字被引用在内，可见《下生经》的出现，早于这些经典。近代发现的梵文典籍，其中有《弥勒下生经》的梵本。除汉译《弥勒下生经》之外，尚有西藏译本、于阗语本，以及用回鹘文字书写的土耳古语本等。西藏译本与义净译本相符；于阗语本，一九一九年由 Leumann 译成德文；土耳古语本，大体是由印度语译成都货罗语（Tokhri），再由都货罗语译成突厥（Türk）语。

记弥勒本愿的，有竺法护译的《弥勒菩萨所问本愿经》，以及菩提流志译的《弥勒菩萨所问会》等。大体来说，法护与流志所译，堪称“同本异译”。

（二）弥勒三经概述

根据上一节的归纳分类，弥勒经典可以分为“上生”“下生”“本愿”三个系统，这就是所谓“弥勒三经”。论到弥勒三经成立的次第，除了《本愿经》我们无从论断，至于《上生经》与《下生经》，是先有《下生经》，而后才有《上生经》的。因为，在《上生经》中，说到弥勒未来下生成佛的事，经中已经明白地记载，“如《弥勒下生经》说”。依据这句文证，我们可以知道，《下生经》是在《上生经》之前出现的。就大小乘经中所记弥勒事迹观之，弥勒先从娑婆世界没后，上生兜率天宫，为众说法，等到人间寿命八万岁时，下生成佛。按照这样的事迹顺序，应该先有《上生经》，而后才有《下生经》的。但是，经中的记载，恰好相反。所以，近代日本学者，对《上生经》起疑，大抵基于这些理由而来。

现在，我们依据“先上生”“后下生”的次序，简介“弥勒三经”的内容大要如次：

就《上生经》所记，佛陀在舍卫国祇树给孤独园，举身放光，金光闪耀，遍满舍卫城。佛陀的常随弟子——摩诃迦叶、大目犍连、舍利弗、文殊师利等人，各各率其眷属，云集佛前，听佛说法。佛陀为他们说百万亿陀罗尼法门。弥勒菩萨，闻佛所说，当时立得百万亿陀罗尼法门。从座而起，走向佛前，行礼致敬。这时，优波离尊者，启问佛陀：“世尊！过去在毗尼（律）中，及诸经中，说阿逸多（弥勒）‘次当作佛’。阿逸多具凡夫身，未断烦恼，此人命终之时，当生何处？”佛陀答道："此人从今十二年后，命终必得往生兜率陀天。"这是弥勒上生兜率天的记述。

接着，佛陀为大众叙述兜率天上的种种庄严：当弥勒往生兜率天时，兜率天上有五百万亿天子，为了迎接这位未来的佛陀——补处菩萨（弥勒），化作五百万亿宝宫。每一宝宫，有七重围墙；每一围墙，皆由七宝所成。一一七宝，放五百亿光明；一一光明，现五百亿莲花；每一莲花，现出五百亿七宝行树。并有五百亿天女，立于树下，手提璎珞，发出微妙音声，演说不退转地法轮。另有五百亿龙王，守护宫墙。其时宫中，有一大神，名牢度跋提，从座而起，遍礼十方诸佛，发弘誓愿："若我有福，应为弥勒菩萨造善法堂，令我额上，自然出珠！"发愿之后，果然额间现出五百亿宝珠，如紫绀摩尼，表里映彻。此摩尼珠，回旋空中，化作四十九重微妙宝宫，及九亿天子，五百亿天女，天乐不鼓自鸣。天女歌舞，闻其歌者，皆发无上菩提之心。

佛陀告诉优波离说：弥勒居住的兜率陀天，是修十善报应的胜妙福处，即使我住世间一劫，广说弥勒的种种功德果报，以及行十善者，不能穷尽，现在只有为你们略而说之。如有比丘及一切大众，欲生天上，为弥勒弟子的，必须严持五戒、八斋戒、具足戒，修十善法，身心精进，一一思惟兜率天宫的妙乐。作此观者，方为正观；若他观者，则为邪观。

优波离听佛说完了兜率天上种种庄严，以及弥勒的功德福报之后，又问佛陀：弥勒何时才从阎浮提上生兜率？佛说：弥勒过去是在波罗捺国劫波利村大婆罗门家出生，十二年后二月十五日，他将从世间没故，上生兜率天。弥勒至兜率天时，昼夜说法，度诸天子；阎浮提经过五十七亿万年，他才下生人间成佛。

佛陀又说：我涅槃之后，我的许多弟子，应该勤修一切功德，读诵经典，称念弥勒名号，命终以后，上生兜率陀天，亲近弥勒。将来随从弥勒下生人间，闻其说法。凡是欲生兜率天上的人，当作是观：念兜率，持禁戒。若在一念之间，称念弥勒名号的，此人便能除却千二百劫生死之罪；但闻弥勒名字的，合掌恭敬，此人便能除却五十劫生死之罪；如有恭敬礼拜弥勒菩萨者，此人能除百亿劫生死之罪。这样闻名恭敬弥勒的人，纵或不能生天，但在未来世中，弥勒下生，于龙华树下，也能与弥勒相值，发无上心！

当时在会无数大众，听完《弥勒上生经》，欢喜赞叹，礼佛及弥勒足。佛陀最后告诫阿难："汝等慎勿忘失佛语，为未来世开生天路，示菩提相莫断佛种。此经名《弥勒般涅槃》，亦名《观弥勒菩萨上生兜率陀天》。"

这是《弥勒上生经》的大要。

说到弥勒下生成佛的问题，见于《弥勒下生经》。《弥勒下生经》，应该称为《弥勒下生成佛经》。鸠摩罗什，有二种弥勒经的译本：一是《弥勒下生经》，一是《弥勒成佛经》。《弥勒成佛经》，也叫《弥勒大成佛经》。我们对照罗什译的二种本子，可以明白地知道，《下生经》是从《大成佛经》节录出来的。一个是“广本”，一个是“略本”。我在前面说过，义净译的《弥勒下生经》，与罗什译的《下生经》，大体是“同本异译”。现在依据罗什与义净译本，简介《下生经》的内容如下。

佛在王舍城灵鹫山上，与大众比丘同住一起的时候，大智舍利弗，从座而起，向佛致敬，请问佛陀。世尊常说：弥勒将来由兜率天下生成佛，我们愿意听世尊谈谈弥勒的功德神力，国土庄严，以及众生修何施何戒何慧，才能得见弥勒？

佛陀告诉舍利弗：当四大海的海水，逐渐减少到三千由旬，阎浮提地呈现一片平坦如镜，名花软草，遍覆其上，树木繁茂，高三十里；人间寿命，活到八万四千岁，身高十六丈，智慧威德，安稳快乐。其时世间，唯有三病：即饮食、排泄、衰老。当时有一大城，名翅头末，美妙庄严，福德之人，充满其中。城近龙王宫殿，夜夜微雨，遍湿尘土。其国为转轮王所治，王名穰佉。城中有婆罗门夫妇，男名妙梵，女名梵摩波提，弥勒托生其家，以为父母。弥勒成长之后，深感世间五欲之患，出家学道，于龙华树下，成等正觉。诸天龙神，香花供养，三千大千世界，悉皆震动。

其国穰佉国王，至龙华树下，觐见弥勒，乞求出家。弥勒以其神变，王未举头，须发自落，袈裟着身，便成沙门。弥勒偕王，与八万四千大臣，及诸比丘等，恭敬围绕，同入翅头末城。弥勒之足，始入城门，娑婆世界，六种震动，阎浮提化作金色世界。弥勒端坐城中金刚法座，以大慈悲心为众说法：释迦牟尼佛，出现五浊恶世，为汝等说法，无奈汝何，教值来缘，令得见我。我今摄受是诸人等，或以衣服施人，持戒智慧，修此功德，来至我所；或以幡盖华香供养于佛，修此功德，来至我所；或以布施持斋修习慈心，修此功德，来至我所；或为苦恼众生令其得乐，修此功德，来至我所；或以持戒忍辱，修清净慈，以此功德，来至我所；或以持戒多闻，修习禅定无漏智慧，以此功德，来至我所。我当来此，度脱汝等。

弥勒于龙华树下，三会说法。初会说法，令九十六亿众生，得证阿罗汉果；二会说法，令九十四亿众生，得阿罗汉果；三会说法，令九十二亿众生，得阿罗汉果。

这是《弥勒下生经》的大要。

就《上生经》与《下生经》的内容分析观之，二者是有差异的。《上生经》，说明弥勒上生兜率内院，为天众说法，经五十六亿年后，下生阎浮提，成佛度生。《下生经》，专就弥勒由兜率内院下生人间成佛，于龙华树下，三会说法，化度释迦未度的众生。总结而论，《上生经》是建立弥勒上生的信仰，《下生经》是建立弥勒下生的信愿。

关于弥勒的本愿，据竺法护与菩提流志所译《弥勒菩萨所问本愿经》，其内容大要如下：佛陀在波罗捺国施鹿林中，与大众聚会一处，弥勒菩萨请问佛陀："菩萨应该成就几法，才能远离恶道及恶知识，很快证到阿耨多罗三藐三菩提？"

佛陀对弥勒提出的这一问题，非常称许，说他是"为欲哀愍一切，利益安乐天人世间，能问如来如是深义。"接着，佛陀告诉弥勒：菩萨成就的法，是从一法复加到十法，才能离诸恶道及恶知识，证得阿耨多罗三藐三菩提。这十位复加法的内容，是这样的：发胜意乐菩提心；修奢摩他（止）；毗钵舍那（观）；成就大悲；修习空法；于一切法不生分别；安住净戒；离诸疑网；乐阿兰若；起正见心；住于空法；不求他过；常自观察；爱乐正法；摄护于他；无有贪欲；不生嗔恚；不起愚痴；常离粗语；住于空性；心如虚空；住于正念；成就择法；

发起精进；常生欢喜；身得轻安；住诸禅定；具足行舍；正见；正思惟；正语；正业；正命；正勤；正念；正定；远离诸欲，恶不善法，安住初禅，寻伺喜乐，心一境性；远离寻伺，安住二禅，内净喜乐，心一境性；远离于喜，安住三禅，舍念慧乐，心一境性；远离忧苦，及以喜乐，安住四禅，舍念清净，无苦无乐，心一境性；超越色想无异攀缘，安住无边，虚空处定；超越无边空处定已，而能安住无边识定；超越无边识处定已，而能安住无所有定；超越无所有处定已，安住非想非非想定；超越非想非非想处定已，而能安住灭受想定；善能成就金刚三昧；成就处非处相应三昧；成就方便行三昧；成就遍照明三昧；成就普光明三昧；成就普遍照明三昧；成就宝月三昧；成就月灯三昧；成就出离三昧；成就胜幢臂印三昧。佛陀说完了这十种复加法之后，弥勒菩萨，非常欢喜，并说偈颂赞美佛陀。

那时，阿难听完了弥勒对佛陀的赞美之后，告诉佛陀："弥勒真是稀有难得，能够成就无量辩才，随顺众生心念，平等说法，不系着于文字。"

佛陀说："阿难！诚如你说。弥勒岂是今天才能在我面前说偈赞佛，他在过去无数劫中，就能以偈赞佛。"因此，佛陀为阿难叙述过去一段故事：很久很久以前，有一婆罗门子，名叫贤寿，诸相具足，非常英俊，见者欢喜。一次，见到妙音自在王如来，诸根寂静，三十二相，八十种好，庄严无比，贤寿与之相比，自惭形秽，自知不如。贤寿窃思，妙音自在王如来，具此殊胜之相，成就如是无量功德庄严，我愿未来之世，也能成就如是功德之身。发愿之后，投身于地，说："如果将来能得佛身，唯愿妙音自在王如来从我身上走过！"妙音自在王如来，深知贤寿心意，即以其足踏之而过。当下足时，贤寿便得无生法忍。妙音自在王如来回顾后面的比丘说："你们不要用脚踏过贤寿之身，这是一位大菩萨，已经证得无生法忍，成就六种神通。"贤寿即以偈颂，赞叹妙音自在王佛。

佛陀告诉阿难："贤寿获得神通，从此之后，永不复失。你知道那时的贤寿是何人？即是现在的弥勒菩萨！"

阿难又问："若照佛陀所说，弥勒早已证得无生法忍，为什么不得阿耨多罗三藐三菩提？"

佛说："菩萨有二种庄严与二种摄取。所谓摄取众生，庄严众生；摄取佛国，庄严佛国。弥勒在过去世修菩萨行，常乐摄取佛国，庄严佛国。我在过去世修菩萨行，常乐摄取众生，庄严众生。弥勒修菩萨行已经四十劫，我才发阿耨多罗三藐三菩提心，由于我勇猛精进，超越九劫，于贤劫中得阿耨多罗三藐三菩提。我能得证菩提，是能施舍所爱一切，妻子儿女，头目脑髓，王位珍宝，才能得证的。弥勒过去行菩萨道时，不能施舍手足头目，只以善巧方便，积集无上正等菩提的。”

阿难又问：“弥勒过去行菩萨道时，是以怎样的善巧方便而积集无上菩提呢？”

佛说：“弥勒过去行菩萨道，昼夜六时，于诸佛前，说偈赞佛：

我今归命礼：十方一切佛，菩萨声闻众，大仙天眼者。

亦礼菩提心，远离诸恶道，能得生天上，乃至证涅槃。

若我作小罪，随心之所生，今对诸佛前，忏悔令除灭。

我今身口意，所集诸功德，愿作菩提因，当成无上道。

十方国土中，供养如来者，及佛无上智，我今尽随喜。

有罪悉忏悔，是福皆随喜，我今礼诸佛，愿成无上智。

十方大菩萨，证于十地者，我今稽首礼，愿速证菩提。

得证菩提已，摧伏于魔军，转清净法轮，饶益众生类。

常愿住世间，无量俱胝劫，击于大法鼓，度脱苦众生。

我没于欲泥，贪绳之所系，种种多缠缚，愿佛垂观察。

众生虽垢重，诸佛不厌舍，愿以大慈悲，度脱生死海。

现在诸世尊，过去未来佛，所行菩萨道，我今愿修学。

具足波罗密，成就六神通，度脱诸众生，证于无上道。

了知诸法空，无相无自性，无住无表示，不生亦不灭。

又如大仙尊，善了于无我，无补特伽罗，乃至无寿者。

于诸布施事，不执我我所，为安乐众生，施与无悭吝。

愿我所施物，不假功用生，观察了知空，具施波罗密。

持戒无缺减，得佛净尸罗，以无所住故，具戒波罗密。

忍辱如四大，不生分别心，以无嗔恚故，具忍波罗密。

愿以身心力，发起大精进，坚固无懈怠，具勤波罗密。

以如幻如化，及勇猛精进，金刚等三昧，具禅波罗密。

愿证三明智，入于三脱门，了三世平等，具慧波罗密。

诸佛妙色身，光明大威德，菩萨精进行，愿我皆圆满。

弥勒名称者，勤修如是行，具六波罗密，安住于十地。”

佛陀告诉阿难：弥勒是以如是善巧方便，积集阿耨多罗三藐三菩提的。最后，佛陀又告诉阿难：弥勒过去修行菩萨道，曾经发过这样的愿言：“假如有众生对于淫、怒、痴的意念淡薄，成就十善，那时我便成佛——得阿耨多罗三藐三菩提。”依照弥勒的愿言，未来之世，众生成就十善，消除淫、怒、痴，弥勒便在人间成佛。这是弥勒的本愿愿力。

就《弥勒本愿经》的内容观之，其与《上生经》《下生经》之内容，显然不同。

三、弥勒信仰之兴起

（一）弥勒信仰的传入

弥勒信仰的起源，产生于印度。释尊灭后三百年间，印度一般人的信仰，唯独集中于释迦，不信其他外佛。其后，由于时代的变迁，部派佛教思想的兴起，大乘佛教的出现，信奉十方佛的多元思想，逐渐萌芽发展。竺法护译出《弥勒成佛经》，始于公元三百年间，这是中国现存翻译最早的弥勒经典。从竺法护译出的《弥勒经》，我们大抵可以推定，印度的弥勒信仰，是由公元前二百年至公元后二百年间形成产生的，这与大乘佛教的兴起，颇有相连关系。

根据近代佛教美术史的研究，佛像的发源地，是在印度有名的犍陀罗（Gandhara）地方。近代发现的犍陀罗遗物，其中便有弥勒像。犍陀罗是古代佛教美术中心，为近代考古学家研究佛教艺术的重镇。由于近代出土发现公元二世纪后期的弥勒像，我们可以推定，印度的弥勒信仰，在公元二世纪至三世纪，已经相当盛行了。犍陀罗发现的弥勒像，为数甚多，弥勒信仰，古代以西北印度为最盛。后来，随着人类文化的发展交流，弥勒信仰，从印度西北，逐渐扩展，传到中亚细亚（古代的西域）。公元七世纪初叶，玄奘经由天山南路去印度，途中所经敦煌寺，寺内便有弥勒像。唐代道世著《法苑珠林》，记述玄奘西行途中的见闻说："玄奘三藏云：西域道俗，悉为弥勒之业。"足见弥勒信仰，在西域成为普遍的信仰。

中国的弥勒信仰，无疑地，是从西域传入的。最初，《弥勒经》的翻译，是竺法护。他在西晋惠帝太安二年（三〇三），译出《弥勒成佛经》。法护的祖先，是月支人，其本人出生于敦煌，所以，一般称他为"月支菩萨"，或"敦煌菩萨"。五世纪初叶，鸠摩罗什译出《弥勒下生经》与《弥勒成佛经》，罗什是龟兹人，出生于西域，成长于西域，成名于西域。《弥勒上生经》的译者，为五世纪的北凉沮渠京声。沮渠京声为北凉王沮渠蒙逊的从弟，在于阗国研读三藏，立志于佛道。其于高昌地方，获得高昌语所译之《弥勒上生经》，将之再为汉译。初期《弥勒经》的汉译，其原本都是来自西域的，译者也是西域人。这些原本，可能不是梵文原本，而是经过西域语文转译而来的。就初期的《弥勒经》传译历史来看，中国的弥勒信仰，与西诸国的弥勒信仰，具有深厚的渊源关系，这是可以肯定的。

（二）弥勒信仰的信奉者——道安·法显·玄奘·窥基

中国信奉弥勒的、早期的著名人物，为晋朝时代的释道安（三一二—三八五）。道安是中国佛教史上早期的著名人物，对于中国佛教贡献甚大。他研究《般若经》，确立中国北方佛教的基础，其名远播西域。罗什未来中国之前，在西域早已闻知道安之名，称为“东方圣人”。道安对于汉译佛经，其意不明之处，颇难解释，欲请弥勒为之决疑，因此，发愿往生兜率。慧皎《高僧传》卷五说：“安每与弟子法遇等，于弥勒（像）前立誓，愿生兜率。后至秦建元二十一年正月二十七日，忽有异僧，形甚庸陋，来寺寄宿。寺房既迮（窄?），处之讲堂。时维那直（值?）殿，夜见此僧从窗隙出入，遽以白安。安惊起礼讯，问其来意。答云：‘相为而来。’安曰：‘自惟罪深，讵可度脱?’彼答云：‘甚可度耳。然须臾（更?）浴，圣僧情愿必果。’具示浴法。安请问来生所往处，彼乃以手虚拨天之西北，即见云开，备睹兜率妙胜之报。尔夕大众，数十人悉皆同见。安后营浴具，见有非常小儿伴侣数十来入寺戏须臾就浴，果是圣应也。至其年二月八日，忽告众曰：‘吾当去矣！’是日斋毕，无疾而卒，葬城内五级寺中。是岁晋太元十年也，年七十二。”（大正五〇·三五三中—下）又《高僧传》卷五，道安弟子昙戒的传记里也说：“事安公为师，博通三藏，诵经五十余万言，常日礼五百拜佛，晋临川王甚知重。后笃疾，常诵弥勒佛名不辍口。弟子智生侍疾，问何不愿生安养？诫曰：‘吾与和上（道安）等八人，同愿生兜率，和上及道愿等，皆已往生，吾未得去，是故有愿耳！’言毕，即有光照于身，容貌更悦，遂奄尔迁化，春秋七十。仍葬安公墓右。”（大正五〇·三五六下）由这些记载中，足以说明道安是一弥勒的信奉者。中国弥勒信仰的起源，可说是由道安及其门下开始的。

中国另一位信奉弥勒的著名人物是法显。法显于公元三九九年至四一五年，西去印度求法，他越过帕米尔高原，进入北印度的陀历国。陀历国过去有一阿罗汉，要造弥勒像，以神足力，将一位著名的雕塑家，带往兜率天上，亲睹弥勒菩萨的慈容，然后下来作像。这位雕塑家，曾经三度上兜率天，观看弥勒，完成其像。该像高八丈，足趺八尺，斋日常见光明。法显途经该国，特地前去礼拜。

法显在其《佛国记》里记述，他在瞻波国时，听“天竺道人诵经云：佛钵本在毗舍离，现在犍陀罗，若干百年，当至月支国、于阗国、屈支国、师子国、中国；

若干百年，远至中天竺。其时上兜率天，弥勒菩萨见之，叹曰：释迦文佛钵至，与诸天华香供养七日，还至阎浮提，海龙王持入龙宫。至弥勒成道时，佛钵始出，四天王献与弥勒。以贤劫千佛共享一钵。”法显当时欲写此经，天竺道人说：此无经本，我只口诵耳！由《佛国记》的这一记载，可知当时印度已有种种有关弥勒经典的传诵。

法显赴印度求法，途中亲见弥勒之像，亲闻传诵弥勒之经，其对弥勒之信奉，由此确立。不过，法显回到中国，印度与西域的弥勒信仰，早经传来。弥勒的灵验，给与五世纪中国人的信仰，有着很大的影响。中国的弥勒信仰，经过道安与法显的传播，加上《弥勒经》的译出，释迦的继承者，乃兜率天的弥勒菩萨。因此，中国人纷纷皈依信奉弥勒菩萨，形成北魏时代佛教的信仰中心——中国弥勒信仰的兴盛。

七世纪中，玄奘赴印度求法，从戒贤论师学习瑜伽唯识，遍游全印。印度的弥勒信仰，及其弥勒塑像，非常盛行。玄奘也是一个弥勒的信奉者。道宣《续高僧传》卷四，《唐京师大慈恩寺释玄奘传》，有这样的记述：“奘生常以来，愿生弥勒。及游西域，又闻无著兄弟皆生彼天。又频祈请，咸有显证。怀此专至，益增翘励。后至玉华，但有隙次，无不发愿，生睹史多天见弥勒佛。自般若翻了，惟自策勤，行道礼忏。……默念弥勒，令傍人称曰：南谟弥勒如来，应正等觉，愿与含识，速奉慈颜。南谟弥勒如来所居内众，愿舍命已，必生其中。至二月四日，右胁累足，右手支头，左手髀上，铿然不动。有问何相？报曰：勿问！妨吾正念。至五日中夜，弟子问曰：和上定生弥勒前不？答曰：决定得生。言已气绝。"（大正五〇·四五八上—中）从道宣的记述里，玄奘不仅是一个弥勒的信奉者，而且是一誓愿往生兜率天，觐见弥勒的实践者。

玄奘是一弥勒的信奉者，他的门下——窥基，也是一个虔信弥勒的人。赞宁《宋高僧传》卷四，《唐京兆大慈恩寺窥基传》说："基生常勇进，造弥勒像。对其像日诵菩萨戒一遍，愿生兜率，求其志也。乃发通身光瑞，烂然可观。"（大正五〇·七二六中）根据赞宁所记，窥基对弥勒像诵菩萨戒，且有光瑞异相可见。

窥基撰写《弥勒上生经疏》，《宋高僧传》所记，尚有一段不可思议的因缘：

> 后躬游五台山，登太行，至西河古佛宇中宿，梦身在半山岩下，有无量人唱苦声，冥昧之间，初不忍闻。徙（徒?）步陟彼层峰，皆琉璃色，尽见诸国土，仰望一城。城中有声曰：住！住！咄！基公

未合到此，斯须二天童自城出。问曰：汝见山下罪苦众生否？答曰：我闻声而不见形。童子遂投与剑，一镡曰：剖腹当见矣！基自剖之，腹开有光两道，晖映山下，见无数人受其极苦。时童子入城，持纸二轴，及笔投之，捧得而去。及旦，惊异未已。过信夜，寺中有光，久而不灭，寻视之，数轴发光者，探之，得《弥勒上生经》。乃忆前梦，必慈氏令我造疏，通畅厥理耳。遂援毫次，笔锋有舍利二七粒而陨，如吴含桃许大，红色可爱；次零然而下者，状如黄粱粟粒。(大正五〇·七二六上)

窥基作《弥勒上生经疏》，是感梦而造的。他在作《疏》期间，并且感得许多舍利。这位玄奘门下号称“百部疏主”的慈恩大师，他从弥勒信仰中，获得不可思议的瑞相感应，可以知其对弥勒信仰之深了。

弥勒信仰传入中国，盛行一段很长时期，历数世纪之久。中国人信奉弥勒的，为数甚多，以上所举，仅举其著名的几位代表而已。

(三) 弥勒像之塑造

随着弥勒信仰的传入，中国弥勒像的塑造，也相继出现。中国弥勒像塑造的依据，是来自印度与西域。根据历史文献记载，印度弥勒像的塑造，始于佛灭后四百八十年时代。法显《佛国记》所记，其赴印度途中，经过北印度陀历国，听说该国过去有一阿罗汉，欲造弥勒像，特以神通力，带一雕塑家上兜率天，亲睹弥勒容颜，而后下来造像。法显闻悉，特地朝礼此一弥勒像。造像的阿罗汉，名为呵利难陀，便是佛灭后四百八十年时代的人。从印度弥勒信仰兴起的时代观之，此一弥勒像，属于印度最早期的弥勒像了。

中国弥勒像的传入，虽无确实的年月可稽，然与《弥勒经》的传译，大抵同一时期。初期传入的弥勒像，可能来自西域，而后来自印度。根据现存的古籍记载，我们可以了解弥勒像传来的次序。唐代道世撰《法苑珠林》卷二十九记载，唐王玄策出使印度，绘摩诃菩提寺弥勒像归，该像身东西坐，身高一丈一尺五寸，肩阔六尺二寸，两膝相去八尺八寸。《大唐西域求法高僧传》卷下，灵运的传记里记载，灵运曾绘那烂陀寺弥勒像归。玄奘《大唐西域记》卷七记：战主国都城西北，“有慈氏菩萨像，形量虽小，威神嶷然，灵鉴潜通，奇迹间起”。该书卷八又记：摩揭陀国菩提树东有精舍，……“慈氏菩萨，白银铸成，高十余尺”。据唐代文献所记，印度弥勒像之传入，略比西域为迟。

弥勒像在中国塑造，为时甚早。就史籍记载，两晋时代，便有弥勒像制作之出现。慧皎《高僧传》卷五，道安传说：“前秦苻坚，遣使送外国结珠弥勒像。”《法苑珠林》卷十六说：“东晋戴颙，受友江夷之托，造观世音像，致力罄思，欲令尽美，而相好不圆，积年无成。后梦有人告之曰：江夷于观世音无缘，可改为弥勒菩萨。戴即停手，驰书报江，信未及发，而江书已至。俱于此夕感梦，语事符同。戴喜于神，应即改为弥勒，于是触手妙成。其像安于会稽龙华寺。”

就上面所记，我们知道，公元四世纪时代，中国已有弥勒像的塑造，而且，造像还有不可思议的神异之事。其时中国塑造的弥勒像，依据的形像，恐系来自西域的。

自从《弥勒经》的译出，弥勒信仰的传入，中国信奉弥勒的人，愿求上生兜率净土者日众，因此，在中国佛教发展史上，形成了弥勒信仰的兴盛时代。弥勒像之制造，以及以弥勒为名的建筑物出现，在历史的文献上，记载极多。现在，我们且从古典的文献中，先看南朝时代的记述。

梁代宝亮撰述的《名僧传抄》记载：“刘宋文帝（刘义隆）元嘉九年（四三二），法祥建弥勒精舍。元嘉十六年（四三九），龙花寺道矫，罄率衣资，造夹苎弥勒佛倚像一躯，高一丈六尺。废帝（刘昱）元徽五年（四七七），僧业建慈氏寺。昙副舍赀财，造弥勒像；又梦弥勒佛，手摩其顶，天香幡气，神龙现体，一二年中，灵应相袭。智严受具足戒后，恐不得戒，上兜率问弥勒，弥勒告以得戒。”（见卍续一三四册）

宝唱的《比丘尼传》卷二记载：“慧玉于元嘉十四年（四三七）十月，为苦行斋七日，乃立誓言：若诚斋有感，舍身之后必见佛者，愿于七日之内见佛光明。五日中宵，寺东林树，灵光赫然，即以告众，众皆欣敬加悦服焉。寺主法弘，后于光处，起立禅室。初，玉在长安，于薛尚书寺见红白色光，烛曜左右，十日小歇。后六重寺沙门，四月八日，于光处得金弥勒像，高一尺云。”（大正五〇·九三七下—九三八上）

《比丘尼传》又记：“道琼，年十余，博涉经史，成戒已后，明达三藏，精勤苦行。晋太元中，皇后美其高行，凡有所修福，多凭斯寺。富贵妇女，争与之游。以元嘉八年（四三一），大造形像，处处安置。……瓦官寺弥勒行像一躯，宝盖璎珞。”（大正五〇·九三八上）

慧皎《高僧传》卷十三记：僧护，会稽剡县人。后居石城山隐岳寺，寺北有青壁，高数十丈，中央有如佛光之形。僧护发愿，镌造十丈石佛，以拟弥勒千尺之容。于齐明帝建武年间（四九四—四九八），招结道俗，开工雕凿，仅成其面，僧护遘疾而亡。后有沙门僧淑，纂袭遗功，而资力莫由，未获成遂。梁武帝天监六年（五〇七），由始丰令吴郡陆咸，告于建安王，王禀于武帝，武帝乃命僧祐律师专任像事。以天监十二年（五一三）春就工，至十五年（五一六）春完成。世称三世佛，或剡县大佛。

二十五史《宋书》作者——沈约，为梁昭明太子造石弥勒而作《弥勒赞》一首，收录《广弘明集》卷十六，录之如下：

弥勒赞　　皇太子造石弥勒太官令作赞

乘教本一，法门不二，业[①]基累明，功由积地。眇眇长津，遥遥遐裔[②]。道有常尊，神无恒器。脱屣王家，来承宝位，慧日晨开，香雨霄坠。藉感必从，凭缘斯至，曰我圣储，仪天作贰。尚相[③]龙柯，瞻言思媚，镌石图微[④]，雕金写秘。望极齐工，攀[⑤]光等邃。超矣废[⑥]臻，融然理备，敬勒玄踪，式传遐懿。(大正五二·二一二中)

注：

①“业”，宋、元、明本作“邺”。

②“裔”，宋、元、明本作“辔”。

③“相”，宋、元、明本作“想”。

④“微”，宋、元、明本作“徽”。

⑤“攀”，元、明本作“举”。

⑥“废”，宋、元、明本作“臻”。

道宣《续高僧传》卷十七记载，陈代慧思禅师，梦见弥勒说法，并造弥勒像供养。后来，又梦见随从弥勒与诸眷属，同会龙华。(大正五〇·五六二下)

南朝时代，由于弥勒信仰的盛行，弥勒像的塑造，风行一时。以上所举，仅就见到的部分文献资料，予以记述，其他未能见到的文献，或文献未予记载的，更不知若干。

现在再看北朝时代的弥勒造像。所谓北朝时代，主要乃指由鲜卑族建立的北魏时代。从中国佛教发展史看，北魏时代，是中国佛教盛行的时代，弥勒信仰的传入，从接受、奠基，到普遍兴盛，也是在这一时代。历史上有名的“云冈石窟”与“龙门石窟”，这些举世闻名的佛教艺术宝库，便是在北魏时代开凿的。

云冈石窟主要洞窟的开凿，是从北魏文成帝（拓拔濬）的和平年间（四六〇—四六五）到孝文帝（元宏）的太和十八年（四九四)，三十多年中开凿完成的。这些石窟，可以分为三期：第一期的石窟，是在文成帝即位以后，恢复佛教，由昙曜负责开凿的，也称为昙曜五窟。据《魏书释老志》所记：“和平初，……昙曜白帝，于京城西武州塞，凿山石壁，开窟五所，镌建佛像各一，高者七十尺，次六十尺，雕饰奇伟，冠于一世。”这五窟，就是现在云冈石窟中编号的第十六至二十窟。

北魏时代雕塑的佛像，是以三世佛（过去、现在、未来）为主。云冈石窟里的佛像，也不例外。过去佛是多宝佛，现在佛是释迦佛，未来佛是弥勒佛。因为弥勒是三世佛之一，所以，云冈石窟的弥勒像，也就成为雕凿的主像。从昙曜五窟观之，第十六窟主像是释迦佛的立像，高十三点五米。第十七窟的主像是三世佛，正中是交脚弥勒坐像，高十五点六米。第十八窟至二十窟，主像都是三世佛，正中以释迦像为主。

云岗第二期石窟的开凿，大约是在公元四六五年至四九四年，也就是文成帝到孝文帝之间。这一期开凿的石窟很多，依据现在洞窟的编号，为：第一、第二、第三、第五、第六、第七、第八、第九、第十、第十一、第十二、第十三，共计有十二个洞窟。这些洞窟里的佛像，大多也是以三世佛为主。如第一窟的主像，便是弥勒，第二窟是释迦。在第三窟中，前室上部左右各雕一塔，中间凿方形石室，主像为弥勒。第五、第六两窟，为一组双窟，中间以三世佛为主像。第六窟中，后室正中凿出方形塔柱，高约十五米。塔柱下面四层大龛，南面雕坐佛像，西面雕倚坐佛像，北面雕释迦、多宝对坐像，东西雕交脚弥勒像。第七、第八一组双窟，这两窟的主像，都是三世佛。另在这两窟的石壁上，并有佛装的交脚弥勒等像。第九、第十这一组双窟，第九窟的主像是释迦，第十窟的主像为弥勒。从十一窟到十三窟，也是一组，十一窟中心立塔柱，塔柱四面各雕上下龛，南面上龛为弥勒，其他都是释迦立像。十二窟分为前后两室，后室后壁分上下龛，上龛主像为弥勒，下龛为释迦与多宝。十三窟的主像是弥勒。

第三期石窟的开凿，是在公元四九四年孝文帝迁都洛阳以后开始的。这一期的主要洞窟，分布在第二十窟以西。第四、第十四、第十五三窟，也是这一期凿成的。第四窟的中央，凿出方柱，柱身四面都雕刻立佛像。第十四窟内多为千佛龛，正壁正面原雕千佛立柱，后壁主像为弥勒。第十五窟是一典型的千佛洞，四壁皆千佛，后面有弥勒龛，东西壁有释迦龛。十五窟的附窟中，有三尊精美的雕像，一九三四年，被人盗凿出国，现在陈列在纽约艺术博物馆内，前年我曾去参观过。

综计云冈石窟的主窟与副窟雕凿的弥勒像，大小统计，约有数百之多。弥勒信仰的盛行，由雕凿的弥勒像观之，可以想见其盛况了。

公元四九四年，北魏政府，从平城迁都洛阳，在洛阳南方黄河支流伊水河畔的龙门山上，大规模的营造石窟，雕凿佛像，这便是饮誉世界艺林的“龙门石窟”。这一石窟的营造，一直延续到隋唐时代。现存的二十五窟，如古阳洞及其他诸窟，其中的弥勒像，大小有数百尊之多，都是在太和、景明、永平、延昌、神龟、正光、孝昌、武泰、建明、永熙等年间雕凿的，并有铭文记述。龙门石窟的造像，根据其铭文所记，共有大小九万七千余尊石佛，与二千造像。从龙门石窟的铭文观之，我们知道，自公元五世纪末叶到八世纪之间，中国佛教信仰的盛况及其演变。

初期龙门石窟的造像（即五六世纪的造像），还是继承了云冈石窟的风格，以所谓三世佛为主，释迦与弥勒像，占其绝对多数。但是，进入七世纪以后，弥陀信仰逐渐在中国盛行，龙门石窟的造像，随着民间信仰的转移，大量雕凿弥陀像，弥陀像形成了压倒性的多数。由这一造像的演变，我们明白地知道，中国佛教由原先的弥勒信仰，进入隋唐时代之后，已经逐渐被弥陀信仰所取代。我们根据佛教美术史的记载，就龙门石窟的造像，做一分期的统计。现在列一简表如下：

佛像	北魏（495—535）	唐（高宗至武后 650—704）	合计
无量寿	八	○	八
阿弥陀	○	一一○	一一○
弥勒	三五	一一	四六
释迦	四三	九	五二

除了“云冈”与“龙门”的弥勒造像，在北魏时代，还有许多弥勒造像的记载。山东历城县的黄石崖，于孝昌、建明年间，同在千佛山雕凿弥勒像；天平年间，又在千佛山的龙洞，造弥勒像。这些是有铭文记载的。其他没有铭文记载的，雕凿的弥勒像，不知若干。

道武帝（拓拔珪）登国五年（三九〇）三月，开始制造铜质的小佛像，佛像刻有铭文。太武帝（拓跋焘）太平真君六年（四四五），凉王沮渠安周，命法铠监造弥勒大石像，立一造像石碑（此碑近在吐鲁番附近的火州地方出土发现，为德国柏林聚珍馆所藏）。此一石像，大抵是在云冈石窟开凿以前建造的。宣武帝（元恪）永平三年（五一〇），比丘尼法庆，造弥勒像，有铭文记载其事。

北魏时代，弥勒信仰的兴盛，与北方民族的文化思想具有相当关系。北方民族的朴实，重于现世，向往天道，这是主要因素。孝文帝（元宏）太和十九年（四九五），长乐王夫人，为亡媳造弥勒像，其铭文中说：“若媳子再生，生天上诸佛之所。”皇室如此，其他一般百姓，自然也不例外。任何一族，对其祖先或同辈死者，愿其生于天上，其思想是相同的。所以，北方民族的生天思想，非常浓厚。

北方民族，以六道轮回中的天道与人道，视为人天的胜处，对于过去世的父母师长，希望生到兜率天上；如生人间，则在名门贵族受生，获得高官显爵，富贵终身。弥勒菩萨住于兜率天上，天趣的福德快乐，为诸神菩萨所共享受，这对北方民族，形成强有力的诱惑。弥勒信仰成为北魏时代的信仰中心，是有其原因的。

南北朝时期，是中国佛教发展成长的重要时代。弥勒像的建造，蔚为一时风尚。由于弥勒像的建造，并有弥勒誓愿文字的撰述。如僧祐《出三藏记集》卷十二，《法苑杂缘原始集目录序》，所举目录，便有宋明帝初造《龙华誓愿文》，周颙作《京师诸邑造弥勒三会记》，齐竟陵文宣王《龙华会记》。弥勒信仰在中国的发展盛行，南北朝时期，到达一个极盛的最高峰时代。

中国弥勒像的建造，除了上述之外，我们从其他的典籍里，还能见到若干记载。兹记述如下：

法琳《辩正论》卷四记：北齐时代晋昌王唐邕，在平阳建大宁国寺，铸造弥勒金像一尊，高七尺。又，同书卷三记：陈朝时代尚书仆射江总，于匡山建造弥勒像一尊，高八十尺。

道宣《续高僧传》卷十九记：隋代智周，造丈六夹纻弥勒像一尊。又，同书卷十四记：唐代慧颧，于远行、龙泉二寺，各造金铜弥勒像一尊，高一丈五尺。

赞宁《宋高僧传》卷二十六记：唐代慧云，于中宗

（李显）神龙二年（七〇六），往濮州报成寺，发愿为国摹写弥勒像，高一丈八尺。又，同书卷二十七记：唐代法兴，于五台山佛光寺，修建三层七间弥勒大阁，高九十五尺，中供弥勒圣像等七十二尊。

志磐《佛祖统纪》卷四十记：唐开元十八年（七三〇），沙门海通，于四川嘉州大江之滨，凿石为弥勒佛像，高三百六十尺，覆以九层之阁，其寺曰陵（凌?）云。又，同书同卷记：唐昭宗（李晔）景福元年（八九二），吴越王钱镠，于剡县石城山，建瑞相寺，以奉弥勒三生石像。

现存于山东历城县玉函山，有弥勒像数尊，为隋代开皇年间所造，有铭文记载。

河南清化镇石佛堂，有唐高宗（李治）仪凤三年（六七八）雕刻的弥勒像一尊。又，龙门智运洞，存有弥勒倚像五百尊。其铭文记载："大唐永隆元年（六八〇）岁次庚辰九月三十日处贞敬造弥勒像五百区。"

山西太原石壁山永宁寺，有铁铸弥勒像一尊。其铭文所记：此像为唐玄宗（李隆基）开元二十六年（七三八）铸造。

《金石目》卷六记载，唐敬宗（李湛）宝历二年（八二六），山西凤台，塑造弥勒上生变相图。

敦煌千佛洞，发现有弥勒下生图（此图为绢本着色，铭文与罗什传译之《弥勒下生经》相合)。图中为蠰佉王及婆罗门女等，听闻弥勒说法之相。

从以上古籍文献所记，中国弥勒像的建造，在南北朝之后，盛行过一段相当时期。由单纯的弥勒像建造，而到弥勒上生与下生图的出现，以及唐代的“弥勒上生经变文”制作，弥勒信仰，依然根深蒂固的潜藏在民间。

弥勒信仰，与弥勒像建造，不仅在中国兴盛了很久，由中国传到朝鲜与日本的佛教，自然也受到中国的影响。我们从朝鲜与日本的古籍里，可以知道弥勒信仰及弥勒像建造的盛行情形。兹就朝鲜与日本弥勒及弥勒寺院的建造，略记如下：

在朝鲜，弥勒信仰盛行很早，《三国遗事》卷二记：百济武王，于全罗南龙华山，造弥勒三会殿，名弥勒寺。又，同书卷三记：新罗景德王，在唐广德二年（七六四)，创建大伽蓝，名白月山南寺，在金堂里安置弥勒塑像，额为“现身成道弥勒之殿”。又，忠清南道灌烛寺，有石造弥勒像，为高丽光宗十九年（九六八）慧明造立，高约六十五尺。全罗北道金山寺，弥勒殿本尊，为铜质铸造，高达三十尺。此外，朝鲜尚有许多弥勒像，无法一一记述。

至于日本，根据《日本书纪》卷二十载，敏达天皇十三年（五八四）九月，百济国派鹿深臣赴日本，献弥勒石像一躯，苏我马子将之安置于石川之宅（飞鸟石川精舍），此为弥勒像传入日本之始。

《扶桑略记》卷三，推古天皇十一年（六〇三）十一月，秦川胜从圣德太子拜授弥勒像，创建蜂冈寺。

《扶桑略记》卷五，天智天皇七年（六六八）正月，近江崇福寺金堂，安置丈六弥勒像。

《笠置寺缘起》，天智天皇之皇子，在笠置山岩壁，凿刻五丈高弥勒石像。

《元兴寺缘起》，元明天皇和铜二年（七〇九），该寺金堂安置丈六弥勒像。

《法隆寺伽蓝缘起》，元明天皇和铜四年（七一一），该寺五重塔内，造弥勒净土塑像。

《兴福寺缘起》，元正天皇养老五年（七二一）八月，该寺金堂及北圆堂，造弥勒净土与弥勒像。

《南都唐招提寺略录》，淳仁天皇天平宝字三年（七五九）八月，该寺讲堂安置丈六弥勒像。此像为唐代法力塑造。

《西大寺资财流记账》，称德天皇天平神护元年（七六五）六月，该寺弥勒金堂，塑造丈六弥勒像，及菩萨、罗汉、天人、天女、龙神等像数十躯。

《诸寺缘起集》，光仁天皇宝龟八年（七七七），开成皇子等，在摄津三岛郡，建立弥勒寺。

《三塔诸寺缘起》，淳和天皇天长元年（八二四），为弘法护国，在延历寺大讲堂，安置弥勒像。

《法成寺金堂供养记》，后一条天皇治安二年（一〇二二）七月，该寺金堂安置二丈金色弥勒像。

《扶桑略记》卷二十八，后一条天皇万寿四年（一〇二七）三月，延镜在近江关寺，供养五丈之弥勒像。又，同书卷二十九，后三条天皇延久二年（一〇七〇）十二月，在圆宗寺讲堂，安置丈六弥勒像。

此外，弥勒像与释迦像合绘的壁画等，各寺院为数甚多，不尽列举。密宗传入日本之后，在胎藏界曼荼罗，更有许多弥勒的不同形态图像，在此不予列举。

四、弥勒信仰之式微

（一）下生思想之曲解

自公元四世纪初起，弥勒信仰传来，直至公元八世纪，在此四百年间，是中国弥勒信仰的鼎盛时代。公元八世纪以后，弥勒信仰逐渐式微。弥勒信仰的式微，根本的主要原因，是一部分人对弥勒下生思想的曲解。由于对弥勒下生思想的曲解，而被一班不肖之徒加以利用，从纯宗教的信仰，沾染了政治色彩，而导致其式微。

依据《弥勒上生经》所记，弥勒在兜率天宫为天众说法，要经过人间五十七亿多万年，人类的寿命延长到八万四千岁时，弥勒才下生人间成佛，三会度生。弥勒下生的目的，旨在度化释迦未度尽的众生，将娑婆世界化为清净佛土。可是，一部分人不能熟记此一经文，而被不肖者加以曲解与利用，谓弥勒即将下生成佛。弥勒下生成佛，是由弥勒来主化这一世界。因此，一般对现实政治不满的人，便假借此说，以讹传讹，制造许多政治暴动。我们从史籍的记载里，可以见到许多。

北魏宣武帝延昌四年（五一五），沙门法庆（比丘尼），善幻术，自称大乘，得冀州豪族李归伯信之。其地方刺史凶残失政，天灾多苦，一般人士多信法庆幻术。因此，法庆遂令部下服药狂乱，传言：杀一人者，为一住菩萨；杀十人者，为十住菩萨。杀之愈多者，则菩萨品位愈高。当时从而蜂起之所谓“大乘贼”，为数五万，演变为政治暴动的杀人集团。杀县令，毁寺院，杀僧尼，胡作非为。北魏政府，派遣军队十万，激战四月，始被敉平。河北一带，死者数万，状极凄惨。法庆领导的所谓“大乘贼”，其口号是：“新佛出世，除去旧魔。”所谓新佛——弥勒，当然就是指的法庆。因为新佛的出世，所以要除去一切旧有的统治支配者及僧尼等一切魔性，以实现其理想国土。这是利用弥勒下生之名，集合民众作乱的一例。

隋炀帝大业六年（六一〇）元旦，白衣持香花一团，称弥勒佛出世，杀卫士，从洛阳建德门乱入，此事株连千余家。又，大业九年（六一三），宋子贤作乱。宋为河北唐县人，善幻术，自称弥勒佛出世。于其住宅堂上，悬镜一面，画一蛇形于纸上，有人来观，转镜示现种种形像，谓有罪之人，应礼拜忏悔，妖言惑众，而行诈术，日得信者数百人。后谋反乱，袭炀帝行列，失败被诛。同年陕西扶风县沙门向海明，称弥勒化身，集众谋反，自号皇帝，改年号“白乌元年”，旋被讨灭。

入唐之后，武后迷恋政治，篡夺皇位，亦借用弥勒下生之名而行之。载初元年（六九〇），武后命人于洛阳禁中道场，作谶文附于《大云经》内，称武后为弥勒佛下生，作阎浮提之主，由是收揽人心。此一计划成功，百官民众等六万余人，请武后即位，就任皇帝，改国号为周。

由上所举，古代借用弥勒下生之说，而谋政治之变乱，史书记载甚多。弥勒下生成佛，据经典记述，是在五十七亿余万年之后，而弥勒成佛，乃系化娑婆为净土，说法度生，不涉及政治问题。不肖者却予以利用，曲解其说，一般人更不明佛经究竟内容，盲从附会，遂成为野心分子利用之资本。以弥勒下生之名而谋造反叛乱，由唐至宋，尚有多起。即至现在，仍有一贯道等，借用弥勒下生之说，阴谋政治颠覆活动，时有所闻。虽然，考其谋乱之原因，各各有其独自不同的社会背景，然从其思想方面言之，则与弥勒下生之说，化五浊为净土，建立一美好的和乐世界，多少有其关联。

弥勒信仰，由纯宗教的教说，牵连到政治问题，发生许多乱故，形成了一般人信仰的禁忌。这是导致弥勒信仰式微的一大主因。

（二）弥陀净土与弥勒净土之争

隋唐之际，净土宗道绰与善导，大事宣扬弥陀净土，主张极乐之胜，兜率之劣，强调末法之际，五浊恶世众生，应为极乐世界所摄化。因此，弥陀信仰，发展迅速，逐渐成为中国佛教信仰的主流，取弥勒信仰而代之。我们从上举龙门石窟的造像变迁，可以反映到这一信仰的转移。

道绰在他的《安乐集》卷上，举出四点，论述弥陀净土与弥勒净土的优劣：

> 一、弥勒世尊，为其天众转不退法轮，闻法生信者获益，名为信同。着乐无信者，其数非一。又来虽生兜率，位是退处。是故经云：三界无安，犹如火宅。二、往生兜率，正得寿命四千岁，命终之

后，不免退落。三、兜率天上，虽有水鸟树林和鸣哀雅，但与诸天生乐为缘，顺于五欲，不资圣道。若向弥陀净国，一得生者，悉是阿毗跋致，更无退人与其杂居。又复位是无漏，出过三界，不复轮回。论其寿命，即与佛齐，非算数能知。其有水鸟树林，皆能说法，令人悟解，证会无生。四、据大经：且以一种音乐比较者。经赞言：从世帝王至六天，音乐转妙有八重，展转胜前亿万倍，宝树音丽倍亦然。复有自然妙伎乐，法音清和悦心神；哀婉雅亮超十方，是故稽首清净勋。(大正四七·九中—下)

道绰所举的这四点，明显地，是在贬斥弥勒净土，不及弥陀净土的殊胜。我们的看法，既然同称净土，也就不用过分地作机械性的划分了。过分强调弥陀净土的究竟，贬抑其他净土的不究竟，这是带着宗派主义色彩的看法，未必就是绝对的正确。佛说十方净土，平等平等，无有差别。这在狭隘的宗派主义看来，又如何去解说？

唐代的迦才，在其《净土论》卷下，论述“西方”与“兜率”，孰优孰劣，说：

问曰：兜率天宫，弥陀净土，此之二处，俱是佛所赞经，未知此二何优何劣？

答曰：此之二处，……若论其处，则互有优劣。且如兜率天宫，则构空而立；极乐世界，则就地而安。此则空实异居，人天趣别。若据此土一往论，则天优人劣也。若论其净秽者，兜率虽是天宫，由有女人，故名之为秽；极乐虽是地界，由无女人，故号之为净。然此之净秽，有十种异。一、有女人无女人异：兜率男女杂居，极乐唯男无女。二、有欲无欲异：兜率有上心欲，染着境界；极乐无上心欲，故常发菩提心。三、退不退异：兜率处所是退，极乐处所是不退。四、寿命异：兜率寿命四千岁，仍有中夭；极乐寿命无量阿僧祇劫，无中夭寿命者。五、三性心异：兜率则有三性心间起，故恶心堕地狱；极乐唯有善心生，故永离恶道。六、三受心异：兜率三受互起，极乐但有乐受。七、六尘境界异：兜率六尘，令人放逸；极乐六尘，令人发菩提心。八、受生异：兜率受生，男在父膝上，女在母膝上；极乐受生，七宝池内莲花中生。九、说法异：兜率唯佛菩萨说法，极乐水鸟树木皆能说法。十、得果异：兜率生者，或得圣果，或不得（圣果）；极乐生者，定得无上菩提。若就此义，西方大优，兜率极劣也。(大正四七·一〇〇上—中)

迦才举出十点，说明“兜率”与“极乐”的优劣。接着，他又以往生的难易，提出七种，作为“西方”与“兜率”的比较：

> 若论往生之人，往生西方者易，上生兜率者难。此之难易，亦有七种差别。一、处别：极乐是人，兜率是天，此则天难人易。二、因别：极乐但持五戒，亦得往生；兜率具修十善，方得上生。三、行别：极乐乃至十念成就，即得往生（出《观经》）；兜率具施戒修三种，始得上生（出《弥勒经》）。四、自力他力别：极乐凭阿弥陀佛四十八大愿他力往生；兜率无愿可凭，唯自力上生。五、有善知识无善知识别：极乐有观世音、大势至，常来此土，劝进往生，临命终时，擎金刚台，来迎行者，种种赞叹，劝进其心，即得往生；兜率无此二菩萨故，但自进上生。六、经论劝生处多少别：极乐说处，经经中赞，论论中劝；兜率说处，何但经赞处稀，亦论劝处少。七、观古来大德趣向者多少别：极乐上古已来，大智名僧趣向者多；兜率上古已来，大德愿乐者少。由此义故，往生西方则易，上生兜率稍难也。（大正四七・一〇〇中—下）

此外，怀感的《释净土群疑论》，以及元晓的《游心安乐道》等，都有类似的论说。其实，迦才的这番论述，就客观立场来分析，有些并不尽然。兜率与极乐，往生者退与不退，净土的庄严与不庄严，等等，这些都不是实质问题，而是信仰者的信心问题。重自力的，并非就是劣；仗他力的，也未必就是优。修十念法的，与行施戒修的，不能说有绝对的难易差别，问题还是众生的根机喜好不同。至于论到兜率净土，公正的看法，应该如此：弥勒净土的特色，是由天上净土而到人间净土。所谓净土，本是佛所居住的地方，弥勒在兜率天行菩萨道，为众生说法，严格地说，兜率天并不能称为净土。不过，弥勒是决定成佛的，称为“一生补处菩萨”，所以，一般也称兜率天为“兜率净土”。兜率天，是欲界的六天之一，在天界中，并非属于最高的天。欲界六天，最低的是四天王天，其上为忉利天、夜摩天；兜率天位于夜摩天之上。兜率之上，尚有化乐天、他化自在天。欲界天之上，还有更高的色界天与无色界天。印度的天部思想，是随着时代的演变发展建立的。在古代，兜率天可能是最高的天了。

兜率天与极乐世界，大体是相同的，都不是我们现住的人类世界，而是属于另一世界。弥勒的兜率净土，属于欲界的一部分；弥陀的极乐净土，不属欲界所有，而是在西方的另一世界。就界系观之，二者虽有差异，但从死后的往生而论，都是离开现实人间而到另一世界，在实际的信仰上，是没有多大差别的。

弥勒在兜率天，称为天上净土，将来到人间成佛，化阎浮提为金色，成为“人间净土”。就成佛所居的净土而言，弥勒建立的“人间净土”，才是真正的净土；现住兜率天，称为兜率净土，克实地说，这是弥勒行菩萨道方便建立的净土。从弥勒建立“人间净土”的思想，似比弥陀净土显得更为积极而切实际。因为，弥勒不离人间，不舍五浊恶世，化五浊为净土。弥陀净土思想，只在接引众生脱离五浊恶世，但对五浊恶世，并不想作积极而彻底的改造，使之成为净土。这是两者思想的差异。就思想的比较而言，弥勒的思想，似乎属于积极的一面；弥陀的思想，未免流于消极的救济而已。

弥勒下生成佛（人间净土的出现），在时间上，是久远的未来；弥陀净土，在空间上，相距十万亿佛土，两者均非在现前。

弥勒化现世为净土，龙华三会说法度生，这一思想，是获得多数人信仰支持的。从不同的立场来看，我们的看法，与弥陀信仰者的观点，或许并不完全相同。

中国佛教的传播发展，一般人从经典的理解中，虽然知道兜率天与极乐世界的不同，但在实际的信仰上，却将西方极乐世界认为是天上的西方，而与道教的神祇、天人、弥勒、无量寿等，均被视为天界，其结果，兜率与极乐，弥勒与弥陀，形成混同。造弥勒像的，发愿往生西方极乐世界，可是，又期望龙华三会与弥勒相值。这是信仰的混淆。不仅一般在家信众如此，即连少数的出家僧尼，亦不例外。如北魏孝文帝（元宏）二十三年(四九九)，僧欣造立弥勒石像，其在铭文中记："愿生西方无量寿国，龙华树下三会说法，下生人间王侯子孙，与大菩萨同生一处。"这是具体典型的例证。

由于一般人对弥勒与弥陀信仰不易分清，形成信仰上的混同与淆乱；加之，弥陀信奉者，过分地宣扬贬抑，不肖者利用弥勒下生之名，进行叛乱，在这多种复杂的因素下，弥勒信仰在中国逐渐式微。

五、弥勒的应化事迹

（一）傅翕——善慧大士

弥勒的应化事迹，根据大藏经中现存的古籍记载，在南北朝时期，有南齐的傅翕，以及唐末五代的布袋和尚。

关于傅翕的历史，有：《善慧大士语录》《景德传灯录》《佛祖统纪》《释门正统》《神僧传》《释氏稽古略》等，均有其传记。这些传记，当以唐代楼颖辑录的《善慧大士语录四卷》，记载最详。现在依据《善慧大士语录》，介绍傅翕的历史如下：

傅翕（四九七—五六九），字玄风，号善慧。又称傅大士、双林大士、东阳大士，或乌伤居士。浙江东阳郡乌伤县（今金华）稽停里人。父名宣慈，字广爱，母王氏。世代业农。生于南齐明帝（萧鸾）建武四年（四九七）五月八日。端靖淳和，无所爱着。少时不欲读书，常与乡人捕鱼。每得鱼，辄置诸竹笼，沉入深水，祷告说："欲去者去，欲止者留。"乡人都以为愚。

梁武帝天监十一年（五一二），年十六，娶留氏女妙光为妻。十九岁，生长子普建，二十二岁，获次子普成（一称普愿）。武帝普通元年（五二〇），年二十四，捕鱼于沂水，在稽停塘下，与一外国沙门嵩头陀相遇。头陀告曰："我过去与你在毗婆尸佛前发愿度众生，你现在在兜率宫用的东西尚在，何时回去？"傅翕听了，瞠目结舌，不知置答。头陀又说："你试到水边看看影子！"傅翕到水边一看，只见圆光宝盖，便悟前因。他说："炉排之所多钝铁，良医门下足病人，当度众生为急，何暇思天宫之乐乎？"从此，傅翕舍去渔具，带领头陀回家，问修道之所。头陀指着松山下双梼树说："此可矣！"傅翕便在此结茅，自称"双林树下当来解脱善慧"。这就是后来的双林寺。

傅翕平日种植蔬果，白天为人帮佣，夜晚归来，跟他的妻子讲说佛法，苦行了七年。一天，他在静坐的时候，见到释迦、金粟、定光三佛，来自东方，放光如日。后来，又见金光，自天而下，照在他的身上。从此以后，他身现金色，有微妙香味。同时，听到空中有人说："成道之日，当代释迦坐道场。"

傅翕的道风和神异境界，不久，很快地传播出去，常有不少僧俗四众，前去问法。当地的郡守——王烋，怀疑傅翕，妖妄惑众，将他囚禁数旬。他在狱中，不饮不食，一切如常，令大众惊异，因此获释。回到山上，傅翕更加精进道业，远近师事他的人，日日增多。每日清晨钟响，有仙人从空而下，随喜行道。傅翕曾经告诉他的弟子们说"我得首楞严三昧""我得无漏智"。他的弟子们说："首楞严三昧，唯十地菩萨方能得之。"因此，大家知道他是十地菩萨化现，非同一般凡夫。

傅翕为了广泛地度化众生，他首先想到，必须先度化他的妻子，使其发心，行菩萨道。所以，他设法说服妻子，将家中的田宅全部卖了，罄其所有，设大会供养僧俗四众，并说偈曰：

舍抱（报）现天心，倾资为善会，

愿度群生尽，俱翔三界外，

归投无上士，仰恩普令盖。（卍续一二〇·一d）

那年的年成，正逢饥馑，设会之后，家无斗粮，同乡傅昉、傅子良等，入山供养；傅翕要他的妻子，卖身助会。他的妻子妙光说："唯愿一切众生，因此同得解脱。"梁武帝大通二年（五二八）三月，妙光以五万钱卖身与同乡傅重昌等。傅翕得钱之后，立即营设大会，乃发愿说："弟子善慧，稽首释迦世尊，十方三世诸佛，尽虚空遍法界，常住三宝，今舍卖妻子，普为三界苦趣众生，消灾积福，灭除罪垢，同证菩提！"一个月后，傅重昌等，又遣妙光还山。

一日，傅翕到他叔父家中，自称："我是弥勒，故来相化，叔可作礼。"他的叔父果然向他行礼。后来，他又想去感化他的叔祖孚公，要孚公向他行礼。妙光谏道："叔祖一向不相信你，哪有叔祖向侄孙行礼，你不要去吧！"傅翕解衣露胸，胸现金色，并出天香。他的妻子仍然劝他不要去，他不听。到了孚公家中，他要孚公行礼。孚公说："向你行礼？真是岂有此理！"傅翕回到山上，妙光问他："叔祖向你行礼没有？"他说："今天不行礼，明天当会一步一个礼！"那天夜里，他的叔祖梦见八个人迎请傅翕，孚公随他而去。问道："去何处？"有人叱斥道："你贡高我慢，不听圣训，今复何问？"忽见傅翕金相奇特，腾空而行。孚公追之，但见石壁横空，傅翕与侍从人员，直通无碍，而孚公过不去。孚公醒来，悲悔交集。天亮之后，亲自入山，见到傅翕，悲痛不已，哭拜于地。傅翕说："我从兜率天下来，正是为了接引你们。"他的叔祖，稽首顶礼，愿为弟子，依傅翕修行，三业清净。

那时有一沙门慧集，久闻傅翕之名，来到双林，与傅翕论法，傅翕为说无上菩提。慧集受感动，愿作弟子。以后慧集到处弘法，称说傅翕为弥勒化身。

傅翕每当说法或做功德的时候，两眼常放金色光明。他告诉大众说："学道若不值无生师，终不得道；我是现前得无生人，昔隐此事，今不覆藏，以示汝等。"他的弟子向他礼拜，他说："汝莫礼我，但礼殿中佛，即我形像。"他又说："我在梦中，想起过去师父的名字，叫作善明世尊。"那时有人问他："善明世尊，是你得道时的师父？还是发心时的师父？"他说："不是发心时的师父。善明佛出世的时候，我做国王，供养过他。善明佛的寿命八万岁，我成佛的寿命，也是八万岁。"

梁武帝中大通三年（五三一），傅翕与他的弟子，在云黄山的住所前面，十多里地方，开凿精舍，种植麻、豆、芋、菜等物，到了秋熟的时候，有贾昙颖与他争地，他将地上物，全部送给贾昙颖。他住在松山与云黄山的时候，林麓葱翠，其中很多猛兽，人都骇怕，他常以剩饭喂猛兽，猛兽从此驯伏。

到了梁武帝中大通六年（五三四），傅翕因双林位于偏僻之处，教化众生不多，因此，他想到皇宫见皇帝，宣扬正法。那年的正月十八日，他派遣弟子傅暀，致书与梁武帝说："双林树下当来解脱善慧大士，白国主救世菩萨，大士今欲条（陈）上中下善，希能受持。其上善，以虚怀为本，不着为宗，无相为因，涅槃为果。其中善，以治身为本，治国为宗，天上人间，果报安乐。其下善，以养护众生，胜残去杀，普令百姓，俱禀六斋。今大士立誓，绍弘正教，普度群生，故遣弟子暀告白。"傅暀拿着他的信，到了京城，去见大乐令何昌。何昌见后，颇感为难。说："国师智者，尚复作启，况大士国民，忽作白书，岂敢呈通?"傅暀说："我刚从东来，舍你无人转达此书，唯有立誓烧手于御路之侧，以便上闻，呈达此信了。"何昌听后，大为感动，遂将此书持往同泰寺见浩法师，共议以表进上。武帝果然有诏，命傅翕进京。傅翕于十一月十九日到了蒋山，约定闰十二月八日晨时进宫。武帝闻说傅翕有神异，命人将宫门上锁，测验傅翕如何入宫。傅翕心已预知，故作大木槌一只，先叩一门，其他各门同时悉启。直入善言殿，唱拜不从，登西国所贡宝榻坐之。武帝问傅翕："师事从谁？"答曰："从无所从，师无所师，事无所事。"武帝设宴款待，食后，遂还钟山定林寺。

大同元年（五三五），梁武帝到华林园重云殿，为大众讲《三慧般若经》，特为傅翕设一座位。其时刘中丞问他："你何以不臣于天子，不友善于诸侯？"他说："敬中无敬性，不敬无不敬心。"武帝升殿说法，大众起立致敬，唯傅翕不起。刘中丞又问其故，他说："法地若动，一切法不安。"

他在京城里，住了四五个月，回到云黄山。到了那年的九月二日，他又派遣弟子傅暀，致书与武帝说："双林树下当来解脱善慧大士，白国主救世菩萨：今有如意宝珠，清净解脱，照彻十方，光色微妙，难可思议，欲施人主，若能受者，疾至菩提。"武帝又诏他进京。可是，直到大同五年（五三九），他才重行进京，到了钟山。三月十六日，与武帝在寿光殿内，共论真谛。傅翕说到"息而不灭"的问题，武帝加以反诘："若息而不灭，此则有色，故钝。"他说："一切诸法，不有不无。"武帝说："谨受旨矣！"傅翕接着解释说："一切色相，莫不归空。百川不过于大海，万法不出于真如。如来于三界九十六道中，独超其最，普视众生，有若自身，有若赤子。天子非道不安，非理不乐。"武帝默然。

过了二天，傅翕就“息而不灭”，作偈进呈武帝。其偈说：

> 若息而灭，见苦断集。如趣涅槃，则有我所。亦无平等，不会大悲。既无大悲，犹有放逸。修学无住，不趣涅槃。若趣涅槃，障于悉达。为有相人，令趣涅槃。息而不灭，但息攀缘，不息本无，本无不生，今则不灭，不趣涅槃，不着世间，名大慈悲。乃无我所，亦无彼我。遍一切色，而无色性，名不放逸。何不放逸？一切众生，有若赤子，有若自身，常欲利安。云何能安？无过去有，无现在有，无未来有，三世清净，饶益一切，共同解脱。又观一乘，入一切乘；观一切乘，还入一乘。又观修行，无量道品，普济群生，而不取我。不缚不脱，尽于未来，乃名精进。(卍续一二〇·三 a—b)

大同六年（五四〇），傅翕辞帝东归，数月后，因修功德，又复至京。住于蒋山。派遣傅暀致书与武帝曰：“双林树下当来解脱善慧大士，白国主救世菩萨：皇帝性合正道，履践如如，大士为菩提下而故高，皇帝为菩提高而故下，机缘感应，故成佛事。今者故来，普劝一切同修正道，谨白。”可是，傅暀这次没有能够完成使命，因为何昌出使在外，此信无法呈上。但是，他三次进京，所度道俗，人数之众，已经不可计数了。

这次他到京师，有一沙门问他："今日大耶？后日大耶？"傅翕答道："亦可今日小，后日大；亦可今日大，后日小。何以故？凡地修圣道，果地习凡因，常行无所践，常度无度人。"武帝大同七年（五四一），傅翕对弟子说："我是贤劫千佛中的一佛，如果愿生千佛中的人，即能见我。"弟子们问他："假如有人障碍你，你能预先知道吗？"他说："补处菩萨，有所不知耶？我当坐道场时，此人是魔使，为我作障碍，我当用此为法门。汝等但看我遭此恼乱，不生嗔恚。"一天，他又对大众说："我舍此身时期，嵩头陀暂过忉利天，不久还兜率天，汝愿生彼，即得见我。"

大同八年（五四二），傅翕立誓持上斋，并作愿文："弟子善慧，今启释迦世尊，十方三世诸佛，尽虚空，遍法界，常住三宝。弟子自念今生，无可从心布施，拔济受苦众生。自今立誓：三年持上斋，每六月日不饮食，以此饥渴之苦，代一切众生酬偿罪业，降促苦劫，速得解脱。以不食之粮，广作布施。愿诸众生，世世备足，财法无量，永离爱染，不作三业，得大总持，摧伏诸魔，成无上道。"

大同十年（五四四），傅翕以佛像经文，委诸善众；又以屋宇田地，资生什物，悉皆捐舍，营立精舍。设大法会，启白诸佛，普为十方三世六道四生，怨亲平等，供养三宝。傅翕施舍家宅之后，竟无栖身之所，因此，另创草庵。其妻妙光亦立庵舍，以为居住。草衣木食，昼夜勤苦，仅得少足。

不久，忽有盗贼群至抢劫，以刀刃加诸傅翕，傅翕无所惧色，并与之说："若要财物，任意取之，何为怒耶?"贼去家空，洗劫殆尽，唯有米二百余斛。傅翕念言："由有身故，乃生诸人罪业，寿终之后，必堕地狱，长婴大苦。"因此，他又舍米百斛，为诸劫贼，设会供养三宝，忏除罪恶。

其舍前面，有一小塘，偶自枯涸，傅翕并将虫鱼捡起，投诸大江，死者葬于山下。牛犬死亡，亦予葬之。他深念这些众生，轮回苦趣，解脱无期。遂又发心，舍米二百斛，为鱼犬等设会，供养三宝，早得解脱。并说偈言：

昔贤舍头目，王子救虎身，慈尊推国走，修忍拔冤亲。

今余闻此德，仰慕菩提因，倾资度牛犬，舍命济鱼身。

愿为常乐友，共趣涅槃津。同会俗无俗，齐证真无真。(卍续一二〇·四a)

武帝太清二年（五四八）二月，傅翕又舍田园产业，以十五日设会，为此国土，遍十方普佛世界，六道四生，怨亲平等，供养三宝。诸佛住世，普度群生。乃说偈曰：

倾资为供养，归命天中天，仰请停光照，流恩普大千。

三涂皆解脱，六趣超自然，普会体无体，齐证缘无缘。

又说偈曰：

隐崖修正道，埝兹三十年，远愧山林友，归命帝玄虚。

设会宣经忏，为彼荡尘墟。普愿无瑕秽，心净等芙蕖。

并契三空理，同证一如如。（卍续一二〇·四a—b）

傅翕又欲持不食上斋，及烧身为灯，供养三宝。那年三月十五日，他对大众宣布说："余不揆凡微，仰慕圣则，乃立心誓，舍身命财，普为一切，供养诸佛。谨持不食上斋，而取灭度，执志烧身，为大明灯，供养三宝。"同时，他劝告大众："莫怀忧恼。夫物有生有死，事有成有败，天下恩爱，皆悉离别。今舍此秽浊之身，当得无生清净法身。唯愿徒众，无怀悲恋，生生世世，不相舍离，永为眷属，至成佛道。但自相率，共办樵薪，于双林山顶，营行火龛，愿此因缘，当来世界，必为佛事，普度一切，共同解脱。”到了四月八日，弟子留坚意、范难陀等十九人，代师主持不食上斋，及烧身供养三宝。朱坚固烧一指燃灯；陈超舍身自卖；姚普薰、智朗等佣赁，各以得值，供养师主。

是月九日，又有弟子留和睦、周坚固二人，烧一指灯；楼宝印刺心；葛玄杲割左右耳；比丘菩提、优婆夷骆妙德二人割左耳；比丘智朗、智品等二十二人割右耳，发愿上启释迦世尊，十方三世诸佛，舍身命财，烧身为灯，供养诸佛。此外，又有比丘尼法脱、法坚等十五人，各持三日不食上斋，留师久住，阐扬圣教。

太清三年（五四九），梁室乱起，国祚将终，灾祸竞兴，傅翕散尽一切资财，分与饥贫，并课励徒侣，共拾野菜煮粥，人人割食，以济贫困。

承圣元年（五五二），正月十六日，傅翕又舍田园家业，牛犊仓库，奉设法会。自是每年正月十日。舍米二千斛，营设法会。并说偈曰：

> 倾资为群品，奉供天中天，仰祈甘露雨，流注普无边。

六道咸蒙润，四趣等皆然，普会实无实，齐证坚无坚。

绍泰元年（五五五），四月廿日，傅翕告大众说：“我闻大觉世尊，旷劫以来，舍头目财宝，利安六道。又闻经言：佛法欲灭，先有众灾云集，人民困苦，死亡者多。次有水灾，如今所见，次第当至。谁能普为一切众生，不惜身命，复持不食上斋，烧身灭度？以此身灯，普为一切，供养三宝，请佛住世，普度众生。”六月二十五日，弟子范难陀，奉持上斋，遂于双林山顶，烧身灭度。至九月十五日，比丘法旷，于始丰县天台山下，烧身灭度。太平元年三月一日，优婆夷子严，于双林山顶，赴火焚灭。

陈武帝永定元年（五五七），有一沙门，来见傅翕。说：“听说你是修菩萨行的。修菩萨行的人，乞头与头，乞眼与眼，国城妻子，皆所不吝。我今向你乞手中香炉，若与，是真菩萨；不与，即非菩萨。”傅翕说：“舍与不舍，悉非菩萨。”沙门强将香炉持去。过了十多天，沙门又来问傅翕：“前此有人逼夺你的香炉，你的感受如何？”他说：“得如本有，失如本无。唯愿上人擎炉焚香，供养诸佛。生生世世，增进菩提，常为善友。”沙门遂将香炉还他。

文帝天嘉元年（五六〇），其弟子慧荣等，欲建龙华会。傅翕说："汝可作请佛停光会，龙华是我事也。若从吾言，定见龙华矣！"又说："吾悟道已四十劫，释迦世尊方始发心，盖为能舍身苦行，所以先我成佛耳！"

天嘉四年（五六三），正月十二日，傅翕又舍米五百斛、绢三十束，奉设法会，乃说偈曰：

窃闻佛法将欲灭，忧愁怖畏实难当。
众灾乱起数非一，含识遭值尽中伤。
如何众生遭此苦，悲念切抱益皇皇。
今与妻儿舍田业，身命财物及余粮。
遍为十方设三会，并烧涂末杂薰香。
烟云妙色献三宝，愿为如意出芬芳。
奉供人天大慈父，启请调御心中王。
唯愿哀愍诸群生，留情久住放慈光。
照烛六道四生类，蒙泽悟解等金刚。
增加神通恒自在，坚固勇猛救危荒。
荡除世界灾秽恶，安泰皎洁若西方。
金池玉沼皆涌出，珍华宝树悉铿锵。
适悦群生无短乏，尊荣富贵寿延长。
得修无为八正道，齐超不二涅槃常。（卍续一二〇·五 d—六 a）

天嘉五年（五六四），傅翕自正月十七日起，营斋至二月八日，读《法华经》二十一遍，并在会稽铸宝王像十尊，设无遮法会。二月九日，又建禳灾无碍法席，十日读《涅槃经》一部，燃长命灯。自后五年，凡设六会，供养如前。

嵩头陀入灭，傅翕心自知之，乃集诸弟子曰："嵩公已还兜率天宫待我，与我同度众生之人，去已尽矣！我决不久住于世。"乃作《还源诗》十二章：

还源去！生死涅槃齐，由心不平等，法性有高低。

还源去！说易运心难，般若无形相，教作若为观。

还源去！欲求般若易，但息是非心，自然成大智。

还源去！触处可幽栖，涅槃生死是，烦恼即菩提。

还源去！依见莫随情，法性无增减，妄说有亏盈。

还源去！何须更远寻，欲求真解脱，端正自观心。

还源去！心性不思议，志小无为大，芥子纳

须弥。

还源去！解脱无边际，和光与物同，如空不染世。

还源去！何须次第求，法性无前后，一念一时修。

还源去！心性不沉浮，安住王三昧，万行悉圆收。

还源去！生死本纷纶，横计虚为实，六情常自昏。

还源去！般若酒澄清，能治烦恼病，自饮劝众生。（卍续一二〇·一三 a—b）

傅翕既知涅槃时至，也预有征应，先是双林与云黄两处房前，所生瑞梨树，其上常有甘露，四时不绝，忽然萎黄，渐至枯死。太建元年（五六九）四月，傅翕寝疾，告其子普建、普成说："我从第四天来，为度众生故。汝等慎护三业，精勤六度，行忏悔法，免堕三涂。"二人问道："脱不住世，众或离散，佛殿不成，若何？"傅翕说："我去世后，或可现相。"到了二十四日，傅翕入灭，时年七十三。

傅翕去世，面色不变。过了三天，举身尚暖，形相端洁，手足柔软。又过七天，乌伤县令陈锺耆来，求结香火缘。取香火四众次第传之，传至傅翕，犹反手受香。当时沙门法璇说：“我等有幸，预蒙菩萨示还源相。手自传香，表存非异，使后世知，圣化余芳。”

傅翕去世前，与弟子说：“我灭度后，莫移我卧床，七日后，当有法猛上人送织成弥勒佛像来，长镇我床，用标形相。”果然，到了第七天，法猛上人将弥勒佛像，及一口小铜钟送来，安置床上。法猛作礼流泪，须臾忽然不见。

当傅翕寝疾的时候，弟子恐其灭度，遂问寂后如何安厝？傅翕答道：“将我尸体于双林山顶，如法焚之，以其灰骨，分为二分：一安山顶塔中，一安冢上塔中。两塔中，各作一弥勒像，用标形相也。”

傅翕是弥勒化身，是依据上面这些事迹而来的。

傅翕的语录（著作），除了前面所引的《还源诗》外，还有：《四相诗》《心王铭》《贪嗔痴》《十劝》《浮沤歌》《独自诗》《行路难》《行路易》《劝喻诗》等多种。其中被人引用最多的，有《颂二首》：

空手把锄头，步行骑水牛，
人从桥上过，桥流水不流。

有物先天地，无形本寂寥，
能为万象主，不逐四时凋。

傅翕的语录，所论法义，均有其深度，非常人所能及。以一个自幼不爱读书的人，对佛法之认识与理解，具有如此成就，益信其为弥勒示现，方能致之。兹录其语录二种，以见一斑。

十劝

劝君一：专心常念波罗密，勤修六度向菩提，五浊三涂自然出。

劝君二：夫人出世莫求利，纵然求得暂时间，须臾不久归蒿里！

劝君三：人身难得大须惭，昼夜六时常念佛，勤修三宝向伽蓝。

劝君四：努力经营修善事，莫言少壮好光容，未委前程是何处？

劝君五：寻思地狱真成苦，眼前富贵逞容仪，须臾不久还归土！

劝君六：第一莫吃众生肉，若非菩萨化身来，便是前生亲眷属。

劝君七：万事无过须的实，朝三暮四不为人，此理安身终不吉。

劝君八：吃肉之人真罗刹，今身若也杀他身，来生还被他身杀！

劝君九：天堂地狱分明有，莫将酒肉劝僧人，五百生中无脚手。

劝君十：相劝修行须在急，一朝命尽入黄泉，父娘妻子徒劳泣。

心王铭

观心空王，玄妙难测，无形无相，有大神力。

能灭千灾，成就万德，体性虽空，能施法则。

观之无形，呼之有声，为大法将，心戒传经。

水中盐味，色里胶清，决定是有，不见其形。

心王亦尔，身内居停，面门出入，应物随情。

自在无碍，所作皆成，了本识心，识心见佛。

是心是佛，是佛是心，念念佛心，佛心念佛。

欲得早成，戒心自律，净律净心，心即是佛。

除此心王，更无别佛，欲求成佛，莫染一物。

心性虽空，贪嗔体实，入此法门，端坐成佛。

到彼岸已，得波罗密，慕道之士，自观自心。

知佛在内，不向外寻，即心是佛，即佛即心。

心明识佛，晓了识心，离心非佛，离佛非心。

非佛莫测，无所堪任，执空滞寂，于此漂沉。

诸佛菩萨，非此安心，明心大士，悟此玄音。

身心性妙，用无更改，是故智者，放心自在。

莫言心王，空无体性，能使色身，作邪作正。
非有非无，隐显不定，心性虽空，能凡能圣。
是故相劝，好自防慎，刹那造作，还复漂沉。
清净心智，如世黄金，般若法藏，并在身心。
无为法宝，非浅非深，诸佛菩萨，了此本心。
有缘遇者，非去来今。

（二）长汀子——布袋和尚

关于布袋和尚的历史，史传里记载很多。如《宋高僧传》卷二十一，《景德传灯录》卷二十七，《佛祖统纪》卷四十二，《佛祖历代通载》卷十七，均有其传记。现在根据这些传记资料，介绍布袋和尚。

布袋和尚，自称契此，亦名长汀子。唐末五代人，长居浙江奉化。其籍贯、家世、出生年月，均不详。其人形体肥胖，蹙额皤腹，语出无定，寝卧随处，颇似一个疯疯癫癫的人。平日以杖荷布袋，到处行化，逢人乞食。所得之物，一半入口，一半纳于袋中。所用之物，亦藏于布袋内。布袋和尚之名，由是而来。每过村庄，儿童辄随其后，相互追逐，向其索物，彼亦将布袋所藏之物，分与儿童。因此，每到一处，成为群童相随簇拥的对象。

此外，布袋和尚有许多不可思议的事迹。每到冬天，他常卧雪中，而雪不沾身，人多以此为奇。天要下雨，他穿潮湿草屐，在村庄中急行。遇到干旱年成，便着高齿木履，睡卧桥上，竖膝而眠。他的这些怪异行动，非常灵验，一般人多以他的动作而识天时。有人向他请示凶吉，每示必应，毫无差错。

有一次，布袋和尚游方在外，见到一个出家人在他前面走，他伸出粗大的手掌，猛拍出家人的肩膀，其僧回头看他，他笑嘻嘻地，咧着大嘴，伸手乞化：“给我一文钱！”其僧说：“可以！只要你回答我一个问题，我就给你。”他放下布袋，叉手而立。

又有一次，白鹿和尚问他：“如何是布袋？”他放下布袋，默然不语。又问：“如何是布袋底下事？”他肩着布袋，迈步而去。

有位保福和尚问他：“什么是佛法大意？”他放下布袋，叉手而立。保福又问：“只是为此，没有更向上事？”他负着布袋离去。

一天，他伫立街头，痴痴地卖呆，有一出家人问他：“你在这里做什么？”他说：“等一个人来！”出家人指着自己说：“来了！来了！”他说：“不是你这个人。”出家人问他：“如何是这个人？”他伸出大手：“给我一文钱！”

布袋和尚的故事，传说很多，非常滑稽可笑。他有一首歌：

只个心心心是佛，十方世界最灵物。
纵横妙用可怜生，一切不如心真实。
腾腾自在无所为，闲闲究竟出家儿。
若睹目前真大道，不见纤毫也大奇。
万法何殊心何异，何劳更用寻经义。
心王本自绝多知，智者只明无学地。
非圣非凡复若乎，不强分别圣情孤。
无价心珠本圆净，凡是异相妄空呼。
人能弘道道分明，无量清高称道情。
携锦若登故国路，莫愁诸处不闻声。

此外，布袋和尚还有一首偈颂：

一钵千家饭，孤僧万里游。
青目睹人少，问路白云头。

梁贞明二年（九一六）三月，布袋和尚示寂岳林寺。临终之前，端坐岳林寺东厢廊下，说了一个偈颂：

弥勒真弥勒，分身千百亿。
时时示时人，时人自不识。

说完此偈，安然而化。

布袋和尚在岳林寺去世，过了很久，岳林寺有一出家人自外归来，途中遇见布袋和尚，一如往昔，肩着布袋，行化乞食。布袋和尚告诉他，自岳林寺出来，拿错了人家一只鞋子，托他带回岳林寺。那个出家人回到岳林寺，查询之后，始知布袋和尚去世多日。大家感到非常奇怪，开棺来看，棺木中唯有一履，不见布袋和尚。此时，有人回忆布袋和尚临终偈语，才知道他是弥勒化身。岳林寺四众，纷纷绘制布袋和尚图像，安置大殿的东堂内。

弥勒经典的传译，始于公元三世纪。从五世纪至八世纪，是中国弥勒信仰极盛的时代。那时雕塑的弥勒像（如云冈、龙门石窟的弥勒像），都是瘦瘦的体形。自从布袋和尚出现以后，中国的弥勒造像——特别是南方一带，便由瘦瘦体形逐渐变成袒胸露腹肥胖形的弥勒像，显然地，这是受了布袋和尚的影响而来的。

后记

这篇文字的写作，前后花去四个多月时间。我一面翻阅藏经，一面搜集资料，时写时停，问题的研究，越发牵涉甚广。从小乘经论中所见之弥勒，到大乘经所见之弥勒，互相比较，使我隐隐约约地探索到弥勒说的思想发展。这对研究佛教思想发展史，提供了很好的资料。可是，我所见到的资料，发现的问题，不能在这篇文章中全部写出来。因为，这是一篇给一般人阅读的文字，不是专门性的研究论文。有些问题，只能轻轻地点到为止，不能做深一层的论述。经过四个多月翻阅藏经，使我对弥勒问题，得到部分的了解，将来再做进一步研究的时候，可以收到事半功倍的效果。

我很感谢浩霖法师，二度提供我研究弥勒问题的机缘，使一个对弥勒问题极少注意的人，经过二度的探索钻研，对弥勒的历史发展，获得相当的认识。佛法是讲因缘的，一切都由因缘而成，我写这篇文字，自然也不例外。浩霖法师，便是促成我的最好因缘。来到纽约二年，平日常来相扰，且得他的关注，师友的盛情，令我感激。一介寒士，谨以此文，作为我的谢礼！

一九七九年七月十日完稿于纽约华埠孔子大厦

（《菩提树》月刊）

一个伟大的留学僧——玄奘

台湾“邮政总局”，于今年（一九七〇）二月二十日，发行一元面值玄奘邮票，目对玄奘大师画像，凝视良久，百感交集，因作此文，一以介绍这位伟大留学僧的生平事迹，一以献给我国留学未归的学人。

玄奘俗姓陈，名袆，河南洛州人，生于隋文帝仁寿二年（六〇二）。父名慧，为一饱学知名之士，曾作江陵县令，玄奘为其第四子。玄奘幼年，聪慧敦厚，温文儒雅，仪表非凡，勤学不懈。八岁从父受业，听《孝经》至“曾子避席”一节，忽整襟而起，父问其故，答曰：“曾子闻师命避席，玄奘今奉慈训，岂宜安坐?”其聪慧如此，更获其父喜爱。

隋唐时代的佛教出家制度，是由政府统一举行招考“度僧”。炀帝大业十年（六一四），玄奘十一岁，洛阳度僧二十七人，他去参加应考，因年幼不合规定，未得进考场。玄奘失望难过，徘徊门外，踌躇不去，主考官大理卿郑善果见而奇之，问其出家目的何在？答曰："意欲远绍如来，近光遗法！"由于他的这一不平凡志愿，郑善果深感惊异，特别录许他出家。并指与人说："诵业易成，风骨难得，若度此子，必为释门伟器，但恐果与诸公不见其翔翥云霄洒演甘露耳！"

玄奘出家以后，跟随他的二哥长捷法师（俗名陈素，早先出家），住洛阳净土寺，亲近景、严二法师，听讲《涅槃经》（*Mahāparinirvana Sūtra*）及《摄大乘论》[*Mahāyana Sam*（*Pari*）*graha*]。因为他慧解过人，记力特强，勤敏课读，深得师友们一致的赞许器重！

隋朝末年，因炀帝荒淫无道，国家的政局发生哗然大变，起而夺取政权的唐室，已经占据长安，奠定下政治基础；全国人心，也都倾向于这一新起的王朝。洛阳的高僧大德，都纷纷逃往四川避难，玄奘与他的二哥，也在一片兵燹骚扰的烽火声中，离开了乡梓，由洛阳而长安而四川，开始过他战乱中的寻师访道的游学生活。他在四川，先后亲近宝暹、先基二法师，研究《摄论》与《毗昙》（*Abhidharma*），并自攻小乘（Hinayana）诸论，数年之后，他对佛法的造诣已经相当很深了。

唐武德五年（六二二），玄奘年满二十岁，依据佛制，他在成都受戒，学习律仪，成为一位正式的出家比丘僧。那时，隋朝已亡，唐室统一了整个中国，政治步上轨道，国家恢复平静。玄奘由四川东下，经三峡，历游湖南、湖北、河南、山东、河北等地，寻师参学，随缘弘化。在这期间，他又依止深、岳二法师，研究小乘学的《阿毗达磨俱舍论》(*Abhidharma Kosa Sastra*)与《成实论》。随后又游长安，与当时佛门的名德常、辩二法师，质疑问难，纵横论辩，其智慧天才，深为时贤所惊服，他的声名，也因此传遍各地，成为佛门中的一位饱学知名人物。玄奘是个求知欲很高的人，他并不以此小小成就自满，而当时最困扰他的，因为印度尚有很多梵本经典没有传译过来，许多悬疑问题，无法解答。同时，前人所译的经论，大多采用意译法，其忠于原著的可靠性，也令人不无怀疑。因此，古人解释佛经，形成义分多歧，莫衷一是。玄奘为要解决这些根本问题，他便决心发愿西行，寻求原始的梵本圣典。

贞观元年（六二七）春天，他便要首途西行，但因唐室建国尚新，未与西域诸国复交，出国必须皇帝特许。他二度上表陈情，说明西行之志，均未获得批准。到了八月初旬，他断然不顾一切，冒险西行，偷关出境，去过“一钵千家饭，孤僧万里游”的求法生活。他从长安经秦州、兰州、而抵凉州，沿途非常顺利，没有阻难，可是，他到凉州不久，长安的追捕命令立即送到，从那时起，他便开始过着一连串的艰苦生活。他幸得凉州的慧威法师相助，密遣慧琳、道整二人带路，昼伏夜行，继续西进。

玄奘历经千辛万苦，穿过甘肃走廊，抵达瓜州，不意他被瓜州刺史李昌侦悉，遭到留难。李昌虽然是一佛教徒，但他身负王法，不敢徇私，要遣送玄奘返回长安议处。经玄奘解说苦求，并以“宁可西去而死，决不东回而生”的决心相对，终使李昌深受感动，一变初衷，放他西行。

可是，西路茫茫，引路无人，玄奘又面临此一重大难题，着急焦虑。突然，有一胡人石槃陀，欲请玄奘为其受戒，并愿引路相送，玄奘得此助缘，才得渡过一条宽阔深邃的瓠卢河，过了玉门关，再绕过五峰，出了大唐国境。

玄奘自凉州一路行来，过着昼伏夜行的生活，困难重重，艰苦备尝，可是，现在横在眼前的，又是八百里莫贺延碛大沙漠，他只有再度抖擞精神，踏着一望无际的荒漠黄沙，奋勇前进。玄奘在这段沙漠的旅程中，过着“上无飞鸟，下无走兽，草木不生，人烟绝迹；时而风卷沙石；时而暴雨湿蒸，无饮无食，昏去醒来；时而见枯骨折剑，战场遗痕；时而见凶恶人兽，鬼魅形象，忽左忽右，忽前忽后，若隐若现”的惊心动魄的凄凉可怕生活。玄奘面对这些可怕的境界，他只有用宗教徒的虔敬之心，为那些无祭的孤魂默默地诵经超度。行行复行行，八百里的沙漠旅程，终于在他坚定不移的毅力下，一步一步地踱过去了，抵达伊吾国境。

玄奘在伊吾国没有停留，又经过六日旅程，到达了高昌王国。

高昌王麹文泰为一虔诚佛教徒，他对玄奘法师的到达，感到无比光荣，欢喜若狂。玄奘法师的才慧德学，更令他敬慕，他要请求玄奘常住高昌，受其供养，弘扬教法，作一全国精神导师。玄奘停留数月，便欲继续西行，因此，他与麹文泰之间，自然发生一场不愉快的争执。麹文泰因为挽留玄奘不住，便欲以遣送回国为要挟，阻止其西行；玄奘则以绝食求死而抗议。后来经人协调，玄奘与麹文泰结为异姓兄弟，答应自印度留学归来，再接受其供养，结束了宾主之间的一场争执。协议既定，麹文泰便为玄奘准备行装，派遣二十五位使者，携带二十四封国书，护送玄奘通过西域诸国。同时，麹文泰并要求突厥叶护可汗，请其转知所属诸国，沿途加以保护照料。玄奘得到这二位有力者的护持，再以大唐国人的身份，才得平安顺利地通过了神秘的西域高原。玄奘就是沿着现在新疆的天山南路，穿过俄属土耳其斯坦

(Russian Turkistan)，经阿富汗（Afghanistan），翻越冰天雪地的崇山峻岭，到达西北印度的迦湿弥罗（Ka'smira 即现在的克什米尔 Kasmir）国。

印度西北原为小乘佛教（Hinayana Buddhism）化区，特别是迦湿弥罗（Ka'smira）与犍驮罗（Gandhara）一带，更是说一切有部（Sarvastivadah）与经量部（Sautrantika）的重镇。玄奘既到了那里，除了朝礼佛教圣迹之外，便亲近小乘佛教大德，学习俱舍、婆沙、六足阿毗昙等重要的小乘圣典，同时，他又从印度婆罗门教（Brahman）学者，研究吠陀哲学（Veda Philosophy）。随后，他自西北印往中印度进发，沿着恒河（Ganga）东下，继续过其求法朝圣生活。一次，他在恒河的旅途中，被强盗劫持，强盗见他眉清目秀，仪表非凡，要杀他以祭天神。当强盗正欲加害之际，突然天昏地暗，狂风大作，沙土飞扬，雷雨倾盆而下，树倒枝折，强盗以为触犯天怒，询及同行的人，才知他是大唐国前来求法的高僧。于是强盗忏悔求恕，改邪归正。这一消息，不胫而走，迅即传遍印度，玄奘的声名，也随着这一事情深印在印度人的脑中。

玄奘继续沿着恒河东下，直到中印度摩揭陀国（Magadha），进入那烂陀寺（Nalanda）求法。他在那烂陀寺一住便是六年，从戒贤（Silabhadra）论师研究法相唯识学（Vijnana-Vada School）。那时，那烂陀寺为印度全国佛教最高学府，闻名遐迩，里面住着一万余人，各科知名学者甚多，戒贤论师为全寺中最高导师。玄奘因是远道前去求法的外国学僧，特别受到戒贤论师的关注与器重，将他列入十位上首弟子之内，过着特殊而优遇的生活。玄奘在这六年之中，学习瑜伽、正理、显扬、中论、百论、因明、声明及集量论等，此外，他还旁及婆罗门教典籍，以及印度六派哲学的思想理论。随后，他离开那烂陀寺，继续南游，求法朝圣，又亲近胜军（Jayasena）论师三年，研究唯识抉择论、意义论、成无畏论、十二因缘论、庄严论，以及关于瑜伽、因明等许多问题。贞观十六年（六四二），玄奘游罢南印归来，回到一别数年的那烂陀寺（这时，他已经不是一个学僧，而被晋升为一名教授），他奉戒贤论师之命，在寺内讲授摄大乘论及唯识抉择论，那时，适逢师子光论师也在那烂陀寺讲授龙树（Nagarjuna）系的《中观论》（*Madhyamaka Karika*）与《百论》（*Sata Sastra*），专以性空（Sunyata）立场破斥瑜伽唯识，因此，玄奘授课之余，并著《会宗论》一书，说明他对“空”“有”争议的看法，他的思想见解，深获戒贤论师及其他学者的称许。

印度戒日王朝之主——戒日王（Siladitya），为当时印度各邦之盟主，统一全印，他是一位虔诚笃实的佛教徒，当他听到玄奘的声名遍满全印，特地礼请玄奘法师到钵罗伽耶（现在阿拉哈巴 Allahabad 一带），与小乘佛教学者论辩，玄奘写成一部一千六百颂的《破恶见论》，驳斥小乘学者的《破大乘论》，发挥大乘佛教的精义，显示大乘学的特胜，使小乘学者无以反击。他的这部论典，赢得戒日王的激赏与赞佩，流行全印，而为小乘佛教学者及其他哲学家所畏服。后来，玄奘快要回国之前，又应戒日王再度邀请，在其首都曲女城（即现在印度的 Kanauj 城），举行无遮辩论大会，邀集印度全国国王与学者参加，礼请玄奘为论主。玄奘立真唯识量义，悬示于会场，宣布：如有人能驳斥其中一字者，并愿以头相谢。经过十八天，无人敢诘难，于是，戒日王在大会场中，高举玄奘的袈裟衣角，对众宣布："支那国法师，立大乘义，破诸异说，经十八日来，无敢论者，普宜知之！"玄奘的声誉，如日中天，轰动五印，许多学者、国王礼他为师，他俨然成了印度宗教哲学的最高权威，获得了空前无比的荣誉。

贞观十九年（六四五）正月，玄奘载誉归来，备受长安朝野各界热烈欢迎，万人空巷，夹道欢呼，极一时之盛。那时，唐太宗住在洛阳，玄奘稍作休息，便东下谒见太宗，陈述西行求法经过，深获太宗嘉许礼敬。他奉太宗之命，撰述西行所见所闻，这就是后来的《大唐西域记》一书。此书记载綦详，关于印度的风俗、民情、物产及人文、地理、历史，等等，均有详细的记述，现已译成数十国文字，成为当今研究印度历史的珍贵文献。太宗因慕玄奘之才，曾数度要他返俗辅政，常随左右，均为玄奘所婉拒。

玄奘由洛阳回到长安，得到唐太宗的有力护持。他在弘福寺召集全国佛教学者，成立译经道场，自任译主，从事伟大而艰巨的译经工作。据《续高僧传》说：“奘师于弘福寺创开翻译，召沙门慧明、灵润等以为证义，沙门行友、玄赜等以为缀缉，沙门智证、辩机等以为录文，沙门玄模以证梵语，沙门玄应以定字伪。”从这一人事的安排上看，可知玄奘的翻译是如何的认真而审慎了！后来高宗（李治）为纪念其母长孙皇后，在长安建造大慈恩寺，恭请玄奘法师居住，因此，玄奘又将他的译场迁移到大慈恩寺去了。

在玄奘之前，中国虽然已经译出不少经典，但大多采用意译法，意译的经典，在文字的表达上固然有其优点，可是，如果用真正的翻译标准来权衡，多多少少是与原著有出入的。玄奘为要改正这一弊端，乃改变古人的传统译法，另用一种新的直译法，可与原著相对照，不失原义。他的这一创新改革，不特为中国译经史上开创一个新纪元，同时也将中国译经史划成为二个时代：

后世的佛教学者，将玄奘以前的翻译称为旧译，而将玄奘及其以后的翻译称为新译。

玄奘在译经期间，一面自立功课，不费寸阴，每晨先圈读预译的梵文经典，以作事前准备。白天译经之余，并为大众授课，讲解经论，诠释法义，致力培植后进，如窥基、普光、圆测、彦悰、辩机等，都是出自玄奘门下的一时俊杰。另一方面，他从事中印文化的交流工作：将中国的老子《道德经》等译成梵文，流传印度，并将印度已经失传的佛经，再译回印度。而他最伟大的一桩工作，他将印度世亲（Vasubandhu）论师以后的十大论师所著的《唯识三十论》（*Vidyamatra Siddhi Trida'sa Sastra Karika*）注释，撷取其精要，揉合（编纂）成一部《成唯识论》，成为法相唯识学的重要典籍；唐代唯识宗的成立，主要便是依据此论而建立的。直至如今，这部不朽的名著，唯识学者仍然奉为重要宝典。

玄奘归国以后，自贞观十九年（六四五）五月一日在弘福寺开始译经，直至高宗麟德元年（六六四）正月绝笔，他在这十九年中，共计译出经典七十五部，一千三百三十五卷，约数千万言，卷帙之多，实为中国译经史上的创举。他绝笔不久，自知寿尽，便以六十三岁之高龄安详圆寂。当玄奘圆寂的消息传出之后，仿佛明星陨落，举国哀悼，高宗三日不朝，频呼："朕失国宝矣！"

足见玄奘遗留的德范影响世人之深。

综观玄奘大师的一生，值得世人钦敬景仰，而足以彰显其伟大的，约有数点：

一、他立志西行求法，目的非常单纯，只为求法（真理）而求法，不及其他。那时，中国佛教界没有人要他去求法，国家更不许他去，他宁愿做个偷关越境的国犯，不计生命安危，历经重重阻难，到印度留学。他的这种坚苦卓绝的求法精神，不是一个预备舍身的宗教家，任何人也不敢去冒险尝试的。他在印度十多年，不仅在佛法的造诣上有着极高的成就，即对印度风俗、民情、地理、历史等了解之深，也为后人所莫及。至于他在印度所获得的崇高荣誉，更是我国一千三百多年来留学史上破天荒的第一人。诚如李树青先生《天竺游踪琐记》所说："在我国的学术史上几千年来固不乏开宗立派推陈出新的第一流学者，但就留学生而论，无论是从前的求法印度和近百年来的留学欧美，迄今为止，还不能不推我们的玄奘法师为出类拔萃的一人。"这确是很公道的评论。玄奘留下的译绩之多，也是迄今为止我国翻译史上无与伦比的。他为后人的崇敬，并不是无因而侥幸获致的。

二、玄奘西去印度，路经高昌，为麹文泰苦劝慰留，请他久居高昌，受其供养。如若玄奘为一俗汉，无大志向，得一国王礼遇，养尊处优，早已放弃求法之心，则历史上将永无玄奘之名。玄奘不为物欲所囿，继续过其冰天雪地的求法生活，终于成一历史伟人，“民族宗师”，受着千万后人景仰，这才是他为常人所不及的伟大地方。又，他在印度，誉满五印，戒日王请他常住，如果他无归计，他在印度可以成为国师，做一宗教领袖，可是，他的遗泽，只有留于印度，对大汉民族并无贡献。玄奘的难能可贵，在他能够抛却常人视为不易获得的际遇，不忘自己为一中华儿女，为法而来，应为法而归，为大汉民族历史启开新页，他这种无视个人名利的精神，才是真正伟大的地方。

三、玄奘回国以后，唐太宗几度逼他还俗辅政，如果他罢道返俗，至多与历史上的黑衣宰相慧琳，或刘秉忠、姚广孝齐名，得到一人之下万人之上的地位，而他留给后人的印象，也许不会如此深远。玄奘能够婉拒太宗的相逼，仍然过他的平淡出家生活，以译经而终其身。他这种忠于所学的精神，足为我们后人效法。历史上多少国王大臣，权倾一时，除了极少数的几人之外，他们给与后人的印象，岂能与玄奘法师相比？

记得有位朱先生曾说：“在宗教界，玄奘大师是一位伟大的宗教家；在哲学界，他是一位伟大的思想家；在史地界，他是一位伟大的旅行家；在留学史上，他是我国最伟大的留学生；在今日，他可说是我国，甚至世界上最伟大的翻译家和文学家。”玄奘大师得此称誉，是当之无愧的！

一九七〇年二月二十日写于德山寺

（《“中央”日报》副刊）

《大唐西域记》译撰问题之我见

《东方杂志》复刊第八卷第二期，刊载商务印书馆编审委员会《〈大唐西域记〉之译撰问题》一文，叙及该馆新近接到某名教授来函，指出该馆发行之《大唐西域记》一书，封面及书脊，皆作“玄奘译”，似有未妥。该馆为慎重起见，曾请二位目录学专家勘定，由张说“序文”，及道宣《大唐内典录》、智昇《开元释教录》勘之，均作“玄奘撰”。《大唐西域记》，经此目录学专家勘定之后，其为玄奘“撰”而非“译”的问题，本已明确，毋庸置疑。但该馆编审会诸先生，对此问题，却另有看法，故在该文第三节中，引用《大唐西域记》第十二卷末辩机跋文，提出了他们的不同见解。该文说：

> 第十二卷末《记赞曰》以下部分，两本全同，显系辩机所撰。其中自述，有“爰命庸才，僎斯方

志。……恭承志记，论次其文，尚书给笔札而僎录焉……”辩机曾做了“撰”（僎）的工作，大概是没有问题。以辩机的地位，以及当时的环境，似乎不致公然说谎，攘夺他所崇拜的大师的功绩。下文又谓：“……行次即书，不在编比。故诸印度，无分境壤，散书国末，略指封域。书行者，亲游践也；举至者，传闻记也。或直书其事，或曲畅其文，优而柔之，推而述之，务从实录……”可以推知，辩机的撰录颇费工夫，并见是有原始资料可凭的；而这项资料则正是玄奘大师的实录。大师自己的实录，算不算是“译”呢？那就是文字涵义的问题了。记传闻之说，所闻者为各地方言，“译”是免不了的。便是记所亲见的，如所见者乃与中土迥然不同之事或物，则思索之时，恐怕也难全然不涉及“译”的思惟程序。细读内容，本书虽曾经过整理润色工作，译述的气味依然浓厚，颇与译经相同，不似纯粹的唐文。所以“译”字，是大概站得住的。

依据这段文字来看，显然编审会诸先生，赞同此书为“玄奘译”“辩机撰”之说，并不重视张说“序文”及道宣《大唐内典录》等之记载。但到底《大唐西域记》是“译”是“撰”的问题，我以为这是值得彻底论究的。因为，这部典籍，虽然在中国一向很少为人注意，但它在今天世界各国，却享有着崇高评价，而为治西域与印度人文、地理、历史学者，视为极其珍贵的重要文献。据近人张君劢先生所作调查统计，此书已有世界各国十八种不同文字译本，其蜚声士林学界，为人重视，于斯可见。英人斯坦因（Stein）氏所著《斯坦因西域考古记》（中华书局版，向达译）一书，书中亦屡见引及玄奘《西域记》所记之事物。日人白鸟库吉及羽溪了谛所著《西域研究》《西域之佛教》等书，其中均有广泛引用《西域记》之文。日人高桑驹吉，并以《大唐西域记东南印度诸国之研究》一书，获得博士学位。这部出自我国玄奘大师之手，而成为现今世界名著之一的典籍，它的译撰问题，早经世人有所认定，我们似乎不应对此问题，再作异说别解。

笔者近二十多年来，一直埋首于佛典的钻研阅读，大藏经中有关玄奘大师之各种古典史传，以及唐代各种经录，均曾做过细心的校勘与研究。去年年末，并且撰一长文——《见于唐代经录中玄奘经录之研究》，刊载于今年三至七月号《菩提树》月刊。因是之故，故对“《大唐西域记》之译撰问题”，拟就所见之古典资料，提出我的看法，作一论究。

关于“《大唐西域记》之译撰问题”，我以为，问题的根本关键，我们必须了解《大唐西域记》的成书因缘。从它的成书因缘，来看它是译是撰的问题，才能见到问题的全貌，作公平合理的论断，不至为其他文字所惑。《大唐西域记》的成书因缘，在慧立与彦悰的《大唐慈恩寺三藏法师传》(以下简称《慈恩传》) 卷六里，记载非常明白。贞观十九年（六四五）正月，玄奘自印度归来，回到长安，受到朝野人士盛大欢迎。其时，太宗适在东都洛阳，玄奘略事休息，二月便赴洛阳，谒见太宗。《慈恩传》卷六说：

> 壬辰，法师谒文武圣皇帝于洛阳宫。二月己亥见于仪鸾殿，帝迎慰甚厚，既而坐讫。……帝又谓法师曰："佛国遐远，灵迹法教，前史不能委详。师既亲睹，宜修一传，以示未闻。"[①]

"宜修一传，以示未闻"，这便是玄奘奉太宗之命，著《大唐西域记》的因缘。因为，玄奘谒见太宗，与其谈及西行所见种种及印度风土文物等情，太宗才有令修传记之命。冥详的《大唐故三藏玄奘法师行状》也说："谒帝于洛阳。三月一日，奉敕还京师，即于弘福（寺）翻译，及修西域记。"[②]此处应该注意的，《慈恩传》及《行状》，均用"修"而不用"译"。

贞观二十年（六四六）秋，《大唐西域记》完成。玄奘并同所译经论，呈献于太宗。同时，并上太宗一《表》说：

……玄奘幸属，天地贞观，华夷静谧，冥心梵境，敢符好事。命均朝露，力譬秋螽，徒以凭假皇灵，飘身进影，展转膜拜之乡，流离重驿之外。条支巨觳，方验前闻。罽宾孤鸾，还稽曩实。时移岁积，人愿天从。遂得下雪岫而泛提河，窥鹤林而观鹫岭。祇园之路，仿像犹存。王城之基，坡陀尚在。寻求历览，时序推迁。言返帝京，淹逾一纪。所闻所履，百有二（三?）十八国。窃以章彦（按：勘宋、元、明本作"允"）之所践藉，空陈广袤；夸父之所凌厉，无述土风。班超侯而未远，张骞望而非博。今所记述，有异前闻。虽未极大千之疆，颇穷葱外之境，皆存实录，匪敢雕华，谨具编裁，称为《大唐西域记》，凡一十二卷，缮写如别。[③]

太宗接到玄奘所呈《表》文，及《西域记》等书之后，并亲自答书与玄奘曰：

省书具悉来意。法师夙标高行，早出尘表。……朕学浅心拙，在物犹迷，况佛教幽微，岂能仰测？……新撰《西域记》者，当自披览。[④]

玄奘《表》中所称:“今所记述，有异前闻。”太宗答书也说:“新撰《西域记》者，当自披览。”我们从这些直接文证中，可以知道，主张《西域记》为“玄奘译”之说，似难成立。冥详的《玄奘法师行状》，也有相似之记载。

除了玄奘的史传之外，唐代的“经录”，也有明确的记载。道宣《大唐内典录》卷十说:“皇朝坊州玉华宫寺沙门释玄奘撰《大唐西域传(记?)》一部十二卷。”[⑤]智昇《开元释教录》卷八说:“《大唐西域记》十二卷，见《内典录》。贞观二十年，奉敕于弘福寺翻经院撰，沙门辩机承旨缀缉，秋七月绝笔。”[⑥]靖迈的《古今译经图纪》卷四说:“……《大唐西域记》一部十二卷。右除《西域记》，总七十五部，一千三百三十五卷。”[⑦]这是记载玄奘译典的总数，显然未将《西域记》，列在其中。

根据以上这些古典史料所载，《大唐西域记》列为“玄奘译”之说，显然是有问题的。而撰写这些史传与经录的作者，除了智昇之外，都是直接亲自参与玄奘译经场所的人物，或为玄奘的及门弟子，或为玄奘的道友。他们所记的当时事实，大致是可以信任的。

关于“辩机撰”之说，也是值得商榷的。智昇的《开元录》说:“沙门辩机承旨缀缉。”道宣的《续高僧传》卷四,《大慈恩寺释玄奘传》说:“……(玄奘)微有余隙，又出《西域传（记）》一十二卷，沙门辩机，亲受时事，连纰前后。”[8]我们从“承旨缀缉”“亲受时事，连纰前后”看来，大体可以知道辩机担任的角色。商务印书馆编审会诸先生，引《大唐西域记》辩机的“记赞”文字，说明《西域记》为辩机所撰。我以为，编审会诸先生，对于“记赞”的文字，太过着重于“爰命庸才，僎斯方志”之语，而忽略下面“恭承志记，论次其文，尚书给笔札而僎录焉”文字里的含义。特别是“僎录”的“录”字，更是忽视不得的。我们如将“记赞”的文字，而与《开元释教录》《续高僧传》等其他史传的文字，互相对观，思维与会通，我想编审会诸先生对“辩机撰”之说，可能要作重新评估。就他们所记的文字来看，彼此没有矛盾，没有冲突，是相合而相通的。道宣与辩机，都是初期参与玄奘译场的重要人物。如《续高僧传》卷四说：“……（玄奘）既承明命，返迹京师，遂召沙门慧明、灵润等，以为证义；沙门行友、玄赜等，以为缀缉；沙门智证、辩机等，以为录文；沙门玄模，以证梵语；沙门玄应，以定字伪。其年五月，创开翻译大菩萨藏经二十卷，余为执笔，并删缀词理。”[9]《慈恩传》也有相同记载。如果《大唐西域记》真为辩机所撰，道宣对于他的这位同事道友，不会不加以明白记载的，竟将《大唐西域记》写为玄奘所撰，“沙门辩机，亲受时事，连纰前后”。同时以玄奘的声望与地位，他在上唐太宗的《表》文里，也不会只写下“今所记述，有异前闻”，而完全不提及此书为辩机所撰之事。我想，玄奘不致昧着良心与事实，攘夺他门下弟子的功绩。近人梁任公先生，著《佛学研究十八篇》(中华书局版)，书末附录之三——《支那内学院精校本玄奘传书后》文中，梁氏为玄奘编一简谱，在贞观二十年（六四六）条下所记：“去年，师见帝于洛阳时，奉敕作游记，本年成《大唐西域记》十二卷。”亦未言及辩机撰之事。

综上以观，《大唐西域记》，一部分为玄奘亲自撰述，一部分为其口述，辩机笔录，而全书是由辩机编辑整理润色完成的。所以，《开元录》与《续高僧传》，才有“承旨缀缉”“亲受时事，连纰前后”的记载。辩机的“记赞”也说：“恭承志记，论次其文……而傒录焉。……行次即书，不在编比。……或直书其事，或曲畅其文，优而柔之，推而述之，务从实录。”据实而言，《大唐西域记》称为玄奘撰或著，这是合于事实的。辩机的“记赞”，对此也说得相当清楚。只是编审会诸先生，未及参阅其他史传资料，互相对观会通，更忽略了“傒录”中“录”字的重要性而已。如用现代人的说法，《大唐西域记》可以称为玄奘口述，辩机记录的。

如果认定《大唐西域记》为玄奘译、辩机撰之说，这与事实似难相符的。因为，古代的佛经翻译，必须有其梵文原本为根据，易梵为汉，名之为译。《大唐西域记》根本没有梵文原本，则玄奘又依据什么而译？辩机没有去过印度，他又如何能够记述在印度的见闻事物？这些都是实质问题。至于编审会诸先生对于“译”字所作的解释：“记传闻之说，所闻者为各地方言，‘译’是免不了的。便是记所亲见的，如所见者乃与中土迥然不同之事或物，则思索之时，恐怕也难全然不涉及‘译’的思惟程序。……所以‘译’字，是大概站得住的。”笔者对于此种诠释，不能完全同意。东晋时代赴印度求法的法显法师，所著《佛国记》（一名《佛游天竺记》，一名《法显法师传》）一卷，其中所记，为其旅印十五年中之见闻经过，与《大唐西域记》相似，但法显不称其为“译”，而署其为“法显记”。略迟玄奘三四十年而去印度留学的义净（六三五—七一三）法师，所著《南海寄归内法传》四卷，内容所记，也是他留印二十多年中亲见亲闻印度各地风土文物，义净也不称其为“译”，却称之为“撰”。我们由《佛国记》与《南海寄归内法传》来看，这二部成于玄奘以前与以后的典籍，也是以记印度见闻为主，当然，其中也有将印度不同的事物，经过他们的思惟程序，写成中国人共同知晓的名称。但《佛国记》与《南海寄归内法传》，都不称之为“译”，却称之为“记”与“撰”。以此推之，玄奘的《大唐西域记》，我们怎能将它例外地称之为“译”，而不称之为“著”？或谓，《大唐西域记》为玄奘口述，经他人笔记而成，与前二者稍异，故名之为译。若然，则今人寰游世界归来，或撰或讲所成之游踪文字，内容亦以记述外国文物史迹为主，此类文字，我们无不称之为“著”，从未称之为“译”。古今事例同然。所以，我们对《大唐西域记》，不能持以特殊别解。编审会诸先生所持的诠释理由，我们以为似欠充实，尚待商榷与研究。

论到大藏经中所收《大唐西域记》，亦署“玄奘译”“辩机撰”之事，这显然为大藏经中相沿已久之错字，不能以之为据。凡对佛典有所涉猎，或对玄奘大师历史有所研究的人，无不知其为一错字。佛经最早刻版印刷，始于我国宋代。宋代以前，佛经流传，均以手抄本为主。如近代敦煌石室发现之唐人手写佛经卷子便是。手抄本的佛典，或刻版印刷的佛典，其中都难免有错字，我们从日本大正新修大藏经（以下简称“大正藏”）中，日本佛教学者，依据十余种不同版本所作之校勘注释，可以知道在各种不同版本之间，相异之字，以及或增或减之字，彼此互见。而自古因袭相沿下来各种版本相同之错字，无法校勘注释，亦复不知若干。此处笔者随便举其二例如下：

（一）《慈恩传》卷六，引太宗答玄奘书云："朕学浅心拙，在物犹迷，况佛教幽微，岂能仰测？"冥详的《玄奘法师行状》，也引用此文："朕学浅心拙，在物犹迷，况教幽微，豈能抑测？"[⑩]我们校勘此二引文，显然《行状》的"况教幽微"，其中脱落一"佛"字；"豈能抑测"，"豈"为"岂"字之误，"抑"为"仰"字之误。如果不以《行状》与《慈恩传》对勘，则颇难发现《行状》中之脱字与错字。

（二）大藏经中所收玄奘各种史传及唐代各种经录，均记玄奘贞观三年（六二九）西去求法，道宣在《广弘明集》里，却记玄奘于贞观元年（六二七）西去印度。就道宣的典籍而论，其在《续高僧传》与《大唐内典录》中，又均记为贞观三年，显然道宣自己也是矛盾互现。但玄奘到底是贞观元年抑或三年西去求法？这成了研究玄奘历史者争议不决的问题。一般都持贞观三年之说，因在史书中，得到多数记载为证。梁任公对此问题，发现一强有力的证据，否定了传统的贞观三年之说。梁氏查出突厥叶护可汗死于贞观二年（六二八）的记载。玄奘西去求法途中，曾经得到叶护可汗的礼遇接待，并沿途护送，才能顺利地到达印度。从叶护可汗死于贞观二年的记载推算，玄奘西去求法，当在贞观元年，此与《广弘明集》所记相合。贞观三年之说，显然为一不足采信之错误记载。印顺法师在《玄奘大师年代之论定》一文中（此文为不同意港大罗香林教授之考证而作），明确地指出贞观三年之“三”字，而为“元”字草写之误。

由以上二例观之，古代抄本佛经或刻版佛经，其中确有不少错字，一直相沿至今，未加改正。编审会诸先生举大正藏等所收《大唐西域记》为例，作为所持“玄奘译”“辩机撰”说之论据，我以为，这只能作为形式相同之论证，但不能作为事实实质之根据。至于释界对此不见争议，因为此一错字，早为大家悉知悉见，又何用作此无谓之争论。笔者即为出家三十余年之僧侣，所持看法，即属如此。

此外，编审会诸先生在其文中，尚提及《大唐西域记》之版本问题，说明该馆共有二种本子，一为《四部丛刊》所收，此为“依据江安傅氏双鉴楼藏宋刊藏经本影印”；二为“国学基本丛书”所收，其所依据之版本，今已无法查考。“国学基本丛书本”（即今“人人文库本”），在十一卷僧伽罗国，却比“四部丛刊本”多出二百一十五字。编审会诸先生由译撰问题，兼带论及版本问题，笔者不知道此事是否亦为某名教授信中所提及？若然，笔者更不知道某名教授是否因读及拙文——《校读〈大唐西域记〉之后》——论及此一问题而提出？

前年夏间，笔者应日月潭玄奘寺广忠之托，代为校对《大唐西域记》第三校稿，该寺所用的原本，即为商务印书馆发行的人人文库本。我在校对期间，发觉人人文库本之句读及文字，间有疑似之处，因此，便检大正藏《大唐西域记》互校。当校至十一卷僧伽罗国，发现人人文库本有二百一十五字，为大正藏本所无，而大正藏十一卷末，将明本所多出的五百一十六字，附录于卷末。人人文库本所见的二百一十五字，即为明本五百一十六字之前半；自“大明永乐三年……”以下三百零一字，却不见于人人文库本。笔者对于此段文字，曾作仔细研究，发觉这五百一十六字，确为同一明人所记，非《大唐西域记》之原文。见于人人文库本之二百一十五字，其中有“今国王阿烈苦柰儿，锁里人也”而不见于人人文库本之三百零一字中，也有“郑和劝国王阿烈苦柰儿，敬崇佛教，远离外道”[11]。我们从国王阿烈苦柰儿(Alagakkonara)的名字为证，可以肯定人人文库本的文字，与“大明永乐三年……”以下的文字，是出自同一人之手的同一文字，只是人人文库本，将“大明永乐三年”以下的部分删去罢了。我在二十五史《明史》三百零四卷《宦官列传》的郑和传记里，也见到相同的记载：“（永乐）六年九月，再往锡兰山国，王亚烈苦柰儿，诱和至国中……”[12]显然，亚烈苦柰儿，为大明时代的锡兰国王，这是铁证的史实。编审会诸先生说：“而丛书本

（人人文库本同）则在有关部分，较前一版本增加一段共二百一十五字，惟其内容未提郑和之事，则与提要所指，并不全同。”我们并不因人人文库本增加的二百一十五字里，未提郑和之名及郑和之事，就否定它不是属于明人的文字，若要否定此事，必须将阿烈苦柰儿的名字从中剔去不可。这些史证俱在，我想编审会诸先生，或许未能注意及此而已。至于这段类似明人的附记文字，何时被误刊于《大唐西域记》里，以及人人文库依据的版本，何时又将后半删去，惟留前半的经过原委，笔者身边仅有大正藏一部，而无明代及其以后的各种版本，可资查考研究，故对此一问题，目前无法作研究说明。

注：

①见大正藏精装本第五十册二五三页上—中。

②见大正五〇·二一八上。

③见大正五〇·二五四中—下。

④见大正五〇·二五四下。

⑤见大正五五·三三三上。

⑥见大正五五·五五七中。

⑦见大正五五·三六七下。

⑧见大正五〇·四五五上。

⑨见大正五〇·四五五上。

⑩见大正五〇·二一八上。

⑪见大正五一·九三九上。

⑫见艺文印书馆版第五十册三三四七页上。

一九七四年九月三日写于德山寺藏经楼

（《东方杂志》）

《〈大唐西域记〉撰人辩机》读后述感

一

我国近代著名的历史学者陈垣教授，他的一生，从事史学研究工作，著作颇多，在近代的中国史学界里，有着很高的名望，为时人所推重。陈氏研究历史的范围很广，除了一般的历史之外，他对中国的宗教史，也颇有研究。有关伊斯兰教、天主教与基督教，在中国的历史，陈氏写过专门性的研究论著；至于与中国文化历史有着血肉相连无法分开的中国佛教历史，当然也是陈氏研究的对象。他写过几本有关佛教史乘的专著，得到史学界的推崇与重视，凡是研究中国佛教史的人，大抵没有不知道陈氏其人的。

陈氏是一个天主教徒，曾在教会大学授课，并担任辅仁大学校长多年，在教育界，他是一个知名的教育家。他生于一八八〇年，卒于一九七一年，在九十多年的一生中，没有离开研究教学与著作的岗位，非常难得。一九八〇年，陈氏百岁冥寿，上海人民出版社，编辑《中国当代史学家论著》丛书，由陈氏的后人——陈乐素、陈智超，选录陈氏的重要史学论文七十九篇，编为一巨册，题为《陈垣史学论著选》。此书数十万言，六百四十余页，堪称陈氏史学论著的菁华录。在这七十九篇论文中，有关佛教史乘的论著，计有十余篇；《〈大唐西域记〉撰人辩机》一文，即为其中之一。

玄奘这部《大唐西域记》，是在唐太宗贞观二十年（六四六）七月写成的，到现在已经有一千三百四十多年的历史了。根据我国近代著名学者张君劢教授的调查统计，此书已有十八种不同文字的译本流行，其为世界各国学者重视，于斯可知矣！印度阿利安民族，是一个不重视历史记载的民族，今天研究印度中古时代历史的各国学者，差不多没有人不读玄奘这部《大唐西域记》。在我国留学史上，玄奘是个伟大而优秀的杰出留学生，他在国外获得的无比荣誉与回国后留下的庞大不朽译绩，直到今天，在我国历史上仍然找不到第二人。一千多年前，当他记述在印度十七年求法期间，旅行见闻种种，那时也许并未想到，他的这部游记，会成为一千多年后的世界名著。

贞观十九年（六四五）正月，玄奘由印度回到中国，他去东都洛阳与唐太宗见面，谈到在印度十七年中见闻种种，唐太宗要他写成一部专书出来。“宜修一传，以示未闻。”（见《大唐慈恩寺三藏法师传》卷六）这是《大唐西域记》的来因。玄奘去见唐太宗的目的，希望能够得到朝廷的赞助与支持，成立一个佛经翻译的译场，因为，他从印度带回了大量的梵文经典，想做有计划有组织的翻译工作。玄奘的这个构想与要求，得到唐太宗的嘉许，完全同意，并派中书令许敬宗负责其事，一切费用均由朝廷支给。征召当时国内最优秀的著名僧侣二十一人，组织庞大严谨的译场，从事翻译。许敬宗在《瑜伽师地论》后序中说：“召诸名僧二十一人学通内外者，共译持来三藏梵本。”（见大正藏三十册二八三页下）在征召的二十一人中，辩机便是其中之一。依据《开元释教录》记载，玄奘是于贞观十九年五月二日开始译经的，他在译经之余，并口述在印度十七年的见闻，指令文学才华最突出的辩机负责记录。陈垣教授《〈大唐西域记〉撰人辩机》，便是指此而来。

关于辩机的历史，我在大藏经史传部里，曾经仔细地阅读寻找，所见不多，除了《大唐慈恩寺三藏法师传》《大唐内典录》《开元释教录》《续高僧传》的玄奘传等，零零星星地见到一些之外，并没有他的单独完整传记。《续高僧传》的作者道宣律师，也没有为他这位同在玄奘译场里共事的师友作传；后世的《宋高僧传》里，赞宁也没有为他作传。明白地说，在佛教的文献方面，辩机的历史资料，是不太丰富的。不过，由于他是《大唐西域记》的撰录人，且在书末写了一篇二千多字的“记赞”，说明记录和整理的经过情形，因此，他的名字，随着《大唐西域记》的流传，而知名于世。

陈垣教授的这篇大文，是我第一次见到专以论述辩机为主的文章，基于对历史有着相当爱好的兴趣，过去我对辩机的历史资料也做过搜集工作，因此，我对陈氏此文，特别仔细地用心阅读多遍，低回沉思，对其史料的采信，颇多不能同意。故作此文，略抒所见。

二

《〈大唐西域记〉撰人辩机》，大抵为陈氏最得意的一篇精心杰作。如前所说，在佛教的文献方面，有关辩机的历史资料不多，陈氏能从零星的资料里将其搜集组织成篇，并旁及《新唐书》与《资治通鉴》之记载，论述辩机的种种，实在难得。毋怪陈氏曾将此文在多处发表，足见其对之珍爱。据此文末后编者“按语”说：

本篇先后发表于前《历史语言研究所集刊》第二本第一分（一九三〇年五月）及《桑原博士还历纪念东洋史论丛》(一九三一年一月)。一九五五年一月修订后，作为文学古籍刊行社出版的《大唐西域记》一书的附录。一九六三年十一月又校订一次。此次采用一九六三年本，并据原稿作了校订。(见该书二八七页)

从编者的按语中，我们知道陈氏此文先后发表于《历史语言研究所集刊》与《桑原博士还历纪念东洋史论丛》。所谓“历史语言研究所集刊”，我想大概是指“‘中央研究院’历史语言研究所”出版的“集刊”吧？“桑原博士还历纪念东洋史论丛”，显然是指日本人出版的史学论集。最后，陈氏又将此文“修订”以后，作为《大唐西域记》的附录，将与玄奘这部世界名著同享不朽之名。陈氏自一九三〇年发表此文，到一九六三年做最后一次的“校订”，在这三十多年里，陈氏曾对此文做过二次修订。为什么要做“修订”和“校订”？作者本人没有说明，编者按语也未提及，我想，可能史料的问题多于文字上的改动吧！

由于辩机的史料不多，而陈氏能将此文写成一万余言，洋洋洒洒，引经据典，益显陈氏读书之博，撰述史学论著之能手。陈氏此文共分十四子题，兹引录于下，以见全文内容之一斑。

一、绪论

二、辩机之自述

三、《瑜伽师地论》后序之辩机

四、慧立口中之辩机

五、道宣口中之辩机

六、僧传中散见之辩机

七、《新唐书》辩机凡三见

八、《资治通鉴》中之辩机

九、辩机之略历及年岁

十、辩机与高阳公主来往之年

十一、辩机被戮之年及译经年表

十二、王鸣盛不信《西域记》为辩机撰

十三、同时是否有两辩机

十四、余论

就这十四个子题观之，除了前面“绪论”与末后“余论”之外，中间十二子题，为陈氏此文的纲要。综观陈氏此文中心主旨，乃在说明辩机被杀之事；辩机的被杀，而且又是关涉到唐太宗第十七女高阳公主相恋所致。此事非属寻常，所以陈氏特从历史文献中搜集资料，撰写此一专文。陈氏是一天主教徒，他写此文的用心和目的，我们大抵可以猜测得到。

关于辩机被杀的事，在佛教的文献中没有记载，《旧唐书》也没有记载，只有《新唐书》与《资治通鉴》里始见记述。《新唐书》与《资治通鉴》的记载，尽管在文字的使用上不尽全同，但其史料的来源却是相同的。至于《新唐书》的史料是根据什么而来的？是朝廷官方文书的记载？还是私人的著作所记？其可信度又是如何？《新唐书》作者没有说明，我们无由知道。不过，由于佛教文献与《旧唐书》没有记载，我们对于《新唐书》史料的来源不能不持以怀疑。如果辩机被杀的事，是属朝廷的官方文书所记载，我想《旧唐书》一定会将之记入的，在佛教的文献方面，也会多多少少见到一些记述的。如果《新唐书》的史料是来自无稽的野史，则其历史的价值及其可信的程度如何？也就不言可知矣！

现在我们先将记载辩机被杀的《新唐书》与《资治通鉴》的文字，一一引录于下，而后再加以分别论述，提出我们的看法和怀疑之点。

《新唐书》八十三卷“高阳公主”的传记：

合浦公主，始封高阳。下嫁房玄龄子遗爱。主，帝所爱，故礼异它婿。主负所爱而骄。房遗直以嫡当拜银青光禄大夫，让弟遗爱，帝不许。玄龄卒，主导遗爱异赀，既而反谮之，遗直自言，帝痛让主，乃免。自是稍疏外，主怏怏。会御史劾盗，得浮屠辩机金宝神枕，自言主所赐。初，浮屠庐主之封地，会主与遗爱猎，见而悦之，具帐其庐，与之乱，更以二女子从遗爱，私饷亿计。至是，浮屠殊死，杀奴婢十余。主益望，帝崩无哀容。

又浮屠智勖迎占祸福，惠弘能视鬼，道士李晃高医，皆私侍主。主使掖廷令陈玄运伺宫省机祥，步星次。永徽中，与遗爱谋反，赐死。显庆时追赠。(见中华书局《新唐书》三六四八页)

《资治通鉴》卷一九九永徽三年之末，也有与此相似之记载：

散骑常侍房遗爱，尚太宗女高阳公主，公主骄恣甚，房玄龄薨，公主教遗爱与兄遗直异财，既而反谮遗直。太宗深责让主，由是宠衰，主怏怏不悦。会御史劾盗，得浮屠辩机宝枕，云主所赐。主与辩机私通，饷遗亿计，更以二女子侍遗爱。太宗怒，腰斩辩机，杀奴婢十余人，主益怨望，太宗崩，无戚容。上即位，主又谋黜遗直，夺其封爵，使人诬告遗直无礼于己。上令长孙无忌鞫之，获遗爱及公主反状。

我们对读《新唐书》与《资治通鉴》的这二段记载，虽然《资治通鉴》在文字的表达上与《新唐书》不尽全同，内容上也有省略之处，但其史料的来源，二者却是同一的，这是可以肯定的。

《新唐书》除了高阳公主的传记记载到辩机被杀的事，此外，在第九十六卷房玄龄的传记末后，写到房遗爱的事，也有相同的记述，我们引录如下：

> 次子遗爱，诞率无学，有武力。尚高阳公主，为右卫将军。公主，帝所爱，故礼与它婿绝。主骄蹇，疾遗直任嫡，遗直惧，让爵，帝不许。主稍失爱，意怏怏。与浮屠辩机乱，帝怒，斩浮屠，杀奴婢数十人，主怨望，帝崩，哭不哀。高宗时，出遗直汴州刺史，遗爱房州刺史。主又诬遗直罪，帝敕长孙无忌鞫之，乃得主与遗爱反状，遗爱伏诛，主赐死。遗直以先勋免，贬铜陵尉。诏停配享。(见中华书局《新唐书》三八五八页)

《新唐书》房遗爱的这段文字，我们与高阳公主传记的那段文字来对照，内容完全是一样的；在同一作者宋祁的笔下，只是将一桩事件分别写在二处而已。《旧唐书》第六十六卷房玄龄的传记末尾，也写到房遗爱的事，可是，其中没有提及辩机的事，这是值得我们注意的。我们也将《旧唐书》的文字引录于下，以作二者对照：

> 子遗直嗣，永徽初为礼部尚书、汴州刺史。次子遗爱，尚太宗女高阳公主，拜驸马都尉，官至太府卿、散骑常侍。初，主有宠于太宗，故遗爱特承恩遇，与诸主婿礼秩绝异。主既骄恣，谋黜遗直而夺其封爵，永徽中诬告遗直无礼于己。高宗令长孙无忌鞫其事，因得公主与遗爱谋反之状。遗爱伏诛，公主赐自尽，诸子配流岭表。遗直以父功特宥之，除名为庶人，停玄龄配享。（见中华书局《旧唐书》二四六七页）

就上面引录的文献资料来看，辩机与高阳公主相恋而被杀的事，只见于《新唐书》与《资治通鉴》，不见于《旧唐书》。《新唐书》与《资治通鉴》，如前所说，其史料都是属于同一来源，不能作为彼此互证；至于以后出现的史书，其中或有所记，都是根据《新唐书》而来的，不能用作文献资料的旁证。《旧唐书》没有高阳公主的传记，在房遗爱的一段文字里，也未说到辩机与高阳公主之恋而被杀的事，《新唐书》的列传作者——宋祁，不知道根据什么史料而记载此事的？陈垣教授也没有能够为之找出证据来，仅仅在文章里说："《新唐书》所得新史料，而据以增入者也。""新史料"是根据什么典籍而来的？其可信的程度又是怎样？陈氏未能为之详细说明，这是值得令人起疑的。

根据一般研究历史的常情而言，除了属于当事者的第一手资料（包括手写与口述），具有绝对可信的价值之外（此指忠于历史的诚实者而言），至于其他后出的资料，必须要再寻找有关的文献记载作为佐证，才被认作历史事实。如果没有其他文献记载证明的资料，在一个研究历史者的眼里，至多将这种孤独的资料认作一个孤证，文献中有这样的记载，但是，并不意味着它就是历史的事实。陈氏所谓"《新唐书》所得新史料"，这个"新史料"是缺少其他文献来作佐证的。《新唐书》的作者——欧阳修与宋祁，都是尊孔排佛的，《旧唐书》的方伎传里，原有玄奘、神秀、一行的传记，到了《新唐书》列传作者宋祁的手里，竟被全部删去，而独对高阳公主与辩机的事，一再地予以记述，宋祁的这种心态，我们可以完全清楚的。据中华书局出版的《新唐书》前面"出版说明"中指出：

由于《新唐书》的撰修后于《旧唐书》，故在列传中保存了一些《旧唐书》所未载的史料。自安史之乱以后，史料散失不少，穆宗以下又无官修实录，所以宋祁为唐后期人物立传，采用了不少小说、笔记、传状、碑志、家谱、野史等资料。(见中华书局《新唐书》一二页)

一个为正统历史撰写史书的人，为人立传，竟然采用了小说、笔记、野史等资料，其传记的价值及其历史的可靠性，也就可想而知了。后人曾作《新唐书纠谬》一书，我们由这个书名，可以看出《新唐书》的史实，并非百分之百的完全正确。说到司马光的《资治通鉴》，因为司马光也是以中国儒家为本位，属于尊孔排佛一类型的人，《宋史》第三三六卷司马光的传记，明白地写道："光于物澹然无所好，于学无所不通，惟不喜释老。"(见中华书局《宋史》一〇七六九页)"不喜释老"，充分地说明了司马光与宋祁之流是同一鼻孔出气的人。司马光与宋祁是同时的人，只是宋祁出生比司马光早二十四年而已。当宋祁的晚年（宋祁活到六十六岁）撰写《新唐书》列传期间，也正是司马光撰著《资治通鉴》的时代，二人的史料互相引用，《资治通鉴》的史料来源，我们也就无用深究了。

三

《新唐书》的高阳公主传记，记载辩机被杀的事，虽然在历史文献中属于一个孤独的资料。但是，我们没有发现强有力的足以推翻此一资料的文献之前，当然不容许我们排除它所代表的真实性。佛教的文献资料没有辩机被杀的记载，《旧唐书》也未提及此事，不过，我们从道宣的《续高僧传》中没有辩机的传记，感到非常怀疑，按照一般常情而言，道宣应该要为辩机写传记的。因为，贞观十九年，他与辩机都是被征召到玄奘的译场参加译经，谊兼同事；辩机在《大唐西域记》末后的“记赞”里，也叙述了一点自己的历史，而且，他们又同住长安，彼此也许早经慕名而相识；既非生疏，又非缺乏资料，以道宣这个著名的历史学者，为佛教保存历史资料而撰写《续高僧传》，他似乎没有理由不为辩机作传的。《续高僧传》里竟然没有辩机的传记，其中当然有着不寻常的原因，我们再读《新唐书》高阳公主传记，经过思考与联想，自然也不能完全排除辩机没有被杀的可能性。不过，从现存的各种文献资料来做分析研究，我们想要说明的，辩机的被杀，是否真如《新唐书》所说因与高阳公主私通而被杀？还是唐太宗误听传言一时震怒未经调查清楚而遭误杀？被杀虽然是同一事实，但是，因为其原因不同，有关当事者名节甚大，我们不能不依据现存的文献资料来研究分析论述此事。陈氏的文章，完全相信《新唐书》所记，我们从文献资料的分析研究所得，与陈氏的看法不尽相同。

辩机被征召到玄奘译场参加译经工作，当时的征选条件，定得非常严格，许敬宗在《瑜伽师地论》的后序里，也约略地提到："召诸名僧二十一人学通内外者，共译持来三藏梵本。……僧徒并戒行圆深，道业贞固。"（见大正藏第三〇册二八三页下—二八四页上）明白地说，当时被征召的人选，不但在内学与外学上要有相当根基，同时，在品德戒行方面，也必须具备相当标准，才够资格进译场，参与译经工作。辩机能够被征召到译场工作，证明他已经具备了征召的条件，绝对不是一个有学而无德行的人。玄奘于译经之余，特地选择辩机为《大唐西域记》的记录人，这也显示了辩机的文学造诣已被玄奘所赏识。翻译《瑜伽师地论》一百卷，虽然奉旨笔受的共有八人，但是，辩机担任了"摄抉择分"三十卷（即第五十一卷至八十卷）的笔授工作，在翻译的数量上，辩机是属第一的。许敬宗"序文"也说："摄抉择分，凡三十卷，大总持寺沙门辩机受旨证文。"（见大正藏第三〇册二八三页下）玄奘如此器重辩机，显然地，辩机的品德才华，也是有被值得重视的地方。辩机的成就与突出，并非无因而获致的，大部分由于自身的努力与遇逢明师教导的双重关系所致。关于这一点，他在《大唐西域记》的“记赞”里说得很明白：“辩机远承轻举之胤，少怀高蹈之节，年方志学，抽簪革服，为大总持寺萨婆多部道岳法师之弟子。”（见大正藏第五十一册九四七页上）辩机是道岳的弟子，道岳是位著名的《俱舍论》学者。我在拙作《关于〈解深密经〉圆测疏全本之出版》一文里，曾经这样说过：“圆测没有师事玄奘之前，他早已从法常、僧辩受学。法常和僧辩，是出自道岳的门下，道岳的师父是道尼，道尼是真谛的及门弟子。当真谛的得意弟子智恺去世之后，以道尼为首的十二人，曾在真谛面前立誓弘传《摄论》与《俱舍》。”真谛在广州译出的《摄大乘论》与《俱舍论》，能够弘传到北方，以致成立宗派，都是道尼他们的功劳。道岳从道尼研究俱舍学，成为著名的萨婆多部学者。辩机依道岳出家，所谓“名师出高徒”，在道岳的教诲与启导下，成就了辩机的非凡成就。

关于辩机的被杀，陈氏依据智昇《开元释教录》所载玄奘译经年表，推算是在贞观二十二年（六四八）三月二十日以后，至贞观二十三年（六四九）初之间遇难的。因为，贞观二十二年三月二十日，辩机译完《天请问经》一卷之后，玄奘的译经年表上，就没有辩机的名字，而唐太宗死在贞观二十三年的五月，辩机被唐太宗下令杀害，当然是在这段期间。不过，辩机的遇难，是否与高阳公主私通有关，我们从现存的佛教文献资料上而做逻辑学上的推理分析研究，认为这是不可能的。我们的论据是：辩机与高阳公主私通，就辩机本人而言，这是犯了出家的根本大戒，为佛门大众所不许，依据僧制，应该摈出僧团，勒令还俗。辩机又是因此事而被唐太宗震怒下令杀害，此事更是非同小可，影响佛教声誉至大且巨。何况，辩机不是一个普通僧侣，他是一位"学通内外"的"名僧"，奉令征召在译场译经，身份特殊，而其所牵涉的对象，又是唐太宗最钟爱的女儿，这种事件，如用今天新闻学的术语来说，是一个具有震撼性的社会热门新闻。社会的知识分子，针对此事的发生，一定有人为文评述。佛教界的僧俗二众，当然也会有人为文指责，甚至要求僧团做"自清"运动。朝廷的官方文书，自然也有详细的记载。可是，有关这类文献资料，如今完全不见，这是非常令人怀疑的。如果说，在封建的专制君主时代，没有新闻言论自由，因为此事涉及皇室人员在内，为了维护皇室人员的名誉与尊严，不许做任何文字的记述。但是，事实并不尽然，在辩机被杀的十多年后，出现在佛教文献中的记载，依然将辩机的名字记人，丝毫没有加以责备或贬抑，这是出乎常情的。由于辩机的名字在其死后再度出现，当然会使人忆及他的死是与皇室有关的，可是，皇室也没有人追究此事，这也是不寻常的现象。现在我们且看佛教文献资料的记载。

玄奘是在唐高宗麟德元年（六六四）圆寂的，慧立在《大唐慈恩寺三藏法师传》(以下简称《慈恩传》）里，对于参加玄奘译场的人员记载最详，其中证义大德十二人，缀文大德九人，字学大德一人，证梵语梵文大德一人。所谓“缀文大德九人”，他们是：

西京普光寺沙门栖玄

西京弘福寺沙门明濬

西京会昌寺沙门辩机

终南山丰德寺沙门道宣

简州福聚寺沙门靖迈

蒲州普救寺沙门行友

蒲州栖岩寺沙门道卓

豳州昭仁寺沙门慧立

洛州天宫寺沙门玄则

慧立在辩机遇害以后，仍然写出了他的名字。

我们再看道宣所写的，麟德元年（六六四），道宣

“奉敕”撰写《大唐内典录》十卷完成，呈献给唐高宗，他在该书卷五里写道：

> 奘以贞观十九年躬谒文帝，异伦礼接，仍敕名德沙门二十余人，助辑文句，初在弘福翻经，公给资什，沙门灵润等证义，沙门行友等缀文，沙门辩机等执笔。及慈恩创置，又移于彼参译。(见大正藏第五十五册二八三页中)

玄奘于麟德元年圆寂，道宣在《续高僧传》卷四里，写过一篇长传，其中说到：

> 帝（唐太宗）曰：自法师行后，造弘福寺，其处虽小，禅院虚静，可为翻译，所须人物吏力，并与玄龄商量务令优给。(奘）既承明命，返迹京师，遂召沙门慧明、灵润等，以为证义；沙门行友、玄赜等，以为缀辑；沙门智证、辩机等，以为录文；沙门玄模，以证梵语；沙门玄应，以定字伪。其年五月，创开翻译《大菩萨藏经》二十卷，余为执笔，并删缀词理。……又复旁翻《显扬圣教论》二十卷，智证等更迭录文；沙门行友，详理文句，奘公于论重加陶练。次又翻《大乘对法论》一十五卷，沙门玄赜笔受。微有余隙，又出《西域传》一十二卷，

沙门辩机，亲受时事，连纰前后，兼出《佛地》《六门》《神咒》等经，都合八十许卷。(见大正藏第五十册四五五页上)

根据上面引录的文字来看，道宣在《大唐内典录》与《玄奘传》里，虽然几度提及辩机的名字，丝毫没有对他有着责备和贬抑的意味。道宣的这些文字，都是写在辩机遇难后的十六七年，大家对于辩机被杀的事记忆犹新，为什么道宣与慧立还要将辩机的名字一再地提出，他们的目的和动机如何？这是值得耐人寻味的。尤其是道宣的文字，我们更不能等闲视之加以忽略。因为，道宣不仅是一位著名的佛教历史学家，同时，他也是一位精研戒律守持僧戒的有名的“律师”。中国佛教的律宗，其传承发展的流派，虽然有着三个系统，而影响后世最深的“南山律宗”，便是以道宣为主体而发展建立起来的。如前所说，辩机的被杀，果真是与高阳公主私通有关，对辩机个人而言，这是他应得的惩罚；但对佛教而言，因他的被杀，而使整个佛教名誉蒙羞，损害至大。道宣与慧立，不论他们与辩机的私人友谊多么深厚，但是，站在一个知识分子理性主义的立场，尤其是道宣律师的持戒精神，对于事情的权衡轻重，以及对当时及后世的影响，我想，我们的道宣律师不会受着感情的冲动而盲目地一再地将辩机的名字写在他的文章里面。就道宣的文章而言，他也不一定非写辩机的名字不可，参加玄奘译场的缀文者共有九人，道宣只要随便举出一二人做代表就可以了，为什么道宣不此之图，偏偏要举辩机为代表？道宣的这一做法，是经过他的深思熟虑之后才决定的，他一再地写出辩机的名字，不是为佛教现丑，其目的是向杀害辩机的统治者做无言的愤怒与抗议。明白地说，辩机的被杀完全是冤屈，辩机与高阳公主之间是清白的。道宣与慧立是当时的见证人。因为如此，他们才肯这样做的。但是，鉴于当时统治者的权力，个人的生命安全因素，道宣不便公然地为辩机作传，向统治者提出抗议，只要在其他的适当地方，道宣却不肯放弃机会，一再地提示辩机的名字，他为亡友“鸣冤”的心情，至为显然。道宣的这一做法，真是“用心良苦”的了！

当道宣在文章中记述辩机之名及辩机之事的时候，那时下令杀害辩机的统治者已经死了，由他的儿子唐高宗（李治）继任皇位，唐高宗对于这位同父异母所生的皇妹与辩机之间的事件真相，当然知道一清二楚，所以，道宣在“奉敕”撰写的《大唐内典录》里，毫不隐讳公然地写出辩机的名字，唐高宗对于此事，认为只要不使他的亡父过分难堪，也就默认了这一事实，不予追究。

这是我们就佛教文献资料所做的分析研究。

四

唐太宗为何要杀害辩机？我们就《新唐书》高阳公主的传记，也能寻找到原因。房玄龄是唐代的开国功臣，唐太宗为酬谢其功劳，封爵给他的长子房遗直为银青光禄大夫，并将最宠爱的女儿高阳公主嫁与其次子房遗爱为妻。可是，这位有着特殊身世背景的高阳公主，倚仗着父皇平日对她的宠爱，要她的夫兄将爵位让与她的丈夫，形成了家族之间的剧烈斗争，房遗直受不了弟妇的压力，只有向现实低头，恳求唐太宗准许他让爵的意愿。唐太宗顾全大体，不许房遗直辞爵，而对自己女儿近乎胡闹予以深责，往昔的宠爱逐渐疏淡，构成了父女之间的一个“心结”。后来由于御史劾盗，知道金宝神枕又是女儿送与辩机的，加上过去的“心结”，未经查明，在一声震怒之下，而将辩机杀害。唐太宗的这一手法，主要是用来震慑教训他的女儿，表示父皇的权威。后世记述此事的，自然而然加上了男女关系在内，使辩机虽然被害而含冤莫白。

也许有人认为，唐太宗是个佛教徒，修建许多佛寺，护持佛教，对玄奘以及其他高僧礼遇，资助译经事业，这样的一个贤明君主，如果没有十足的事实证据，怎么会去杀害一个名僧辩机？我们从历史的研究上，这是一般人的一个错觉，并不真正了解唐太宗。其实，唐太宗不是一个佛教徒，他根本也不信佛，在《旧唐书》的萧瑀传记里，唐太宗曾经作过露骨的坦白表示。萧瑀是梁武帝的玄孙，昭明太子的曾孙，其姊为隋炀帝的皇后。原在隋朝做官，后来因事忤于炀帝，逐渐疏远。隋末之乱，萧瑀受唐高祖之召，襄助唐室，忠心耿耿。高祖曾说："得公之言，社稷所赖。""卿能用心若此，我有何忧？"（见《旧唐书》卷六十三，二四〇〇页）太宗即位，萧瑀继续襄赞为官，太宗并将其女襄城公主配于萧瑀之子萧锐为妻。"疾风知劲草，板荡识诚臣。"这是唐太宗赠与萧瑀的诗句。太宗赞誉萧瑀说："卿之守道耿介，古人无以过也。然而善恶太明，亦有时而失。"（见《旧唐书》卷六十三，二四〇二页）贞观十七年（六四三），太宗亲征辽东，"以洛邑冲要，襟带关河"，特以萧瑀留守洛阳宫。其信任之专，付托之重，于此可见。萧瑀是一虔诚的佛教徒，后来年老请辞出家，唐太宗说："知公素爱桑门，今者不能违意。"不知何故，萧瑀过了一会，又说："臣顷思量，不能出家。"因此，唐太宗颇为震怒，明白地告诉萧瑀说：

至于佛教，非意所遵，虽有国之常经，固弊俗之虚术。何则？求其道者，未验福于将来；修其教者，翻受辜于既往。至若梁武穷心于释氏，简文锐意于法门，倾帑藏以给僧祇，殚人力以供塔庙。及乎三淮沸浪，五岭腾烟，假余息于熊蹯，引残魂于雀鷇。子孙覆亡而不暇，社稷俄顷而为墟，报施之征，何其缪也。(见《旧唐书》卷六十三，二四〇三页)

“至于佛教，非意所遵，虽有国之常经，固弊俗之虚术。”这是唐太宗的真心自白。他为佛教修建寺院，资助译经事业，如用现在的术语说，这是他表演的一套政治“秀”。因为，自魏晋以还，佛教逐渐在中国民间生根，上层的士大夫阶级，乃至下层的庶民，大多信仰佛教，这是不容忽视的一股力量。从事政治运作的统治者，当然知道“民可以载舟，亦可以覆舟”的道理，为了安定民心，治理国家，在外表上不能不做出信仰佛教的姿态，而其真正的内心，则又是一套。就在唐太宗与萧瑀讲出这段真心话之后，大约过了一二年，玄奘译完《瑜伽师地论》一百卷，呈请唐太宗作序。唐太宗当着群臣之前，挥毫写下著名的《大唐三藏圣教序》，洋洋洒洒，七百八十一字的大文，读其序文，使人不能不相信他对佛典有所涉猎，属于佛门人士。即连我们著名的史学家陈垣教授，也不能不惊异唐太宗的善变而感到“不可思议!”他为了震慑教训一个骄横跋扈的女儿，杀害一个辩机又算得了什么呢?

我们再就《新唐书》高阳公主传记研究分析，其中也有许多令人难以置信的问题。

第一，高阳公主是个有夫之妇，而且对丈夫的感情很好，才会向房遗直争夺已封的爵位。这样的一个女人，又陪着丈夫一起出外狩猎，身边的婢女一大堆，怎么一下子会跟陌生的辩机发生私通关系?她的丈夫房遗爱，据《新唐书》所记，“诞率无学，有武力。”显然是个孔武有力粗线条的人，并非一个文弱书生，他怎么能够容许自己的妻子跟人私通，不予干涉，天下宁有这样的丈夫吗?

第二，辩机是参加玄奘译场译经的，当然住在译场里面。据他在《大唐西域记》的“记赞”里说:“为大总持寺萨婆多部道岳法师弟子。”许敬宗《瑜伽师地论》后序也说:“大总持寺沙门辩机。”慧立的《慈恩传》记他:“西京会昌寺沙门辩机。”这些文献资料显示，辩机最初是住在长安“大总持寺”，而后迁移到“会昌寺”。《新唐书》说他在“庐主之封地”与高阳公主私通。“庐主之封地”在什么地方?陈垣教授，也没有能够为之考定出来，他的大文中只说："其寺必在郊坰可猎之地，盖另一伽蓝也。"（见《陈垣史学论著选》二七七页）我想，这大概是陈氏个人的想象猜度而已。大总持寺是在长安西南的永阳坊，会昌寺是在长安西北的金城坊，二寺都在城内，有名有址可寻。唯有"庐主之封地"，不知在何处？在佛教的文献资料中，没有见过这个地名，《新唐书》的新史料，不知是根据什么而记载的？我们更不知道辩机是在何时移住到这个地方来的？真是令人百思不解！

玄奘成立译场，规模组织庞大，人事制度谨严，参加的人员，生活起居作息，都在译场里面，过着集体的生活。玄奘规定时间译经，参加翻译的人，当然必须出席；辩机既被选进译场，也不得例外，必须与大众过着严肃的团体译经生活，没有个人随便外出的自由。在这样的一个环境里，辩机怎能私自离开译场而到"庐主之封地"与高阳公主私通？事实上有这种可能吗？唐太宗指派中书令许敬宗为译场的监译人，负责综理一切事务，与大众朝夕相见，时非一日，由其亲自所见种种，所以才在《瑜伽师地论》后序写道："僧徒并戒行圆深，道业贞固，欣承嘉召，得奉高人，各罄幽心。"这是许敬宗发自内心的称赞。辩机从道岳出家，道岳是一有名的"俱舍"论师，对《摄论》也有研究，尤重戒律，辩机在其苦心孤诣身教与言教并重的多年教诲培植之下，才以学德俱优，“戒行圆深，道业贞固”入选于玄奘译场，追随明师高人翻译。在这样的环境背景下熏陶出来的人才，怎能做出无德败行、毁破根本大戒的事来，这是令人难以置信的。

第三，根据《新唐书》所记，辩机与高阳公主私通的唯一证据，是高阳公主送给辩机的“金宝神枕”。就一个出家的宗教师而言，接受一般信众的金钱与物质的供养，那是很平常的事，并不能视为私通的唯一证据。古今中外各宗教的宗教师，其生活经济与物质的来源，都是依靠着信众的供养。从高阳公主的传记来看，她不仅认识辩机一人，智勖、惠弘，以及道士李晃等，都是跟她常有往来的。由此可知，高阳公主是对佛教与道教有信心的。她送“金宝神枕”给辩机，究竟是以什么心意而送的？是基于男女之间的爱情成分？还是将辩机视为有德有学的宗教师，以虔诚的恭敬心而供养的？抑是她早已经皈依辩机，出自一个在家弟子对一个出家皈依师的敬献？对于这些，《新唐书》没有说明。虽然，我们不能知道高阳公主送“金宝神枕”给辩机的真正心意所在，但是，我们也不能认为一个在家女子送东西给一个出家的宗教师就肯定它是男女私通的唯一证据！假如这样，古今中外，没有任何一个宗教的宗教师，不直接或间接接受妇女供养的，那么，岂不是都成了私通的证据吗？

这样的看法是合情合理吗？

第四，《新唐书》所记，唐太宗死，高阳公主没有“哀容”，陈垣教授认定这是与辩机被杀有关。陈氏的这个看法，我认为完全是他的自由心证，联想辩机与高阳公主私通而来的。如果我们仔细地分析研究高阳公主“无哀容”的原因，《新唐书》里已经说得很明白了。一、高阳公主要她的夫兄房遗直让爵给她的丈夫，唐太宗没有许可；二、房玄龄死了，她又主使丈夫与房遗直分产，又没有得到唐太宗的许可。而且，引起唐太宗对她的反感和痛恨，过去的宠爱之情也就没有了。由于这二个因素，形成父女之间感情的疏远而近似破裂，留下一个潜在的心结。一个从小受到父皇宠爱的小公主，在皇宫里属于天字第一号的人物，要怎样就怎样，一切随心所欲，谁也不敢公然地违抗她，就连她的父皇，也是处处迁就满足她，在这样的一个环境里，养成她骄恣的蛮横个性。现在离开了皇宫，做了人家的妻子，但是，过去的公主个性并没有改变，自己想要做的事，想不到父皇突然改变了向来迁就她的态度，不但不能满足支持她达到目的，还要当着丈夫和夫兄之前，严厉地责备她，使她的高贵尊严，一再地受到损害，在这样的情形之下，她能受得了吗？她能不对父皇痛恨吗？唐太宗死她没有哀容，就心理学来分析，正是这种潜在的报复心理的自然反映，怎么能说是与辩机的被杀有关呢？孔子曾说："唯女子与小人为难养也，近之则不逊，远之则怨。"高阳公主对唐太宗的死"无哀容"，这正是说明了因为唐太宗的责骂与疏远造成了她的怨恨之心。假如把这种怨恨之心形诸于外的"无哀容"，看作是跟辩机被杀有关，我们只能说，这是她对辩机的内疚与愧歉；辩机的死，是因为她送"金宝神枕"，"我虽不杀伯仁，伯仁却因我而死"，痛恨父亲的暴力行为。辩机死了，唐太宗也死了，为什么高阳公主还要向她的皇兄——唐高宗诬告夫兄对她无礼？结果，诬告不成，未能达到她的预期目的，因此，反而查出了她与丈夫谋反的证据，这又是为了什么？难道这也是为了辩机的被杀？陈氏研究历史，应该多用客观的态度分析事情发展演变的真相，不要照着自己想象的框框，去做自由心证的附会，那就有失研究历史的公正性了。

五

关于辩机与高阳公主的年岁问题，陈氏文章中所做的推定，我们不能同意。虽然陈氏文中，引用了一大堆的典籍资料，外表上看来好像有根有据，实质上完全是陈氏想当然的自由心证。为了免于断章取义之嫌，不惜多花一点笔墨，将这段全文引录于下，再作论说。

译经以前之辩机，无甚可考。据辩机自述，年方志学，为大总持寺道岳法师弟子。道岳《续高僧传》(卷十三) 有传，云：“贞观八年秋，皇太子召诸硕德集弘文馆讲义，岳广开衢术，神旨标被。太子顾曰：‘何法师？若此之辩也。’左庶子杜正伦曰：‘大总持寺道岳法师也。’太子曰：‘皇帝为寡人造寺，广召名德，今可屈知寺任。’屡辞不免，遂住普光。以贞观十年春二月，卒于住寺，春秋六十九。”道岳既以贞观八年秋后，移住普光，贞观十年二月卒，则辩机之从道岳，最迟亦当在贞观八年，因辩机是在大总持寺从道岳，不在普光寺从道岳也。假定辩机果真以贞观八年十五出家，至贞观十九年开始译经之时，亦当年二十六。更证以同时译经诸僧年岁可考者，则武德五年玄奘二十一岁，贞观十九年，玄奘四十四岁。据《宋高僧传》卷十四《道宣传》“乾封二年十月卒，春秋七十二”，则贞观十九年，道宣五十岁。又据《宋高僧传》卷十七《慧立传》“年十五，贞观三年出家”，则贞观十九年，慧立三十一岁。道宣、慧立，与辩机同为贞观十九年开始译经时缀文大德九人之一，道宣行辈较老，慧立与辩机行辈相若。辩机既为公主所悦，则谓其被杀之日，年在三十左右，即后有新史料发见，亦当无大误。且唐太宗卒年，据《旧书》本纪，年五十二，太宗有二十一女，高阳公主在《新书·公主传》中排十七，太宗卒年，公主亦谅不过三十。更证以《旧书》卷六五《长孙无忌传》:“显庆四年，许敬宗奏长孙无忌谋反，帝曰:‘我家不幸，亲戚频有恶事，高阳公主与朕同气，往年与房遗爱谋反，今阿舅复如此，使我惭见万姓。’敬宗曰:‘房遗爱乳臭儿，与女子谋反，岂得成事。无忌与先朝取天子，众人服其智，作宰相三十年，百姓畏其威。’”云云，则公主与遗爱、辩机，皆同属青年，可断言也。(见《陈垣史学论著选》二七六—二七七页)

陈氏的这段文字，主要是推定辩机与高阳公主年龄相若，证明他们具有私通关系。不过，陈氏的这种推定，并非以历史资料为主来推定的，实则出自他的自由心证。我们先就辩机年龄而论。辩机在《大唐西域记》的“记赞”里说:“年方志学，抽簪革服，为大总持寺萨婆多部道岳法师弟子。”“年方志学”，当然是根据孔子《论语》“吾十有五，而志于学”而来，辩机十五岁出家是对的。至于他是哪一年从道岳出家，他自己没有说明。陈氏据

《续高僧传》道岳的传记，说明道岳在贞观八年（六三四）秋，应皇太子请去任普光寺住持，离开大总持寺。道岳在普光寺担任了二年住持，在贞观十年就圆寂了，那年六十九岁。辩机既然说“为大总持寺道岳法师弟子”，因此，陈氏推定辩机从道岳出家，最迟是在贞观八年。不过，在研究历史上做这种推定，本是用在不知道年代的一种最保守的推定方法，但是，这种保守的推定，并不代表它就是真正的事实，更不能肯定辩机就是贞观八年出家的论据。因为，据《续高僧传》说，道岳是在隋炀帝大业十年（六一四）住到大总持寺的，从大业十年到贞观八年，他在大总持寺住了二十三年，在这二十三年里，究竟他是哪一年收辩机出家的，没有明文记载。陈氏为了写作此文，达到他自由心证历史的目的，他认定辩机就是贞观八年从道岳出家，从贞观八年到贞观十九年，辩机二十六岁，参加译经。而辩机的被杀，是在贞观二十二年至二十三年之间，那时辩机正好是二十九岁至三十岁。我们看陈氏文中说：“辩机既为公主所悦，则谓其被杀之日，年在三十左右，即后有新史料发见，亦当无大误。”陈氏肯定辩机的被杀，年在三十左右。而且，他还说得非常自负，“即后有新史料发见，亦当无大误。”我想，陈氏的唯一的依凭，大抵是从慧立的年龄推算得来的。慧立贞观三年（六二九）十五岁出家，贞观十九年（六四五）三十一岁参加译经。辩机小其五岁，年龄相若。除此之外，我们实在找不出陈氏另外的历史依据。如果我们依照陈氏的这种推定方法，我们也可以这样说："辩机是在隋炀帝大业十年（六一四）从道岳出家，贞观十九年（六四五）四十八岁，参加译经，年龄与道宣相若（道宣五十岁参加译经）。他的被杀之日，年在五十一二左右，即后有新史料发见，亦当无大误。"这不是成了我的历史推定论据吗？所以，我不赞成陈氏这种近似武断性的历史论证，原因也即在此。

陈氏毕竟不是一个佛教徒，对于出家的僧制，还是非常隔膜生疏的。依据佛制，一个进入佛门出家的人，年满二十受戒，受戒后，"安居"（结夏安居）五年，学习律仪生活，培养戒行与德行，而后寻师参访游学。辩机十五岁出家，假定他是二十一岁受戒，五年安居，正好二十六岁。那时他还是一个新学比丘，他怎么能够有资格被征召进译场，参加佛经的翻译工作？即以慧立而言，他是出家十六七年后，三十一岁才进译场的。辩机为玄奘器重，指令他记录《大唐西域记》，担任《瑜伽师地论》摄抉择分三十卷的缀文工作，显见他在文学与佛学方面的造诣很深，这样的学养成就，是要经过多年的努力才能获致的。许敬宗的"序文"赞以"戒行圆深，道业贞固"，这岂是一个出家十一年二十六岁的新学比丘所能具备的？我们按照合理的立场来推定，辩机参加译经，至少是在三十五岁左右，经过二十年的出家修学生活，知名于当世，才被征召进译场的。以此推定，辩机的出家之年，当在武德九年或贞观元年之间；至其遇害之年岁，约为三十八九。

其次，再就高阳公主的年岁而论。《旧唐书》与《新唐书》，均未记载高阳公主明确的生卒年月。《旧唐书》只说："永徽中……因得公主遗爱谋反之状，遗爱伏诛，公主赐自尽。"（见《旧唐书》六十六卷，二四六七页）《新唐书》说："永徽中，与遗爱谋反，赐死。"（见《新唐书》八十三卷，三六四八页）依照两种唐书所记，我们只知道高阳公主死在高宗的永徽中，究竟是永徽何年？无由得知。《资治通鉴》永徽三年末，有"获遗爱与公主反状"，但未言及其死，我们姑且以此推定，高阳公主是死在永徽三年（六五二）。只知死年，未知生年，我们仍然无法获知高阳公主的年岁。陈氏文中，却明白地为我们指出："且唐太宗卒年，据《旧书》本纪，年五十二，太宗有二十一女，高阳公主在《新书·公主传》中排十七，太宗卒年，公主亦谅不过三十。""太宗卒年，公主亦谅不过三十"，我们委实不知道陈氏此说是根据什么历史资料而来的？除了他想当然太宗二十二岁生高阳公主的这一自由心证之外，是毫无历史根据的。现在我对陈氏所说的高阳公主的年岁作一历史的分析论述。

据《新唐书》卷八十载，唐太宗有十四子；同书卷八十三载，太宗有二十一女。合计太宗共有子女三十五人。高阳公主在诸女中排行十七，若加太宗诸子在内，依其出生顺序，则高阳公主至少排行在二十名之外。太宗死时五十二岁，高阳公主业经三十岁，太宗仅长公主二十二岁。一个二十二岁的青年人，就有了二十多个子女，事实上有此可能吗？我在《旧唐书》五十一卷的后妃传里，长孙皇后是在十三岁嫁与太宗的，贞观十年（六三六）三十六岁去世，那年太宗三十九岁，仅大长孙皇后三岁。太宗十六岁结婚，至二十二岁，其间只有六七年；六七年里，他竟然生育了二十多个子女，谁能相信？后妃传里，太宗有一贤妃徐氏，八岁进宫，永徽元年二十四岁病故，其时太宗的第十七女高阳公主，已经三十一岁了，竟大徐妃六七岁，世间宁有此事？就太宗而言，他是中国历史上具有雄才大略的一位君主，文治武功盖世，贞观之治，也为史家所称道。其父高祖称帝之时，太宗年仅二十岁，为了协助其父争夺天下，东征西讨，广结贤豪，一心为天下的霸业忙碌，在那段戎马倥偬的岁月里，他能够有闲情逸致沉迷在娇妻美妾群中广事生儿育女吗？如照陈氏所说，太宗结婚初期的六七年里，竟然生育了二十多个子女，那么，他以后的三十年中，仅得十多个子女，从年代的比例上看，太宗以后的三十年里，岂不是过着修道者的“禁欲”生活吗？陈氏的“太宗卒年，公主不过三十”，完全是他的猜测，没有历史根据，更与实际情形不尽相符，难以令人信服。我想，陈氏除了尽量将辩机与高阳公主的年龄说成相若，证明他们私通的这一关系之外，大概没有其他目的吧！所以，陈氏才在他的那段文章中，作最后的总结说：“公主与遗爱、辩机，皆同属青年，可断言也。”

论到高阳公主的年岁，因为史书没有明确的记载，我们不敢像陈氏一样，毫无依据的随便加以论断；不过，我们从其他文献资料中，大体可以推知一些。长孙皇后是在十三岁时与太宗结婚的，徐妃选进宫中年方八岁，武则天进宫封为武才人是十四岁，从这些资料的记载看来，我们知道，唐初时代是盛行早婚制度的，高阳公主嫁与房遗爱，可能也是十四五岁。高宗永徽三年，遗爱伏诛，公主赐死。《旧唐书》卷六五长孙无忌的传记里，高宗与许敬宗谈到亲戚谋反的事，许敬宗说：“房遗爱乳臭儿，与女子谋反，岂得成事？”许敬宗既然讥称房遗爱为“乳臭儿”，想来房遗爱的年纪是不会太大的，恐怕才是二十出头吧！高阳公主与遗爱年龄相若，大概也是二十左右吧？依据这样的推论，我想，高阳公主死时，大抵不会超过太宗徐妃的年龄，最多也是二十三四！如果按照陈氏的说法，太宗死时高阳公主三十岁，到了永徽三年，当然就是三十三岁了，遗爱的年龄与之相若，一个三十多岁的人，尚被讥称为“乳臭儿”，那么，太宗二十九岁继承皇位，高宗二十二岁即位，岂不是更成了“乳臭儿”吗？陈氏的说法，完全凭着他的想象而来，对于史料的记载处理，缺少逻辑学的思维分析。假如我的推断不错，辩机与高阳公主的年龄，至少相差十五六岁。

从高阳公主与佛教和道教人士的接近，在宗教的信仰上，她是将辩机视作一个学德兼备的师长来敬重的，所以她才赠送名贵的金宝神枕。至于她本人与辩机的关系，完全是清白的，并不如《新唐书》所记。关于这一点，我认为道宣写的资料是最值得我们重视的。因为，他是一个严持戒律的律师，又是当时的见证人，对于事件的真相，他是知道最清楚的。他在辩机被杀之后所写的文献里，一再地特意地写出辩机的名字，丝毫不带责备，这是极不寻常的事。道宣的用意——为辩机辟诬，从他平实的表达中，后人也能完全明白过来。只是在封建的专制时代，限于当时的处境，他不能为辩机作传，这是最遗憾的。

我写此文，目的不是要为辩机“鸣冤”，也不是为他“平反”，更不是为他“恢复名誉”，只是读了陈氏的文章，不同意他那种披着历史的外衣而做自由心证的论断，以及他对于史料的处理采信，提出我们的一些不同看法而已。

六

文章写到这里应该结束了。我想，借此机缘，再说一点题外的感想。

谈到辩机被杀的事，不禁使我想起鸠摩罗什法师门下僧肇的一段传说。僧肇是京兆人，亲近罗什最久。当罗什还留在姑臧期间，僧肇便从长安到姑臧亲近罗什，后来姚兴派兵攻打吕隆，吕隆不敌，而将罗什迎请到长安，僧肇也随着罗什回到长安，同在逍遥园译经。罗什门下弟子众多，号称三千，其中有所谓“四圣”“十哲”，无论在“四圣”或“十哲”之中，僧肇都是名列第一。僧肇留下一部《肇论》，这部《肇论》的价值，是有口皆碑，脍炙人口，直至一千五百余年后的今天，仍为大众传诵研究，称赞备至。传说僧肇的死，是被姚兴下令杀害的。据说，姚兴有位妹妹（公主），爱上了僧肇。僧肇临受刑之前，还说了四句偈语：“四大原无主，五蕴本来空，将头临白刃，犹如斩春风。”三十多年前，我学习日文期间，曾在日本人的文章中，见到这个故事。想来这个传说故事已经流行很久了。可是，我从正统的史书里及佛教的文献资料中，没有见到僧肇被杀的记载。慧皎的《高僧传》卷六，有僧肇的传记，可是没有记载此事。其中记及姚兴对僧肇极其敬重，并将他的《肇论》，抄传给诸子侄。僧肇是三十一岁病故的，这是有历史可稽考的。因此，我想到僧肇被杀的传说，大抵是由辩机被杀的误传而来，将玄奘门下的事，误为罗什门下的事，把时间跨前了二百多年。

最近，我读台湾出版的《十方》杂志，在该刊第六卷第五期里，读到南怀瑾的《禅学讲座》，其中“一钵千家饭的禅境”一节，他说道：“布袋和尚是隋唐以前的人，他经常背着一个大布袋，因而得名。他个子很大，相貌很丑，露着大肚子。现在我们所看到的大肚子弥勒佛像，就是他，可是比他本人漂亮得多。”紧接着在该刊第六卷第六期的封面上，印了一尊古典的彩色弥勒菩萨像，右上角印了一首布袋和尚的偈语：

弥勒真弥勒，分身百千亿。
时时示时人，时人自不识。

——南北朝·布袋和尚

读了“南”文，再看了下一期的封面，证实了布袋和尚为南北朝人，一点没有弄错。当时，使我不禁拍案叫绝，惊奇不已，五代梁贞明时代的布袋和尚，竟然迈越了三四百年历史，成了南北朝时期的人，真是太不可思议了。佛教的文献里记载布袋和尚的地方很多，一般辞书也有记载，随便一查便可查到，为什么会将布袋和尚向前推进了数百年？一时想不明白。后来终于想通了。南北朝的梁陈之际，有位傅大士（翕），传说为弥勒菩萨的化身，与布袋和尚的弥勒化身相似，大概是将布袋和尚代替了傅大士。假如我的猜测不错，让我借用胡适之先生的一句话说，这是犯了“人身错认”的问题，也是犯了历史的错误问题。傅大士的历史，在卍续藏经一二〇册，有傅翕语录四卷，记载最为详细。我在拙著《弥勒信仰及其应化事迹》小书中，也有详细的介绍。天下事真是不可思议，由布袋和尚代替了傅翕，这与辩机被杀误传为僧肇被杀，岂非有着异曲同工之妙！

我与南怀瑾居士不相识，从未谋面，过去听印顺导师谈起，八年抗战期间，南在四川出过一段时期的家，后来还俗了。来台以后，南俨然成了一代宗师，许多出家的青年僧尼，前去依之修学，“南老师”一名，成了满天飞的名词。这种极寻常的历史，不应该犯错的而犯错，我对于这位一代宗师的南老师，不知道该作如何感想？

一九八八年六月二十二日写于旧金山拉菲逸市

（《狮子吼》月刊）

关于顺治皇帝出家问题

天下丛林饭似山，钵盂到处任君餐。
黄金白玉非为贵，惟有袈裟披最难！
朕为大地山河主，忧国忧民事转烦。
百年三万六千日，不及僧家半日闲。
来时糊涂去时迷，空在人间走一回。
未曾生我谁是我？生我之时我是谁？
长大成人方是我，合眼朦胧又是谁？
不如不来亦不去，来时欢喜去时悲。
悲欢离合多劳意，何日清闲谁得知！
世间难比出家人，无牵无挂得安闲。
口中吃得清和味，身上常披百衲衣。
五湖四海为上客，逍遥佛殿任君嘻。
莫道僧家容易做，皆因屡世种菩提。

虽然不是真罗汉，也褡如来三顶衣。
兔走乌飞东复西，为人切莫用心机，
百年世事三更梦，万里江山一局棋。
禹开九州周伐纣，秦吞六国汉登基。
古来多少英雄汉，南北山头卧土泥。
黄袍换却紫袈裟，只因当年一念差。
我本西方一衲子，因何落在帝皇家？
十八年来不自由，征南战北几时休？
我今撒手西归去，管甚千秋与万秋！

——顺治皇帝出家偈

一

上面这首诗偈，据说是顺治皇帝出家时写的。

顺治，是清世祖爱新觉罗·福临的年号，也是大清帝国入主中原的第一位君主，历史上称之为“清世祖章皇帝”。谈到大清帝国的起源，应该要从顺治的祖父——努尔哈赤开始说起。爱新觉罗这个氏族，原是历史上女真族的后裔。女真在宋朝时代，是个力量相当强大的部落民族，它继辽代之后，崛起于中国北方，建立过大金帝国的王朝，统治中国北方一片广大辽阔的领土，长达一百一十九年之久，后为蒙古人所灭。蒙古人将女真族编为五万户，分居东北关外。沉寂了数百年的这个民族，到了努尔哈赤时代，又再度开始强盛起来。努尔哈赤的父亲名他失（清显祖塔克世），祖父名叫场（清景祖觉昌安），本来是建州的左卫指挥，效忠明室，且为明将李成梁做间谍，引导明兵攻打建州的悍酋王杲和他的儿子阿台。因为他们与阿台有亲戚关系，混进山寨去说降，不幸得很，被攻入山寨的明兵误杀了。努尔哈赤那时二十四岁，听到父亲和祖父的遇难，悲伤痛哭，决定起兵为父亲、祖父报仇。但是，他的力量很小，不敢公然与明朝为敌，只得借口说是同族的尼堪外兰（图伦城主）陷害的，要去寻衅。因此，经过他蓄意的东征西讨，吞并了附近的部落，也攻陷了图伦小城，杀了尼堪外兰。建州的五部，全被他征服了。

女真族除了住在建州的这一支之外，另外还有一支住在海西。这一支的女真人，起初居住吉林省城附近，后来扩展到开原城的外边，分成了四部，便是所谓扈伦四部——哈达、辉发、乌拉、叶赫。努尔哈赤为了发展他的江山霸业，他想，他必须先征服女真族全部，成为女真族的盟主，以此作为发展基础，再去攻打大明帝国，为父祖复仇。因此，他运用谋略，先与叶赫通婚，结成亲戚关系，而后攻打哈达，接着又攻下了辉发和乌拉二个部落，女真族的全部，仅剩下一个叶赫，差不多都被他征服统一了。同时，他也得到一片广大肥沃的土地，从事农牧垦殖，储备粮食。那时的叶赫，是依赖明兵保护的，努尔哈赤知道，他要征服叶赫，必须要跟明朝发生直接的军事正面冲突，所以，他在明神宗万历四十四年（一六一六），首先在赫图阿拉建立了大金（亦称后金）汗国，改元天命，脱离明朝独立。过了二年，努尔哈赤誓师南征，攻打明朝，他先攻下抚顺，使明室朝野震惊，派遣大军前来讨伐，号称二十万众（其实只有八九万人），分四路深入。努尔哈赤只有八旗军队，约六万人。因为明军是由四路深入，兵力不能集中，努尔哈赤运用战略方法，以集中兵力予以各个击破的战术，打得明兵落花流水，大败而逃，他得到空前的辉煌胜利，所以，他乘机攻克了开原和铁岭，同时征服了叶赫。开原是明朝东边的重镇，储存着很多军用物资，尽为努尔哈赤所获，这使大金汗国的军事力量，更形强大起来。明熹宗天启元年（一六二一），努尔哈赤又攻下了辽阳和沈阳，取得辽东首府，因此，他迁都到辽阳，作为大金国的复兴基地。不久，他又继续挥兵攻打辽西，取得了辽的全部领土。居住在辽东辽西的，大多数都是汉人，如今，汉人成了金人的俘虏，努尔哈赤起初将汉人编为四旗，后来又分为八旗，成为他的军事力量之一。

大明的朝廷，这时才如梦初醒，知道崛起于关外的这个“建州小酋”，不仅不是一个小寇，而且是威胁大明江山的一个心腹大患。可是，当时的明室，政治一片腐败，朝廷派系林立，党同伐异，大家为权力争夺，小人与奸邪当道，拿不出具体有效的办法来制裁关外的势力，徒然坐看努尔哈赤一天天的强大。只有努尔哈赤攻打山海关时，被山海关的守将袁崇焕予以迎头痛击，使得这位出征以来“战无不胜，攻无不克”的常胜将军，首次尝到战争的败绩，削弱了金军的锐气，努尔哈赤也在这次战争中身受重伤，不久郁郁而终。大金国的汗位，由他的第八子皇太极继承。这位新汗主，更是一个危险的厉害人物，他不但继承了父亲的霸业，同时仍积极地继续向外侵略，扩张领土。明思宗（庄烈帝）崇祯四年（一六三一），他攻陷了大凌城，第二年又征服了蒙古的察哈尔，进入长城边境，常常入关骚扰京师。皇太极知道，大明帝国的人口与领土庞大，不是关外的人力物力一时所能征服的，他的入关叩境，旨在骚扰，劫掠人口物资，使明室动乱不安。崇祯九年（一六三六），皇太极与明室分庭抗礼，宣布称帝，改国号为大清，改元为崇德，庙号太宗，推尊其父努尔哈赤为清太祖。这是大清帝国的由来。此外，皇太极又杜撰了一套鬼话，宣称他是“满族”，由满族建立的大清帝国称为“满清”。其实，历史上何来一个满族？满族只是女真族的易名而已。

崇祯十五年（一六四二），清兵攻陷松山，明朝的总兵大将洪承畴被俘，归降清朝，这一消息，全国震动。崇祯十六年（一六四三）八月，皇太极暴毙，由其子爱新觉罗·福临即位，第二年改元顺治。雄踞关外的大清帝国，虽然遭逢国丧，以及内部的政争，但是，它并未因此而稍敛其侵略扩张的野心，仍然虎视眈眈地窥视着大明的江山，俟机而动。崇祯十七年（一六四四）三月，李自成攻陷北京京城，由外城到内城，崇祯皇帝眼看大势去矣，自缢于煤山，结束大明帝国近三百年历史的江山霸业。当时明室的总兵大将吴三桂，驻防山海关，李自成进京，曾致书劝其归降，吴本答应，后来，只因他的爱妾陈圆圆被掳，这位"不爱江山爱美人"的糊涂将军，一时怒发冲冠，邀请清兵入关"讨贼"，恰好正中大清帝国的下怀。在师出有名的大清帝国，不仅名正言顺地出兵入关平乱，而且进一步顺理成章的"代明称帝"。数月之后，大清帝国便移都于北京，这年正好是顺治元年。由明代的结束，代之而来的，是大清帝国爱新觉罗王朝入主中原，统治中国二百六十八年的开始。

顺治继承皇位，那时年仅六岁，尚在幼年，一切军政大权，悉由其叔父多尔衮摄政处理。记得四十多年前，我读《多尔衮致史可法书》《史可法复多尔衮书》，这二封信，文情并茂，生动感人。多尔衮以胜利者的姿态自居，“国家之抚定燕都，乃得之于闯贼，非取之于明朝也”“不惮征缮之劳，悉索敝赋，代为雪耻”说了一大堆冠冕堂皇的理由，并带威胁恐吓，要南方放弃武力抵抗，归降大清帝国。史可法也以不卑不亢的姿态，予多尔衮晓以春秋大义，要其撤兵关外，共建二国永世之好。自崇祯缢死之后，大明帝国尚有江南半壁江山，明室的宗支虽然在南方出现了多头的领导集团，继承大统，但是，因为政治腐败到极点，无药可救。加之，南方的领导集团，又都是亡国之君，伴随着一小撮的亡国之臣，奸邪当道，回天乏术。那时仅有一个孤忠耿耿一心为国的史可法支撑大局，可是，独木难撑既倾的大厦，他一个人又如何能够挽救明室的亡国命运？在防守扬州一役，史可法唯有以孤臣孽子为国捐躯之心，一死而已，名垂青史！这在明末的亡国史上留下了一页碧血黄花忠臣义士的历史篇章。总揽大清帝国军政大权的多尔衮，在其内部剧烈的政治斗争之际，于顺治七年（一六五〇）十二月初九日，以三十九岁盛年暴毙，第二年二月十二日，顺治开始亲政，那年他才十四岁。顺治亲政仅仅九日，即下令清算多尔衮的罪状。顺治的年号，虽然有十八年之久，但他真正亲政，只有十年时间，到顺治十八年（一六六一）正月初七日，这位年轻的一代君主，便因出天花而结束了他二十四岁的短暂一生。

关于顺治的出家问题，向来传说颇多，有的说他曾在五台山出家。但是，我们根据正史的研究考证，顺治并没有出家，既然没有出家，为何会有出家的传说出现？这一传说的来源，并非空穴来风，的确是有其原因的。顺治十七年（一六六〇）八月十九日，顺治宠爱的董妃去世之后，那时的他，确实是想出家的，并且连头发都剃了，后来经人劝阻，没有成为事实。我们借用陈垣教授的话说："只是出家未遂耳！"

至于顺治为什么要出家？论到这个问题，必须先从他接触的宗教说起。依着这样的层次，再来论述他要出家的基本动因。

二

谈到宗教问题，顺治最初接触的宗教，并不是佛教，而是西方的天主教。自明神宗万历年间，以意大利耶稣会利玛窦（Matteo Ricci 1552—1610）为首的西方传教士，来华传教，建天主堂于北京，兼传西方的天文、地理及医学，获得皇室的重视，因此，西方传教士相继来华传教。其中有一位德国神父汤若望（Joannes Adan Schall Von Bell）于明熹宗天启年间来华传教，精通历法，甚得皇室礼遇，顺治的母亲，并认汤若望为义父，汤若望送一十字项链给其义女，顺治母亲公开佩戴，俨然是一虔诚的天主教徒。顺治从幼年开始，便称汤若望为“玛法”(即爷爷之意)，因为这一层关系，汤若望在大清帝国的皇室里，有着特殊地位。按照中国皇室的传统规定，一般臣民觐见皇帝，都要行跪拜礼节，唯有汤若望得以免除此礼。顺治亲政的第二年（一六五二）七月初五日，由皇帝赐赠汤若望朝衣朝帽。顺治十年（一六五三）三月初三日，又敕封汤若望为通玄教师。从这些荣典来看，汤若望不仅受到顺治的敬重，而且，在顺治亲政的十年之中，前六年他是影响顺治最大最深的一人。顺治有着暴烈的个性，当他的性情激动起来的时候，任何人无法进谏劝阻，唯有汤若望能够进言劝慰，由此可以看出汤若望在顺治心目中的分量。德国魏特先生根据汤若望的回忆录，写了一本《汤若望传记》，其中说道：

> 他（顺治）心内会忽然间起一种狂妄计划，而以一种青年人们的固执心肠，坚决施行，如果没有一位警告的人乘时刚强地加以谏正时，一件小小的事情，也会激发起他的暴怒来，竟致使他的举动如同一位发疯发狂的人一般。……一个有这样权威，这样性格的青年，自然会作出极令人可怕的祸害，因为谁是敢来向这位火烈的青年加以谏正的，他略

一暗示，就足把进谏者的性命毁灭了。当时朝中惟若望有这胆量和威望，他不避一切，敢向皇帝指示所应走的道路。

顺治十六年七月郑成功陷南京，当这个噩号传至北京，皇帝完全失去镇静的态度，颇作逃回关外之想，可是皇太后向他加以叱责，他一听太后的话，反而竟起了狂暴的急怒，拔出他的宝剑，宣言决不变更意志，要亲自出征，用剑把一座御座劈成碎块，皇太后枉然地用言词来平复他的暴躁，另派皇帝以前的奶母劝诫皇帝，可是更增加了他的怒气，他恐吓着，要把她劈成碎块，因此她就吃了一惊跑开了。各城门已经贴出布告，皇上要亲自出征，登时全城内便起了极大的激动与恐慌，因为皇上的性格暴烈，在疆场上，一旦遇到不幸，极有可能的，那么满人的统治就要受危险了。

在这时只有一个人可以帮忙，就是汤若望。各亲王各部臣和许多官吏，列为一长队，到若望馆舍中，迫切地请求他援助，他良久拒绝不允，最后他竟让步，顺从他们的请求。他同传教士苏纳和白乃心，暗自作一次会议，然后他又亲自作了一封奏疏，到次日一早，他们三人先作了弥撒，祷告若望的举动成功，然后若望就向他的两位流着眼泪的同志作别。

在宫殿门槛上，有一位同若望交好的内官，向他报告说，皇上已经有点安静了。若望走至帝前，就把他的奏疏，呈递上去，并且很深诚地恳求，不要使国家到了破坏地步，他不愿有所见而不言。登时皇帝的情绪就转变了过来，请若望起立，现在他知道玛法的见解是好的。所以各城门上又贴出了一张新布告，皇上之出征已作罢论。因此若望便被称为国家的救星，许多显贵人物，都到他馆舍来伏地叩头向他和他的同志敬礼。

从魏特先生写的《汤若望传》这段文字来看，汤若望对于顺治影响之大，似乎超越了皇太后对顺治的影响，由于这位西方来的神父，竟然阻止了顺治南下亲征的决定，这是何等重要的国家大事，难怪朝廷的许多王公大臣，要向这位异国神父伏地叩头礼谢。不过，从历史的考证研究来看，顺治十六年七月的汤若望，是否还能随便见到顺治，我们持以怀疑。因为那时的顺治，已经皈信了佛教，而对西方传教士及其传播的教义，有着强烈的反感，汤若望又如何能够去劝阻顺治呢？我想，这大抵是西方传教士的自我吹牛而已。劝阻顺治南下亲征的，大概不是汤若望，而是另有其人的。

汤若望来华的目的是传教，因为他精通西方历法，中国朝廷封他做了官。他与顺治母子有着特殊因缘关系，受到朝廷上下的礼敬，这是事实。在这个最好的有利形势之下，汤若望是不会忘记向顺治母子传教的，希望他们成为虔诚的天主教徒，也是必然的事实。关于汤若望常劝顺治信奉天主教的事，我在《中国教案史》一书里，读到该书引用西方传教士樊国梁（A. Favier）的《燕京开教略》文字，可以证明：

按世祖章皇帝宠遇汤若望，迴逾常格，每有咨询，随时宣召。奈其时喇嘛僧人，鸱张特甚。太后与皇上俱为所惑。汤若望屡谏不听，然皇上不以此而驰爱。每召对时，不呼其名，而以清语“玛法”称之；又令汤若望每日随意出入朝中，凡有启奏，俱准径入内庭，不循常例。且御驾亦屡幸堂中，垂问教理。若望切望皇上奉教，一日密奏其事，多方苦谏。上曰：“玛法，子之所为，令朕不解。子为修士，而却不欲朕作修荐之事，朕若强子从朕，子能从乎？则朕之心，亦犹子也。……若望付之无可如何而已。”

我们从西方传教士所写的文字里，可以知道汤若望利用他的特殊身份，常常向顺治传教，意欲使之成为一个天主教徒。汤若望向顺治传教，不仅传他的基督教，而且诋毁其他的宗教，甚至蛮横地阻止东方民族传统文化中的修荐之事，这才激起了顺治的反感。我们由顺治的“子之所为，令朕不解。子为修士，而却不欲朕作修荐之事，朕若强子从朕，子能从乎？则朕之心，亦犹子也。”可以看出。由于西方民族与东方民族文化的素养不同，社会民情风俗各异，所以，西方传教士到中国来传教成功的例子并不太多。东方民族的文化素养是含蓄的，处处对人以礼相待，尤其对于一个西方来的传教士，纵然见其言行有所不逊，尚能予以优容；而西方民族往往不能了解东方民族的这一容忍特性，每以一种胜利者优越感的蛮横态度，无视东方民族人格自我尊严的存在，以喧宾夺主的强迫手法要其接受，这是注定了西方传教士在中国传教的失败命运。顺治敬重汤若望，主要由于他的科学知识及其过着独身的宗教生活，但是，汤若望得寸进尺咄咄逼人的蛮横态度，也使顺治无法忍受。顺治回答汤若望的几句话，我们站在东方民族的立场来看，无异狠狠地掴了汤若望一记耳光。顺治的意思，我是中国的一代君主，对你们西方来的传教士，不强迫你们顺从中国文化传统的民情风俗行事，已经是相当特别的优容了，如今，你竟然强迫我从你信教，摒弃中国的传统信仰与风俗，这种喧宾夺主的蛮横态度，眼睛里哪里还有中国君主的存在，实在令人忍受不了。究竟我是皇帝，还是你是皇帝？我这个大清帝国的君主，如果处处受制于你，你汤若望无异成了中国的太上皇。“是可忍者，孰不可忍！”这是顺治对汤若望的反感和疏远的主因。我们再从木陈道忞的《北游集》里，记载顺治与木陈道忞的谈话，其中也能知道：

……上遂问师：天主教书，老和尚曾看过么？师曰：崇祯末年，广闽盛行其说，有同参唯一润者，从福建回，持有此书，因而获睹。上曰：汤若望曾将进御，朕亦备知其详。意天下古今荒唐悠谬之说，无逾此书，何缘惑世，真不可解！

汤若望送新旧约圣经给顺治，自然会向顺治详细介绍新旧约的内容等等，所以，顺治对天主教教义知道很多，并不陌生，我们从“朕亦备知其详”，可以知道他对天主教了解并不肤浅。不过，他对新旧约的内容并不欣赏，认为“天下古今荒唐悠谬之说，无逾此书”。新旧约既被顺治视为天下古今荒谬之说，他怎么会去信奉天主教呢！不但如此，顺治对于耶和华创造世界的神话，根本抱着不相信的反对态度。我们看《北游集》的记载：

上一日语师：昨在宫看先和尚语录，见总直说

> 中，有《辩天三说》，道理固极透顶透底，更无余地可臻矣！即文字亦排山倒海，遮障不得，使人读之，胸次豁然。朕向亦有意与他辩析一番，今见先和尚此书，虽圣人后起，不易斯言。故已命阁臣冯诠及词臣制序，将谋剞劂，使天下愚民，不为左道所惑。师曰：皇上此举，功流万世，顾先师大义微言，何幸折衷我皇圣人哉！

文中的“先和尚”，乃指密云圆悟。密云圆悟是木陈道忞的师父，为明末清初人。明末天主教传入中国，针对天主教教义，驳斥其谬说，密云圆悟乃有《辩天三说》之作。顺治读及此文赞叹不已，故命冯诠等制序翻印。此事汤若望亦有所闻，所以魏特的《汤若望传》曾有这样的记述：

> 僧党甚至获得允许，以皇帝名义，发表一种反对基督教文件，但是却未曾得到这地步，因为皇帝出人意料之外，疾速晏驾。

其实翻印《辩天三说》，全是顺治个人的意思，哪里是僧党以皇帝名义发表反基督教的文件，纯属栽赃。明白地说，顺治对汤若望传播的基督教义，就不信服，所以“朕向亦有意与他辩析一番”：他，当然是指汤若望而言。由于在思想理论上，基督教的一套教义，不能令顺治信服，虽然顺治与汤若望接近的时间很久，受其影响很大，但他没有成为一个基督徒。后来，顺治学佛之后，成为佛教徒，便与汤若望逐渐疏远了。这在《汤若望传》中，也有记载：

> 顺治由杭州召了些最有名的僧徒来，劝诫他完全信奉偶像。若望尽他能力所及，使这被眩惑的人，恢复他的理性，他向皇帝呈递一本严重的奏疏，皇帝并不见怪。他说，玛法这谏正是对的。但是无多时日，竟又成了僧徒手中的傀儡，玛法竟被视为讨厌不便的谏正者，而被推至一边。

“玛法竟被视为讨厌不便的谏正者，而被推至一边”，这说明了顺治因信仰的转移而疏远了汤若望的证明。我在前面引录的《汤若望传》中，该传说到顺治十六年七月，郑成功攻陷南京，顺治要南下亲征，后来由于汤若望的劝谏，才打消此一决定。我对《汤传》的此说，是持以怀疑的，因为顺治自十四年学佛以后，也许因信仰的不同，汤已经被逐渐疏远了，平时觐见一面，已属很难，何况到十六年七月，正是顺治学佛兴趣最高最浓的时期，汤又如何能够去见顺治，如何改变顺治南征的决定？我们从其他相关的文献资料去求证，发现西方传教士总有抬高自我身价的夸大狂，属于天字第一号的吹牛者。

顺治没有成为一个天主教徒，固然由于西方宗教那套幼稚的神话哲学，无法使一个具有独立思想见解的中国知识分子接受。同时，西方来华传教的神职人员，他们真正背负的使命，并不是单纯的传教，他们只是披着这件美丽的宗教外衣，实际上所做的，是在了解中国内部的实际情形，作为他们国家在政治、军事、经济、文化各方面侵略瓜分中国的准备，明白地说，他们完全是一班不折不扣亡人之国的宗教间谍！虽然，在这些来华的神职人员之中，也有不少学有专长的优秀人才，他们除了本身的神学知识之外，为中国介绍了许多有关近代西方的科学知识，创办了不少学校、医院，以及慈善事业，加惠许多贫苦人民，不过，他们的这些工作，只是为了达成他们根本目的的外围遮眼工作。顺治是中国的一位君主，尽管他个人对汤若望有所敬重，但在宗教的信仰上，他不能不加以慎重选择。顺治对于西方来华的神职人员，究竟在中国做些了什么活动，朝廷的大臣及地方官员，都会向他有所报告的，西方传教士在中国的情形，他是知道最多也是最清楚的。所以，他不仅对一般传教士有所戒备，即对素所敬重的汤若望，也不例外。我们从《汤传》里便可见到：

皇帝本来一位教外人，对于教士无家室的独身生活，殊觉费解。因此他一开头时，在白昼任何一个时刻，甚至在深夜，遣派三个或三个以上的体面内臣，到若望住宅中，藉词或此或彼地咨询，然而实际上却是暗自查究他的私室行动。这些黑夜来客，在若望住宅中，不曾发现有丝毫可指摘处。皇帝对于若望的贞洁生涯，确切访明后，他才选他为他的师友，为他的亲信顾问。

中国佛教的出家僧侣，过着独身生活，这是为人所悉知的；天主教的传教士，既然也过独身生活，这对中国人而言，不会感到“费解”的。顺治特意派遣内臣于白天与夜晚造访汤若望，显然不是因为不了解教士的独身生涯，真正的目的是在了解汤若望平日到底是在做些什么。俗语说得好，“防人之心不可无”，西方传教士在中国已经有着许多严重的劣迹出现，顺治怎能不对他们小心戒备加以提防呢？

自西方宗教来华传教的历史观之，起初因为传教士学有专长，带来了西方的科学知识，受到中国朝廷及士大夫的欢迎礼敬，可是，时间久了，他们披着的宗教外衣全部揭开之后，呈现出来的是狰狞可怕的面目。传教士们做的是颠覆政府的工作，蔑视中国的主权，违法乱治，破坏中国传统的伦理道德，一连串的胡作非为，这才迫使中国朝廷下令禁止传教，驱逐传教士出境。中国本是一个礼仪之邦的文明大国，一向是善待外人的，本着“有朋自远方来，不亦乐乎”“四海之内皆兄弟也”的胸怀，热诚待客，尤其对于远从西方来华的传教士，更是尊重不已，除非对方心怀叵测，劣迹昭彰，中国朝廷不会下逐客令的。西方传教士在中国到底做了些什么，我们在一山先生的《中国近代史》一书里，见到二段具体扼要的叙述：

> 顺治、康熙二帝优遇汤若望、南怀仁等，宫廷之间，西人往来甚众，士大夫也乐与交游。他们尊重西洋的科学，并且尊重西洋人，在各省传教、通商都很自由，中国人信教的也非常多。可是西洋人总不免有他们的把戏，我们是因为需要科学而始令其传教、通商；他们是因为要通商殖民，才来传教，才讲科学，根本是相反的。他们蔑视中国的主权，不遵守中国的法律，瞧不起中国，尤其在海口方面，常常有些违法妄行。清吏目睹他们在印度南洋一带的暴虐情形，不管商人教士，都和政府有密切关系，作帝国主义侵略的前锋，能不有点戒心吗？况且多少年不能解决的仪礼问题，教皇忽然下令禁止教士

祀天地，拜祖先，改变调和的思想，而出以攻击的态度，虽宽大开明如康熙帝，也不能再事容忍了，所以康熙五十七年（一七一八）有禁止传教之令，这仍然是杜绝外人侵略的意思。诚如John J. Heevens所说：“若教士不为政治之活动，可安居而不加干涉。”（见远东史）但他们怎样能不为政治活动呢？所以后来逐渐采取严厉的处置，雍正时，还只放逐于澳门，到乾隆时，私入传教，简直要永远监禁了。这不能不说是一件非常遗憾的事，但责任究竟是属于那一方面呢？

杨光先在康熙初年的时候，和汤若望赌测日蚀，失败了，著不得已书，谓：“宁可使中国无好历法，不可使中国有西洋人。”因举日本及吕宋之往事为戒。可见学术不如人是他自己知道的，因为怕教士侦察形势，收拾人心，作政治侵略的导线，所以不得不辞而辟之。康熙末皇九子胤禟以天主教神父穆经远为谋主，宗室苏努一家人都信天主教。苏是胤禟的党羽，西洋传教士也帮助胤禟夺位，雍正帝因此迁怒而禁习天主教，西洋教士为甚么参加他们的政治斗争呢？即此两例，就知当时禁止传教的真正原因了。

读了一山先生的这段文字，我们知道西方传教士来华传教的真正目的，政治色彩是多于宗教色彩的，终极的目标是要灭亡人家的国家，成为他们的殖民地，当他们的这些丑剧被暴露之后，也就难怪中国朝廷由欢迎而到排拒和驱逐的做法了。顺治的一生受到汤若望很大的影响，但他终究没有成为一个基督徒，其原因也许就在于此。

三

顺治的信佛，开始与佛教接触，是从顺治十四年（一六五七）开始的。顺治为什么会信佛？有着二种传说：一是说他受了董皇妃的影响，二是说他受了母亲——皇太后的影响。顺治受董皇妃的影响而信佛，这是没有文献根据的误传臆测，事实上，董妃起初是不信佛的，她的信佛，还是受了顺治的影响而来。顺治在亲自撰写的《董后行状》里说："后素不信佛，朕时以内典禅宗谕之，且为解《心经》奥义，由是崇敬三宝，栖心禅学。"这是最好的说明。

至于顺治信佛是受了他的母亲的影响，这是可能的。虽然顺治的母亲是汤若望的义女，她也公开佩戴过十字项链，但是，她有没有信奉天主教？我们在文献资料上没有见到记载。不过，皇太后信佛学禅，这是有文献记载的。嘉兴藏本《憨璞禅师语录》卷十二法语门，曾有一则记载：

> 皇太后请话头参禅，一日工夫紧切，忽然境相现前，上命近侍李国柱至万善殿求开示。师云：参禅做工夫，要久习禅观，纯寂光生，凡无始习气，悉令销殒，皆是幻相，不可认为真也。只因话头看不清楚，向意识上卜度，以致殊胜境相，若内心不起，外息诸缘，心如墙壁，可以入道。凡所有相，皆是虚妄，切莫随他所转。若作圣解，即被境惑；不作圣解，名善境界。只要本参上看得精明，追究落处，如握金刚宝剑相似，佛魔到来，一齐剿绝，即得安乐自在。

皇太后参禅，且在禅观中有境相现前，证明她的禅定工夫已经很深了，她的信佛学佛，是绝对没有问题的。至于她如何从一个神父的义女而去学佛参禅的心路历程，有关这方面的资料，我们没有见到，姑且不论。皇太后只生了顺治一人，当顺治六岁的时候，他的父亲——皇太极去世，他们便成了孤儿寡妇。顺治不是皇太极的长子，好像是他的第九个儿子。经过皇室内部的一番权力斗争，也许因为顺治年幼而背景单纯，他幸运地以一个六岁的小孩被选为皇位的继承人，但是，国家的大权，操纵在他的叔父——多尔衮手中。顺治虽然做了皇帝，由于年幼，在复杂多变的皇室里，仍然是母子终日相依，自然而然形成“母子情深”的关系。我们综观顺治的一生，他受母亲的影响最大；顺治对母亲的关心，自然也超过一般常人。木陈道忞在他的《北游集》里，记载顺治的话说：“若非皇太后一人挂念，便可随老和尚出家去。”从这句话里，可以知道顺治对母亲的关怀。皇太后学佛参禅，当然会影响到顺治，所以，顺治的信佛，是受到母亲的影响，大致是正确的。

顺治未信佛前，他对佛教的观感是不好的。我们在清世祖《实录》里，见到一段记载：

> 顺治十年正月万寿节，上召大学士陈名夏问天下治乱讫。曰：治天下大道已略言之，更言其小者，如喇嘛竖旗，辄言逐鬼，朕想彼安能逐鬼，不过欲惑人心耳！名夏奏曰：皇上此言，真洞晰千载之迷，尝谓有道之世，其鬼不灵，光天化日，岂有逐鬼之事？上又曰：朕思孝顺子孙，追念祖父母父母，欲展己诚，延请僧道，尽心焉耳，岂能真作福耶？名夏奏曰：若果有学识之士，必不肯延僧道，为此者多小民耳！以其爱亲之诚，故圣王不禁。

“朕想彼安能逐鬼，不过欲惑人心耳!”“延请僧道，尽心焉耳，岂能真作福耶?”这些都是说明顺治对于喇嘛竖旗逐鬼，以及延请僧道作福所抱持的怀疑态度，当然也是代表他对佛教不好的看法。不过，那时顺治年纪尚轻，正是被汤若望包围的时候，在汤若望灌输上帝的一套神话思想，自然而然流露了他对佛教的不好观感。后来，当他正式接触佛教，对佛教有了正确的认识之后，他的观念才完全彻底地改正过来，相反地，他对耶和华创造世界人类的一套神话，有着强烈的怀疑与反感。

顺治与佛教接触，影响他最大的，使他成为一个正信虔诚佛教徒的，有四位出家僧侣，他们是：憨璞性聪、玉林通琇、木陈道忞、茆溪行森。

第一个与顺治接触的出家僧侣，是憨璞性聪。（憨璞是号，性聪是名。在中国佛教的禅宗门下，出家人的号与名往往是并用的，如玉林通琇、木陈道忞、茆溪行森等，都是如此。上二字是号，下二字是名。名的上一字是行辈字派，这个字常常会被省略的，如“玉林通琇”，而称“玉林琇”；“木陈道忞”，而称“木陈忞”；“茆溪行森”，而称“茆溪森”；“憨璞性聪”，而称“憨璞聪”。因为，“通”“道”“行”“性”，都是行辈字派。）憨璞性聪是福建延平顺昌人，十八岁出家，初参鼓山贤，后来又参百痴元，并为记莂。顺治十三年（一六五六）五月，他受聘请，担任京师城南海会寺的住持，一时宗风大振，名闻遐迩。第二年（顺治十四年）的秋天，顺治去南海子狩猎，路经海会寺，与憨璞性聪见面，相谈甚欢，颇为投契。顺治回宫以后，于十月初四日，召憨璞性聪进宫，延入万善殿，“奏对经旬”，谈论佛法大意。据《憨璞禅师语录》记载：

> 顺治十四年十月初四日，召对万善殿。上问：从古治天下，皆以祖祖相传，日对万机，不得闲暇。（朕）如今好学佛法，从谁而传？对云：皇上即是金轮王转世，夙植大善根，大智慧，天然种性，故信佛法，不化而自善，不学而自明，所以天下至尊也。

这是顺治与出家僧侣接触谈论佛法的开端。皇太后参禅有境相现前，顺治命人至万善殿请憨璞聪开示。那时在京师有名的禅门大德，只有憨璞聪一人。顺治十五年（一六五八）九月，憨璞聪再度被召进宫，延入万善殿结制，顺治并问及南中耆旧，憨璞聪以玉林通琇、木陈道忞、费隐通容等人，“列名奏进”，因此，顺治召玉林通琇进京。顺治十六年（一六五九）春，憨璞聪又被召入宫，敕封为“明觉禅师”，至四月十五日辞出。那年的十月，又奉旨到愍忠寺结制。第二年（顺治十七年）的七月，憨璞聪在海会寺任职期满，向顺治“疏请南归”，八月离开京师。他在海会寺任职四年，数度被召进宫，是与顺治接触时间最久的一人。

第二位与顺治接触的出家僧侣，是玉林通琇。玉林通琇是蓉城人，自幼出家，悟道甚早，为当时禅宗门下有名的人物。他奉召进京与顺治谈论佛法，先后共有二次。第一次是在顺治十五年（一六五八）的九月奉召，可是，他从浙江湖州抵达京师的时候，已经是顺治十六年（一六五九）的二月十五日；那时玉林通琇四十六岁。这次他在皇宫里住了三个月，直到四月十五日才离开京师南归（那年闰三月）。在这三个月里，他与顺治谈得相当投缘，不仅使顺治对佛法有了更进一层的认识，同时对于修习禅观，也产生无比的兴趣。因此，顺治并依玉林通琇为师，请其取法名为“行痴”，顺治别署为“痴道人”。据《玉林年谱》记载：

> 世祖请师起名，师辞让，固谓师曰：要用丑些字眼。师书十余字进览，世祖自择“痴”字，上则用龙池派“行”字。后凡请说戒等御札，悉称弟子某某，即玺章亦有痴道人之称。然师珍重世祖之深信，未尝形之口吻楮墨，凡师弟子，俱以法兄、师兄为称。

当玉林琇辞别南归，顺治曾说：“和尚录中付门人茆溪之偈最好，送和尚还山之舟，可载入京一面。”六月十五，玉林琇回到湖州，便命茆溪森随舟入京，与顺治对谈“甚契”。这是茆溪森进京的因缘。玉林琇回到湖州不久，顺治敕封为“大觉普济能仁国师”。这是“玉林国师”一名的由来。

玉林琇第二次奉召进京，是在顺治十七年（一六六〇）的七月，他到达京师，是当年的十月十五日。这次他被召进京，主要原因，是因为顺治于七月间有“马上有省”，请玉林琇来为之证道的。顺治参禅学佛，并不是口头的，而是着实去身体力行的，所以才有“马上有省”的悟境。当玉林琇抵达京师，听说茆溪森已为顺治剃发，准备出家了。玉林琇很不同意茆溪森的做法。他感到这样做未免荒唐，顺治年纪尚轻，身系国家大任，有关百姓祸福安危，怎能一下子放弃皇位出家？因此，玉林琇要大家“集薪烧森”（茆溪森），一面劝阻顺治出家。顺治看到这种情形，他才答应蓄发，暂不出家。《续指月录》卷十九玉林通琇的传记说：“师到京闻茆首座为上净发，即命众集薪烧森，上闻遽许蓄发乃止。”（见卍续藏经一四三册五一三页 d）

关于顺治落发出家，除《续指月录》记载之外，汤若望的传记里也有记述：

此后皇帝便把自己完全委托于僧徒之手，他亲手把他的头发削去，如果没有他的理性深厚的母后和若望加以阻止时，他一定会充当了僧徒的。

《续指月录》记载是茆溪森为顺治“净发”，“汤传”说是顺治亲自“削发”，这是二者所记相异之处，但是，顺治的落发，却是同一事实。顺治落发后没有出家，没有出家的原因是否因受汤若望阻止？这是值得研究的。我们根据历史文献资料的研究，《汤传》所记，无疑是为汤若望脸上抹金，夸大功劳。事实上，那时的顺治，由于学佛心切，早对汤若望由恭敬而逐渐疏远甚至讨厌的程度，汤若望能否见到顺治，已是问题，何况阻止？顺治没有出家，是由他的母后与玉林琇的阻止，才是事实。据《玉林年谱》所记：

十月十五日，到皇城内西苑万善殿，世祖就见丈室，相视而笑。世祖谓师曰：朕思上古，惟释迦如来舍王宫而成正觉，达磨亦舍国位而为禅祖，朕欲效之如何？师曰：若以世法论，皇上宜永居正位，上以安圣母之心，下以乐万民之业。若以出世法论，皇上宜永作国王帝主，外以护持诸佛正法之轮，内住一切大权菩萨智所住处。上意欣然听决。

"上意欣然听决"，显然顺治接受了玉林琇的劝阻，暂不出家。至于"相视而笑"，据陈垣教授的说法，顺治与玉林琇相见，一个是光头和尚，一个是光头皇帝，二人不禁相视而笑。这是说明顺治的落发确系事实。

综观顺治落发出家的原因，除了《玉林年谱》所记，为了效法释迦如来与菩提达磨舍王位而成佛作祖之外，我们在木陈道忞的《北游集》里，也能见到一点：

> 上一日语师（木陈道忞）：朕再与人同睡不得，凡临睡时，一切诸人俱命他出去，方睡得着；若闻有一些气息，则通夕为之不寐矣。师曰：皇上夙世为僧，盖习气不忘耳。上曰：朕想前身的确是僧，今每当到寺，见僧家明窗净几，辄低回不能去。又言财产妻孥，人生最贪恋摆脱不下底，朕于财宝固然不在意中，即妻孥觉亦风云聚散，没觉关情。若非皇太后一人挂念，便可随老和尚出家去。师曰：剃发染衣，乃声闻缘觉羊鹿等机，大乘菩萨要且不然，或示作天王、人王、神王及诸宰辅，保持国土，护卫生民。不厌拖泥带水，行诸大悲大愿之行。如只图清净无为，自私自利，任他尘劫修行，也到不得诸佛田地。即今皇上不现身帝王，则此番召请耆年，光扬法化，谁行此事？故出家修行，愿我皇万

勿萌此念头。上以为然。

根据《北游集》的这段文字记述，顺治与木陈忞的谈话，已经说明他对佛寺窗明几净生活的向往，也承认他的前身的确是个出家人，如果不是为了皇太后一人挂念，他真想随老和尚去出家。这中间，顺治已经明白地表达了他有出家的意愿。

顺治十七年（一六六〇）七月，他由修习禅观，一心学佛，而有“马上有省”的悟境；八月十九日，他最宠爱的董妃去世，又使他有着“生命无常”的感痛，在这多种原因结合之下，才有十月落发出家之举。所以，我们分析顺治的落发出家，不是突然的由单一原因而来的。

这位“出家未遂”的皇帝，为皇室带来一阵波动，也为后世带来历史佳话，可是，过了不久，他在第二年的正月初七日，便因天花而结束了他的一生。那时在京师的佛门名德，只有玉林通琇，所以，玉林通琇只有责无旁贷地负起了为他的这位皇帝徒弟主持一切佛教仪式，结束他们一场师徒之缘。等到顺治的丧礼告一结束，玉林通琇便于二月十五日带着凄然的心情，离开了京师，南归杭州。

四

第三位与顺治接触的出家僧侣，是茆溪行森。茆溪，名行森，字慈翁。茆溪是他的号。他是广东惠州博罗人，出生于仕宦之家，自幼博览群典，聪明特达，学养极深。二十七岁至归宗寺出家，初参龙池派雪峤圆信，许为入室，称岭南长子。雪峤圆信寂后，又参玉林通琇，玉林琇即命其为首座。行森之名，是玉林琇门下的字派，他是玉林琇的弟子。顺治名“行痴”，论辈分，他与顺治是平辈的师兄弟。茆溪森进京，如前所说，是在玉林琇第一次由京师南归时，顺治特向玉林琇指名提及的：“和尚录中付门人茆溪之偈最好，送和尚还山之舟，可载入京一面。”顺治十六年（一六五九）六月十五日，玉林琇回到浙江湖州，即命茆溪森进京，七月中，茆溪森到达京师，与顺治会晤。这位学养深厚，博通诸家，才华横溢，雄辩滔滔的茆溪森，自然与顺治谈得非常投契，大有相见恨晚之慨。也即因此，茆溪森是被顺治留在皇宫里住得最久的一名僧侣。他从顺治十六年七月进京，直到顺治十七年十月二十八日离京南归，在皇宫里住了十五个月。在这一年多的交谈接触中，他与顺治之间建立的“法谊”非常深厚，我们从以下诸事可以窥见。

顺治十七年（一六六〇）八月十九日，董妃去世，顺治非常哀痛，有关董妃去世后的一切佛教仪式，在顺治的授意下，全部请茆溪森主持。董妃的丧事刚刚结束以后，突然又有顺治落发出家的事件发生；为顺治落发的，又是茆溪森。顺治请茆溪森为之落发，当然不是盲目随便选择的，而是经过长期的交往观察，对其德行才华有了肯定的认识之后，才予决定的。因为剃发出家就是依之为师，也就是通称的"剃度师"。虽然顺治的出家，没有能够达到目的，经过皇太后与玉林琇等人的劝阻，在不得已的情形下，顺治允许蓄发，暂不出家，但是，他对茆溪森并未忘怀。茆溪森在顺治出家的这场风波中，除了顺治这位主角之外，他也成了一个关键的主要人物。在朝野的舆论压力之下，茆溪森不得不回到南方，免招物议。可是，过了不久，顺治的乳母去世了，那时玉林琇正在京师，顺治在十八年（一六六一）的正月初二日，仍然召茆溪森进京为其乳母"秉炬"，并未请玉林琇为之举火。这份诏书似乎尚未送出京师，仅仅隔了五日，顺治本人也因天花去世了。他在临终的遗言里，特地指定茆溪森进京为他举行火化仪式。我们从这些事情里，可以明显地看出他和茆溪森之间的法谊之深，是不同寻常的。

自从董妃去世之后，顺治显然有着"人生无常"的深切感悟。他的身体本来就很消瘦，自知不会活得太久。木陈忞在他的《北游集》里，曾经这样写道：

> 上一日语师：老和尚许朕三十岁来祝寿，庶或可待，报恩和尚来祝四十，朕决候他不得矣！师曰：皇上当万有千岁，何出此言？上弹颊曰：老和尚相朕面孔略好看，此骨已瘦如柴，似此病躯，如何挨得长久？师曰：皇上劳心太甚，幸拨置诸缘，以早睡安神为好。上曰：朕若早睡，则终宵反侧，愈觉不安，必樵楼四鼓，倦极而眠，始能安枕耳！师曰：乞皇上早为珍啬，天下臣民幸甚！

顺治自己希望活到三十岁，谁料他的这一最低愿望也未达到，在人生的旅途上，他才踏上第二十四年里程的开端，就悄悄地离开了这个世界。董妃死后，顺治请茆溪森为之剃度出家，他的出家动机，无疑地，是由董妃的死，而体悟到“人生无常”的警告，他自知不会活得太久，如今一心归佛，何不抛弃皇位而过出家修行生活。“此身不向今生度，更待何生度此身！”

这里有一问题，我想必须在此说明一下。顺治既然请求茆溪森为之剃发，显然地，他是要依茆溪森为师的。依据僧制，为之剃度者即称剃度师。顺治要从茆溪森出家，虽然在文献资料上没有明文记载，缺少历史根据，不过，我们从传统习俗上以及其他的文献里，对于这一事实，大体可以肯定的。如前所说，顺治与茆溪森都是玉林琇的弟子，他们是平辈，顺治怎么会跟茆溪森出家呢？要知佛门的师徒关系，并不如世俗父子之间有着绝对性的分别，它是视因缘环境而决定的。顺治是玉林琇的在家皈依弟子，他出家并不一定要跟玉林琇出家，可以另外重找师父的。就以茆溪森而言，他出家后，初参雪峤圆信，雪峤圆信与玉林通琇都是属于龙池派的，论辈分，雪峤比玉林高一辈，茆溪森成为雪峤信的入室弟子，应该与玉林琇同辈。后来，雪峤信圆寂，茆溪森又去参玉林琇，他便成了玉林琇的弟子，行森的名，便是玉林琇门下的字派。茆溪森虽然是玉林琇的弟子，但是，他的年龄，是与玉林琇同年的。他参玉林琇时，玉林琇立即请他为首座。玉林琇是自幼出家的，悟道很早，在禅定的工夫上，茆溪森是不如玉林琇的，可是，在世学方面，玉林琇又远落于茆溪森之后。顺治出家选择茆溪森为之落发，以之为师，这是很可能的。如果顺治要依玉林琇出家，他应该等到玉林琇进京以后进行，不会在玉林琇来京途中，尚不知情即行剃发的，这是显而易见的事。茆溪森于康熙十六年（一六七七）六十四岁圆寂，他在圆寂时留下一首偈语：

慈翁老，六十四年，倔强遭瘟，七颠八倒。开口便骂人，无事寻烦恼，今朝收拾去了，妙妙！人人道你大清国里度天子，金銮殿上说禅道，呵呵！总是一场好笑！

偈语中的“人人道你大清国里度天子”，“度”字当然有着接引和剃度的意思，从这首遗偈里，也可以看出顺治依茆溪森出家的证明。

顺治去世后，由他的第三子康熙继承皇位。顺治十八年（一六六一）二月三日，康熙派钦差内总督董定邦奉顺治的遗诏到杭州圆照寺召茆溪森进京，为顺治举行百日火葬之礼，茆溪森于四月十六日赶到京师，立即到顺治灵前凭吊说法。我们看他的法语：

寿椿殿上话别时，言犹在耳，行大机，显大用，随宜说法，雷轰电掣，这是皇上生平性躁处，千圣万贤不能窥于万一。遂顾左右云：大众见么，容颜甚奇妙，光明遍十方，即今在你诸人顶门，开无上甚深微妙正法眼藏，汝等勿得错过，将来个个盖天盖地，续佛慧命，受用无尽。

第二天顺治的灵柩进行火化，起灵前，康熙请茆溪森说起程早参法语：

大众，山门前得底句，禅堂里商量去，进到方丈，不必再举，何也？慈翁不肯辜负汝，若有人知落处，许他随我去。

当顺治的灵柩移到景山寿皇殿，由茆溪森主持举火的时候，他又说了“秉炬”法语：

释迦涅槃，人天齐悟，先帝火化，更进一步，大众会么？寿皇殿前，官马大路。

我们从茆溪森的这几处法语里，大体可以体会得到，顺治的出家，虽然由当时的人事压力阻止，没有能够实现。但是，顺治的出家之心，始终没有放弃，茆溪森离京南归的时候，他们之间并有某种默契。我们由法语的文字中可以看出：“寿椿殿上话别时，言犹在耳，行大机，显大用，随宜说法，雷轰电掣，这是皇上生平性躁处。”“进到方丈，不必再举，何也？慈翁不肯辜负汝，若有人知落处，许他随我去。”这是很明显的证据。

第四个与顺治接触的出家僧侣，是木陈道忞。木陈道忞生于明神宗万历二十四年（一五九六），寂于康熙二年（一六六三）正月，六十八岁。他是当时南方禅宗门下一位著名的禅师，名望很高。聂先编的《续指月录》里，有他的传记。据其传记说：

宁波天童山翁木陈道忞禅师，粤之潮州茶阳林氏子，幼有宿慧，因读大慧杲录，忽忆前身，云水参方，历历如见。即日走匡庐开先，投明法师薙染。明以师志慕禅宗，为举台山婆子话，遂于言下荐得赵州意旨。自验生死关头未破，遍参憨山清、黄檗有诸尊宿，终不自肯。后参悟和尚于金粟，机缘不契，直趋双径，谒语风信。信问：曾到金粟否？师曰：曾到。曰：曾问话否？师曰：不曾。曰：你怕打那？师曰：某甲一向不曾置得问头，请师处借转问头。信乃开示，师不肯。复回金粟。举前话，悟曰：你吃饭还问人借口么？师拟议，悟便打。后因参殃崛产难因缘，打破疑团，始明得从上古人关键。凡居侍司，掌记室，亲炙悟者一十四秋，日臻玄奥。(卍续藏经一四三册五〇七页 b—c)

木陈忞奉召进京，是在顺治十六年（一六五九）的闰三月，他由宁波到达京师的时候，是九月二十二日，那时的他，已经六十四岁了。先是玉林琇于二月十五日抵达京师，顺治与他谈得非常投缘，并依之为师。玉林琇尚在京师的时候，顺治便召木陈忞进京。顺治所以召木陈忞进京，是得自憨璞聪的推荐。论辈分，憨璞聪是木陈忞的孙辈，都是属于龙池派的。玉林琇也属龙池派，他与木陈忞是属平辈；“通”与“道”，是龙池派的同辈字派。当顺治派遣钦差送诏书与木陈忞，憨璞聪也派他的书记印心持函与钦差同去宁波，礼请木陈忞进京。憨璞聪致木陈忞的信中说：

> 今佛心天子，久修梵行，慧性敏捷，时以万机之暇，体究禅宗，驾幸万善殿，咨询当代禅郢，无不揄扬，推奖道德，和尚名传丹阙，风扇彤庭，是以特遣钦差赍诏诣山，惟冀不吝洪慈，慨然飞锡，速莅金筵。(见憨璞禅师语录)

可见顺治之识木陈忞，以及木陈忞被召，都是缘于憨璞聪的推荐所致。憨璞聪还有一首七律诗，《送印心堂主之天童召木陈和尚》：

> 上林花柳正芳菲，赍诏南行出帝畿。
> 指日到山奉圣谕，乘风策马逐云飞。
> 松阴夹径寒侵面，山色连天翠滴衣。
> 因有其人扬祖道，恩垂泉石尽生辉。

木陈忞是在顺治十六年（一六五九）九月二十二日到达京师，直到第二年的五月十五日辞别南归，他在皇宫里住了七个月零二十三天。在这半年多里，顺治受他的影响是很大的。因为他与玉林琇是同辈，而且年长玉林琇，顺治将他当作长辈恭敬礼待。

木陈忞与顺治的谈话，见于他的《北游集》。现在我们引录《北游集》数段文字，以见他们谈话之一斑。顺治的个性有时很急躁，遇到不顺意时，对于左右的事奉者，常常予以鞭打，这就是所谓“龙性难撄”问题。木陈忞对此曾经劝道：

> 参禅学道之人，不可任情喜怒，故曰“一念嗔心起，百万障门开”者此也。上点首曰：知道了。后近侍李国柱语师云：如今万岁爷不但不打人，即骂亦希逢矣。又万岁爷极赞老和尚胸怀平坦，亦最慈和乐易。

顺治是一读书人，自幼父亲去世，母亲溺爱，无人教读，近乎失学。至亲政之后，批阅群臣奏章，因此而发愤读书。他和木陈忞谈及此事，据《北游集》记载：

> 上一日同师坐次，侍臣抱书一束，约十余本，置上前。上因语师曰：此朕读过底书，请老和尚看看。师细简一遍，皆《左》《史》《庄》《骚》，先秦两汉唐宋八大家，以及元明撰著，无不毕备。上曰：朕极不幸，五岁时先太宗早已晏驾，皇太后生朕一人，又极娇养，无人教训，坐此失学。年至十四，

九王薨，方始亲政。阅诸臣奏章，茫然不解，由是发愤读书。每晨牌至午，理军国大事外，即读至晚，然顽心尚在，多不能记。逮五更起读，天宇空明，始能背诵。计前后诸书，读了九年，曾经呕血。从老和尚来后，始不苦读，今唯广览而已。

他们从读书又谈到古今词赋问题。据《北游集》记载：

上一日与师广谭古今词赋，谓词如楚骚，赋如司马相如，皆所谓开天辟地之文。至若宋臣苏轼前后《赤壁赋》，则又独出机杼，别成一调，尤为精妙。老和尚看者两篇，前后孰优？师曰：非前篇之游神道妙，无由知后篇之寓意深长。前赋即后赋，难置优劣也。上曰：老和尚论得极当。乃通诵前赋一篇，问师曰：念得不错么？师曰：不错。上复言晋朝无文字，唯陶潜《归去来辞》独佳，亦为师诵之。又诵《离骚》，至中间觉龃龉。乃曰：久不经意，忘前失后矣！

顺治与木陈忞从古今词赋问题，又谈到写文章的问题。也许顺治要考木陈忞一下，请他写篇新寺的“碑文”。我们看《北游集》所记：

上一日语师：朕在南苑创有新寺，老和尚想未知道。今新寺碑要老和尚撰文，不命臣工也。师曰：道忞山林野逸，那里晓得作朝廷文字。上曰：老和尚不要如此谦虚，请随喜，便可属笔。越三日上至，师曰：昨承皇上威光，得随喜新寺。第奉旨撰文，愧不雅驯，尚祈圣裁鉴定，乃出以进。上为展阅一过，命侍臣收入宫内。次日上复携王学士至方丈，谓师曰：朕昨回宫，细看老和尚者篇文字，极得大体，风雅典则，不待言矣。朕固不通文字，曾与王熙看过，试问他何如？王学士曰：此千秋不朽之文也。师曰：忞实惭愧！

接着，他们又谈到书法问题，据《北游集》记载：

上一日问师：先老和尚与雪峤大师书法孰优？师曰：先师学力既到，天分不如。雪大师天资极高，学力稍欠。故雪师少结构，先师乏生动，互有短长也。先师常语忞曰：老僧半生务作，运个生硬手腕，东涂西抹，有甚好字，亏我胆大耳！上曰：此正先老和尚之所以善书也，挥毫时若不胆大，则心手不能相忘，到底欠于圆活。上复问老和尚楷书曾学甚么帖来？师曰：道忞初学黄庭坚不就，继学《遗教经》，后来又临夫子庙堂碑。一向由不能专心致志，故无成字在胸，往往落笔即点画走窜也。上曰：朕亦临此二帖，怎么到得老和尚田地。师曰：皇上天纵之圣，自然不学而能，第忞辈未获睹龙蛇势耳。上曰：老和尚处尚有大笔与纸么？乃命侍臣研墨，即席濡毫，擘窠书一敬字。复起立连书数幅，持一示师曰：此幅何如？师曰：此幅最佳，乞赐道忞。上连道不堪。师就上手撤得曰：恭谢天恩。上笑曰：朕字何足尚，崇祯帝字乃佳耳。命侍臣一并将来，约有八九十幅。上一一亲展视师曰：如此明君，身婴巨祸，使人不觉酸楚耳！

顺治与木陈忞又谈到词典的问题，我们看《北游集》所记：

上一日持一韵本示师曰：此词典家所用之韵，与沈约诗韵大不相同。又言《西厢》亦有南北调之分，老和尚可曾看过么？师曰：少年曾翻阅，至于南北《西厢》，忞实未辨也。师乃问上《红拂记》曾经御览否？上曰：《红拂》词妙，而道白不佳。师曰：何如？上曰：不合用四六词，反觉头巾气，使人听之生趣索然矣！师曰：敬服圣论。上曰：苏州有个金若采，老和尚可知其人么？师曰：闻有个金圣叹，未知是否？上曰：正是其人，他曾批评《西厢》《水浒传》，议论尽有遐思，未免太生穿凿，想是才高而见僻者。师曰：与明朝李贽同一派头耳！

从《北游集》所记载，木陈忞留在京师的七个多月里，他与顺治交谈的内容，非常广泛，除了佛学与参禅的主题之外，还涉及一般世学——如词赋、文章、书法、小说，等等，大体顺治所知道的，木陈忞都曾涉猎过，彼此谈得非常投机，而木陈忞所专长的佛学，则是顺治望尘莫及的。由于木陈忞的博学多才，才赢得顺治的皈信与敬重。

五

顺治的剃发出家，传说缘于董妃的去世。董妃的去世，固然给顺治带来很深的哀念，也给他兴起“人生无常”的启示，不过，这只是促成他落发出家的原因之一，并不是全部的原因。关于这一点，我在上面已经说过了。

至于董妃是个怎样的人物？依据后世的传说，有的说她是南京秦淮河的名妓董小宛。关于此事，我国近代史学者孟心史（森）教授，曾经做过研究考证，完全属于后人的臆测误传。董小宛是嫁与如皋名士冒辟疆的，她是死于顺治八年（一六五一），年已二十八岁。那时的顺治，才十四岁。顺治不仅没有见过董小宛，恐怕连董小宛的名字也不知道。董小宛去世后，许多文人名士曾有诗词致悼，她的丈夫冒辟疆曾经将之辑在《同人集》中出版，可以为证。

后人将董妃误为董小宛，原因出在一个“董”字上面。吴梅村在《清凉山赞佛》诗中有：“王母携双成，绿盖云中来”“可怜千里草，萎落无颜色”。“王母携双成”，是引用《汉武内传》王母侍女董双成的故事；“可怜千里草”，“千里草”是“董”字分开的书写。吴诗是影射清初皇室的事故来写的；而顺治御制的《董后行状》，又写成“董”字，后人不察，误将董妃视为董小宛。加以康熙皇帝又常陪母后去清凉山礼佛，清凉山即是佛教著名的四大名山之一的山西五台山，因此，才传出顺治因董妃去世而去五台山出家的故事。顺治去世是火化的，他的皇陵所葬的只是一个空坛子，没有棺椁，则增加了后人对上面故事推测的真实性。

到底顺治的董妃是何许人物？其来历如何？关于这个问题，一山先生在《中国近代史》里指出，董妃是东北建州旗人，与顺治是同乡，大体是可信。据陈垣教授考证，董妃是满洲人，“董”字是由满洲语的音译而来，或译作“栋鄂”，或译作“董鄂”，本无定字，但顺治与吴梅村都写成“董”字，这是董妃姓氏的由来。至于董妃的来历，据《汤若望回忆录》说：

> 顺治皇帝对于这一位满籍军人的夫人，起了一种火热的爱恋，当这位军人因此申斥他夫人时，竟被顺治闻知，打了他一个耳掴，这位军人于是因愤致死，或竟是自杀而死。皇帝就将这位军人底未亡人收入宫中，封为贵妃，这位贵妃于一六六〇年产生一子，是皇帝预备立他为将来的皇太子的。但是数星期之后，这位皇子竟而死去，不久其母亦薨逝。

根据《汤若望回忆录》所记，董妃原是一位满籍军人的妻子，这位满籍军人是谁？他的妻子怎么会公然地进出皇帝的禁宫？既然能够进入禁宫，当然不是一般军人的眷属，必然是与皇室有着特殊关系的人，所以，有人认为这位军人便是顺治之弟——博穆博果尔，皇太极的第十一子。因为有着这样的特殊关系，他的妻室才有资格进入皇宫。博穆博果尔卒于顺治十三年（一六五六）七月初三日，那年十六岁。董妃被册为贤妃，也是顺治十三年的八月，那时她十八岁，顺治十九岁。如以时间来推算，顺治册封董妃的时候，正是其弟去世二十七日服制期满的日期。董妃是顺治的弟妇，这是极其可能的事。

一位当今天子，又是一代人主，按照中国文化传统的伦理思想，怎么会娶一位弟妇为妃？须知塞外民族的传统习俗，子娶后母、伯母、婶母为妻，或娶兄嫂、弟妇、侄媳为妾，习以为常，并不为怪。皇太极去世之后，顺治的母亲便为多尔衮所占有。顺治的长兄豪格于顺治五年（一六四八）逝世，他的二位“福晋”被摄政王多尔衮与其兄阿济格分别娶去。一个民族的风俗如此，顺治纳弟妇为妃，又算得了什么？

不过，《汤若望回忆录》里，稍有一点错误，董妃生子——荣亲王，是在顺治十四年（一六五七），并非顺治十七年（一六六〇）。顺治十七年，是董妃去世之年，其时二十二岁。

董妃是在顺治十七年八月十九日去世的。由于平日受到顺治学佛参禅的影响，所以董妃生前也是信佛参禅的。她去世后的一切宗教仪式，自然是举行的佛教仪式，为她主持仪式的说法者，是茆溪森禅师。在康熙时代印行的《茆溪语录》，收录了不少有关董妃逝世后的“法语”。兹引录部分如下：

> 庚子八月二十三日，近侍李国柱传旨召师进承乾宫上堂。拈香问答毕，卓拄杖曰：董皇后于庚子秋，月轮满时，成等正觉，与悉达太子睹明星悟道，无二无别。奇哉！一切众生，皆具如来智慧德相，但以妄想执着，不能证得。今日董皇后在此阐扬最

上法要，大众会么？喝一喝，下座。

近侍李国柱传旨召师进承乾宫为董皇后对灵小参。师曰：了却凡心，超出圣地，识取自性弥陀，随处总是佛事。拈拄杖，卓一卓抛下。

近侍李国柱传旨召师进承乾宫再为董皇后对灵小参。师举香云：几番提起几番新，子期去后孰知音，天心有月门门照，大道人人放脚行。喝一喝，上便问：一口气不来，向何处安身立命？师答：谢皇上重重供养。

近侍李国柱传旨召师进承乾宫为董妃起棺。师以杖指棺云：举步涉千岐，孤坐又成迷，且作么生？得恰好去！遂以杖引云：起！上云：谢和尚提拔！师云：圣驾珍重！

上命近侍李国柱为董皇后设灵景山寿椿殿，请小参。师曰：念念观自在，处处是家山；梦幻空花常省觉，弥勒门开竟日闲。

国舅至，上命宣徽院正堂雷先声请小参。师拂一拂曰：歌以尽言，舞以尽意，至简至易，九月初一。咄！逢人不得错举。便下座。

上命上膳监正堂金把哈等为董皇后上供，请小参。师曰：婆子转半藏，升斗计亲疏，涅槃三段义，文殊不奈何！堪笑仰山老，梦里演摩诃。咄！慈翁慈翁，又道甚么？曲躬曰：也不较多，下座。

上命文书馆正堂李世昌等，请为董皇后举火。师秉苣云：出门须审细，不比在家时，火里翻身转，诸佛不能知。便投火苣。

圣驾临寿椿殿，命司吏院正堂张嘉谟等，为董皇后收灵骨，请上堂。隆安和尚白椎，僧问：上来也请师接。师曰：莫莽卤。曰：皇后光明在甚么？师曰：无踪迹处不藏身。僧喝，师便打。僧曰：天子面前，何得干戈相待？师笑曰：将谓你知痛养。僧礼拜。师蓦竖如意云：左金乌，右玉兔，皇后光明深且固，铁眼铜睛不敢窥，百万人天常守护。掷如意下座。

上命近侍李国柱请师说偈，为董皇后镇灵骨。偈云：西溪之西，东山之东，不见其始，孰知其终。

圣驾临景山建水陆道场，命司吏院正堂张嘉谟等，请上堂荐董皇后。师至座前云：灵山会，帝皇宫，逢场作戏，快便难逢。遂升座，拈香祝圣毕，法海和尚白椎。僧问：中秋过后重阳到，向上宗乘事若何？师曰：龙女成佛。曰：尸陀林中齐悟去，荐冥场内又如何？师曰：学而第一。问：志公宝忏为郗后四生六道又如何？师曰：仰望不及。僧礼拜，师拂一拂下座。

十月初八日，圣驾临寿椿殿，为董皇后断七，命文书馆正堂李世昌等请上堂。拈香问答毕，师云：景山启建大道场，忏坛、金刚坛、梵网坛、华严坛、水陆坛、一百八员僧，日里铙钹喧天，黄昏烧钱施食，厨房库房，香灯净洁，大小官员，上下人等，打鼓吹笛，手忙脚乱，念兹在兹，至恭至敬，耑申供养董皇后。呵呵！茆溪随例唱赞曰：万法归一，一归何处？遂抛拂子下座。

董妃终七，是在十月初八日；玉林琇第二次抵达京师，是在十月十五日，玉林琇抵京，已闻顺治“净发”出家。从时间上来推定，顺治的落发，大抵是在董妃终七后的数日。我在上面说过，顺治的落发出家，原因很多，但是，董妃的去世——一个现实生命无常的感痛，是加速他削发的主要原因。

六

关于顺治学佛、落发以及火化的历史文献资料，在佛教典籍方面，有如下数种：一、木陈忞的《北游集》；二、玉林琇的《玉林语录》及其《年谱》；三、憨璞聪的《憨璞语录》；四、茆溪森的《茆溪语录》；五、骨岩行峰的《侍香纪略》。这些都是属于第一手的直接资料。

《北游集》是木陈忞门人真朴编集的，题为《弘觉忞禅师北游集》。“弘觉”，是指顺治给木陈忞的封号。此书是记述木陈忞于顺治十六年九月奉召至京，到第二年五月离京，在留京的七个多月期间，与顺治交谈的种种实录，至为详细，颇具历史价值。全书计分六卷，书首有顺治的敕书二，御札一。卷一为大内万善殿语录；卷二为奏对机缘；卷三与卷四为奏对别记；卷五为偈赞；卷六为杂著。书末附有《挽大行皇帝（顺治）哀词》。《北游集》虽然没有注明雕版的年月，但是，从尤侗的《西堂集》里，他在顺治十八年三月，已经读到《北游集》的记载，由此可以推知，《北游集》的出版，大概是在顺治十八年（一六六一）的春初。

《北游集》流行七十余年，平安无事，可是，到了雍正十一年（一七三三），突然带来了它的厄运，雍正帝下令严禁此书流传，查禁销毁。《北游集》为什么会被查禁销毁？据乾隆《东华录》载，雍正十三年（一七三五）九月初四日谕（按：雍正死于十三年八月，九月已是乾隆主政，此“谕”实是乾隆所颁发），有：

> 昔年世祖章皇帝时，木陈忞大有名望，深被恩礼，而其所著《北游集》，则狂悖乖谬之语甚多，已蒙皇考特降严旨，查禁销毁。

《北游集》被查禁销毁的原因，是因“狂悖乖谬之语甚多”，到底《北游集》是不是“狂悖乖谬之语甚多”呢？关于此事，陈垣教授曾经对之有所评述。民国十四年（一九二五）陈氏在故宫懋勤殿整理清朝档案，读到雍正这道谕旨，其中并引用《北游集》的片断文字。民国二十五年（一九三六）四月，陈氏在平西一座佛寺里，无意中见到《弘觉忞禅师北游集》一书，特地借回细读，并抄录一部寄与他的好友叶遐庵（恭绰）居士。陈氏就《北游集》所记，与《汤若望回忆录》对读，二者所记完全相合，并没有“狂悖乖谬”之处，因此，陈氏写了一篇《汤若望与木陈忞》长文，针对雍正谕旨掩饰历史真相予以逐条驳斥。

雍正谕旨指《北游集》所记顺治的话：“愿老和尚勿以天子视朕，当如门弟子旅庵相待”认为“尤为诞妄”。

但是，这是不是“诞妄”呢？顺治是依玉林琇为师的，他给玉林琇的信札，下面都署“弟子某某”。木陈忞与玉林琇平辈，而且年长于玉林琇，顺治对木陈忞而执弟子礼，是名正言顺理所当然的，有何诞妄？旅庵是木陈忞的弟子，随侍木陈忞进京的，顺治请木陈忞勿以天子看他，而以弟子视之，这是极其自然而正常的，一点也不诞妄。只是这位大兴文字狱的君主——雍正帝，有意掩饰历史真相，才认为是诞妄的。

清代编印的《龙藏》，是在雍正时代开始的，直到乾隆期间完成。雍正十三年四月二十五日奉旨钦定入藏的典籍，虽然收录了《弘觉忞禅师语录》二十卷，但是，其中并没有《北游集》在内。

玉林琇语录，计有三种版本：一为湖州本，题曰《大觉普济能仁国师玉林和尚语录》，二十卷，附其《年谱》三卷，为门人骨岩行峰所编。二为杭州本，题曰《大觉普济玉林禅师语录》，十二卷，附《年谱》二卷，为其法孙超琦等所编。这二种版本，只是分卷不同，内容不相上下，都是在雍正查禁《北游集》之前出版的。玉林琇先是住在湖州，而后才去杭州天目山的，所以，他的语录，有湖州与杭州的二种本子流行。玉林琇第二次奉召抵京，茆溪森南归，京师只有玉林琇，顺治十七年十月十七日及二十六日，两次御建景山孝献皇后涉天道场，以及十一月初八日，西苑、广济两山同时举行孝献皇后仙驭道场，都是玉林琇主持说法的。顺治的保姆去世，也是请玉林琇主持的。至于顺治与玉林琇在万善殿中的谈话对答，顺治去世后玉林琇主持的各种仪式法语，二种语录均有详细记载。三为龙藏本，题曰《大觉普济能仁琇国师语录》七卷，这是将上面二种本子经过大事删改后才入藏的，其中除了保存万善殿中奏对机缘，及顺治宾天拈香等法语极少部分之外，其他有关董后涉天道场等法语，均被删除，只字不留。所以，要知道顺治与玉林琇的全部交往历史，在龙藏本是不能见到的，只有在湖州本或杭州本才能见到。陈垣教授对于雍正大事删改玉林琇语录一事，有一段沉痛的感慨文字，我们引录如下：

> 夫火化非中华旧俗，剃发非王者所宜，讳之犹可也，为董后建设道场，曷足为讳？今龙藏本两家语录关涉董后事迹，只字不留，然则非讳其事，直讳其人耳。据御制《董后行状》，董后不失为贤妃，吾不解雍正时对于董后何忌讳若是？凡幼稚民族，骤然进化，辄多方文饰其先人之举动，此拓跋宇文之史所以见诮于子玄也。呜呼，顺治至今，不满三百年，事之隐晦已如此，书之改变又如此，山林逸

典，宜与世谛无涉，孰意文网之密，施之缁流，则古书又岂易读耶！

憨璞聪语录，也有三种版本，最早的为闽刻本，计有十四卷，名为《憨璞禅师语录》。此本卷末有憨璞于顺治七年自著行繇，后补叙至顺治十七年回安国寺止，由此可知，刻于顺治末年，亦即憨璞生前所刻也。二为嘉兴藏本，计十六卷，题曰《明觉聪禅师语录》。此本刻于康熙十八年（一六七九），为大学士明珠室觉罗氏所印。三为龙藏本，计二十卷，题为《明觉聪禅师语录》。此本刻于雍正十三年（一七三五），内容与嘉兴藏本大致相同，知其是据嘉兴藏而刻，只是分卷不同。

茆溪森语录，有二种版本：一为康熙年间杭州圆照寺刊本，计六卷，题曰《敕赐圆照茆溪森禅师语录》。“圆照”为寺名，初名“龙溪庵”，为茆溪森所创建；茆溪入京后，顺治曾书“圆照禅寺”相赠，故易龙溪为圆照。此书卷一有玉音金序、上堂小参。玉音者，御敕；金序，乃顺治十七年金之俊的序文。卷二为早参与晚参。卷三为示众，普说，拈香，颂古，附塔铭。卷四为法语。卷五为问对机缘及垂问。卷六为代别，赞偈，书问，佛事。卷一的上堂小参，为董后去世而举行，计有：上堂八次，有十二页文字；小参七次，有二页文字。卷五与顺治问对机缘，有六页文字。卷六与顺治举问代答，有十页文字。同卷的佛事门类，有为董后起棺，以及为董后与顺治举火的偈语，内容非常详细完整，尤具历史价值。二为龙藏本，计三卷，题为《明道正觉森禅师语录》。“明道正觉”，为雍正十一年的追封之号。龙藏本是将杭州圆照寺本大事删削而成的，举凡有关与顺治奏对机缘，为顺治净发，以及为董后与顺治举火，牵涉到皇室的事，全部不留。所以，要知顺治与茆溪森的关系，唯有见于杭州本的语录。

骨岩行峰的《侍香纪略》。行峰是玉林琇的弟子，也是编湖州本《大觉普济能仁国师玉林和尚语录》和《年谱》的编者。玉林琇奉召进京，他是随行者之一，有关顺治与玉林琇及茆溪森在万善殿的谈话，他是在场的见证者和听闻者，他将亲见亲闻所得，写成《侍香纪略》，这是最珍贵的历史资料，想不到雍正谕旨竟斥其为“荒唐诞妄”，当然也在查禁销毁之内。《侍香纪略》的内容真的是“荒唐诞妄”吗？并不见得。比如记到董后去世，茆溪森劝免多人殉葬的故事；以及顺治郊祀天坛，皇太后皇后同往的事，这些都是行峰亲见亲闻，雍正竟斥之为梦呓。其实，行峰没有梦呓，而是雍正想以一纸欺骗天下人的眼目而已。

最后，我想附带谈一谈本文前面引录的《顺治皇帝出家偈》这首长诗，这首诗到底是否顺治写的？关于这个问题，我不想做绝对的肯定回答，也不想做绝对的否定回答，不过，从一个研究历史者的眼光来看，这首诗的末后四句，多少是有一点问题的。“十八年来不自由，征南战北几时休？我今撒手西归去，管甚千秋与万秋！”所谓“十八年”，当然是指顺治在位的十八年。顺治死于十八年的正月初七日，他致死的原因是出天花，天花不是急症，从发病到死亡，是有一段时间的，何况他是一位君主，皇宫里有高明的御医为他治病，我想他发病的时候，可能是在十七年的年尾，不是十八年的年初。皇帝病了，国家的重要大事一大堆，处处需要他的指示，那时的他，正在病苦之中，哪里还有闲情逸致来写这类不甚重要的诗偈？如果是他病前写的，应该是十七年而非十八年，但是，从“我今撒手西归去”，又不像十七年写的。顺治是六岁继承皇位的，十四岁开始亲政，起初的八年，政权操在他的叔父多尔衮手里，因为年幼，不但不知道问政，即使要问政，恐怕也是问不到的。从他亲政到他死亡，仅有短短的十年，纵然说这十年为国事操心而不自由，但是也不能夸大说成十八年，这岂能与事实相符？

清朝入主中原，是从顺治开始的，明室的称号及其反抗的残余势力，是到顺治十八年才全部肃清统一的。

但是，综观顺治的一生，他并没有亲自率兵南征北战，他不但没有南征北战，即连出巡的机会也不多，他的活动范围，仅及于京畿附近，实在过的太平盛世的皇帝生活，我们怎能将那四句诗看作是顺治写的！

一九八八年十二月十二日写于旧金山

（《内明》月刊）

出版后记

星云大师说："我童年出家的栖霞寺里面，有一座庄严的藏经楼，楼上收藏佛经，楼下是法堂，平常如同圣地一般，戒备森严，不准亲近一步。后来好不容易有机缘进到藏经楼，见到那些经书，大都是木刻本，既没有分段也没有标点，有如天书，当然我是看不懂的。"大师忧心《大藏经》卷帙浩繁，又藏于深山宝刹，平常百姓只能望藏兴叹；藏海无边，文辞古朴，亦让人望文却步。在大师倡导主持下，集合两岸近百位学者，经五年之努力，终于编修了这部多层次、多角度、全面反映佛教文化的白话精华大藏经——《中国佛教经典宝藏》，将佛教深睿的奥义妙法通俗地再现今世，为现代人提供学佛求法的方便途径。

完整地引进《中国佛教经典宝藏》是我们的夙愿，

三年来，我们组织了简体字版的编审委员会，编订了详细精当的《编辑手册》，吸收了近二十年来佛学研究的新成果，对整套丛书重新编审编校。需要说明的是此次出版将丛书名更改为《中国佛学经典宝藏》。

佛曰：一旦起心动念，也就有了因果。三年的不懈努力，终于功德圆满。一百三十二册，精校精勘，美轮美奂。翰墨书香，融入经藏智慧；典雅庄严，裹沁着玄妙法门。我们相信，大师与经藏的智慧一定能普应于世，济助众生。

东方出版社

图书在版编目（CIP）数据

《沧海文集》选集 / 幻生 著. —北京：东方出版社，2015.9
（中国佛学经典宝藏）
ISBN 978-7-5060-8620-2

Ⅰ.①沧… Ⅱ.①幻… Ⅲ.①佛教—文集 Ⅳ.①B948-53

中国版本图书馆 CIP 数据核字（2015）第 289442 号

《沧海文集》选集
（CANGHAIWENJI XUANJI）

作　　者：幻　生
责任编辑：查长莲　杨　灿
出　　版：东方出版社
发　　行：人民东方出版传媒有限公司
地　　址：北京市东城区东四十条 113 号
邮政编码：100007
印　　刷：北京京都六环印刷厂
版　　次：2016 年 6 月第 1 版
印　　次：2016 年 6 月第 1 次印刷
开　　本：880 毫米×1230 毫米　1/32
印　　张：13.375
字　　数：188 千字
书　　号：ISBN 978-7-5060-8620-2
定　　价：59.00 元
发行电话：（010）85924663　85924644　85924641